中学生和大学生必读

ZHONGGUO DE DAXUE
中国的大学

张小平　景群平　李润珍　著

河南大学出版社
HENAN UNIVERSITY PRESS

图书在版编目(CIP)数据

中国的大学 / 张小平,景群平,李润珍著. —郑州:河南大学出版社,2020.8
ISBN 978-7-5649-4431-5

Ⅰ.①中… Ⅱ.①张… ②景… ③李… Ⅲ.①高等教育—研究—中国 Ⅳ.①G649.2
中国版本图书馆CIP数据核字(2020)第156958号

责任编辑	柳　涛
责任校对	仝一帆
封面设计	吉宏飞

出　　版	河南大学出版社
	地址:郑州市郑东新区商务外环中华大厦2401号
	邮编:450046　　　电话:0371 - 86059701(营销部)
	网址:hupress.henu.edu.cn
排　　版	河南圭川文化传播有限公司
印　　刷	河南文华印务有限公司
版　　次	2020年10月第1版　　印　次　2020年10月第1次印刷
开　　本	787mm×1092mm 1/16　　印　张　16.5
字　　数	323千　　　　　　　　定　价　58.00元

(本书如有印装质量问题,请与河南大学出版社营销部联系调换)

序

考上一所理想的大学,是每一位中学生梦寐以求的愿望;充实、愉快又收获满满的大学生涯,是大学生成就人生理想的重要阶段。然而,对绝大多数学生来说,上大学之前对大学知之甚少,甚至上了大学直到大学毕业对大学也说不上有多少了解。作者在多年的大学学习和执教生涯中,接触的学生不计其数,发现即使是即将毕业的大学生,和他们聊起大学的很多事情仍是一脸茫然,很多学生上学几年从未见过甚至根本就不知道本专业的培养方案。想起几十年前笔者考大学时,其实对大学也是一无所知,就连学校和专业也是别人帮忙选的。当时全社会的受教育程度较低,大家对大学不了解情有可原,但几十年过去了,我国的高等教育取得了长足的发展,大学教育已经如此普及,招生规模增长了十几倍,如果学生、家长以及社会人士对大学的很多情况仍然不甚了解,作为大学的教育者是有责任的。

目前市面上关于大学的书籍其实不少,大多是专题性的、学术性的,关于大学教育、大学发展历史和办学理念的也不少,高考辅导和报考指南类的更多,但要找一本关于中国大学概况的书还很难,尤其是专门为学生量身打造、全面介绍中国大学各方面情况的书还真是没有看到。这既是笔者编写本书的初衷,也是作为大学教育工作者义不容辞的责任与使命。本书的宗旨是通过有限的篇幅让学生、家长及其他读者对我国的大学,大学的学科、专业、教学与管理机构、人员和生活设施,教育教学环节的设置、教学内容、学习方法,大学的党团组织、社团活动以及大学生职业规划、就业等方面的情况有个比较概括的了解,避免学生上了大学以后由于环境的变化、思想上的放松、学习上的茫然、生活上的不适应造成心理上的紧张,影响到大学期间的学习和生活。希望学生通过本书能够对大学的基本情况做到心中有数,大学期间能够合理规划自己的学习和生活,刻苦学习,愉快生活,顺利完成学业,实现自己的职业理想和人生目标。也希望家长和其他读者通过阅读本书对中国的大学能够有更多、更全面的了解,既丰富了自己的知识,又能够帮助孩子正确地选择大学及专业,

过好大学生活,做好职业规划,实现人生理想。

  本书在写作过程中参考了很多文献资料,其中部分资料来源于网络,在此向作者一并表示感谢!

  希望本书对中学生、大学生、老师和家长们能有所帮助。

笔者于 2020 年 2 月

目 录

第一章 大学及其机构、设施与规章制度 ………………………… 001
  1.1 大学及其起源 …………………………………………… 003
  1.2 中国的大学及类型 ……………………………………… 004
  1.3 大学的机构设置 ………………………………………… 042
  1.4 大学的基础设施 ………………………………………… 049
  1.5 中国大学的费用 ………………………………………… 065
  1.6 大学的规章制度 ………………………………………… 070

第二章 大学里的人员 …………………………………………… 073
  2.1 学生 ……………………………………………………… 075
  2.2 教师 ……………………………………………………… 076
  2.3 管理人员 ………………………………………………… 077
  2.4 其他人员 ………………………………………………… 082

第三章 大学的教育 ……………………………………………… 085
  3.1 大学教育的目的 ………………………………………… 087
  3.2 学籍、学历、学位、学分、学制 ……………………… 089
  3.3 学科与专业 ……………………………………………… 093
  3.4 大学的主要教学文件 …………………………………… 095
  3.5 大学的教学内容 ………………………………………… 099
  3.6 大学的学习 ……………………………………………… 106
  3.7 大学生的学业考核 ……………………………………… 126

第四章 大学的党团组织及社团活动 …………………………… 131
  4.1 大学的党组织 …………………………………………… 133

4.2 大学的共青团组织 ·· 140
　　4.3 大学的学生会 ·· 144
　　4.4 大学的学生社团 ·· 147
　　4.5 大学共青团组织与其他学生组织的关系 ································ 149

第五章 大学生职业规划与就业 ·· 155
　　5.1 职业规划 ··· 157
　　5.2 就业 ··· 163

第六章 与大学相关的几个概念 ·· 181
　　6.1 普通高等学校，普通高等教育 ·· 183
　　6.2 大学章程 ··· 183
　　6.3 校徽、校训 ·· 184
　　6.4 专业化教育、通识教育、素质教育 ······································ 185
　　6.5 智力、智商、智慧 ·· 188
　　6.6 知识、技术、技能、文化 ·· 189

附录1：普通高等学校学生管理规定 ·· 192
附录2：本科专业培养方案示例 ·· 203
附录3：理论课、实验课及实践环节教学大纲示例 ························· 227
附录4：实验指导书示例 ·· 250

参考文献 ··· 254

第一章 大学及其机构、设施与规章制度

1.1 大学及其起源

大学（University/College/Institute）即普通高等学校，是提供教学和科学研究条件的高等教育机构。大学是一个学术共同体，以追求真理、传播知识、创新思想与技术为己任，以人才培养为核心，以教学和科研为基本职能，从而达到服务社会和传承文化的目标。

近现代大学起源于 12～13 世纪的欧洲中世纪大学。在欧洲中世纪大学创办前，高等教育已经存在了上千年。古代埃及、印度、中国等都是高等教育的发源地，古希腊、罗马、拜占庭及阿拉伯国家都建立了比较完善和发达的高等教育体制。但严格地说，古代的高等教育机构都不具有现代大学的特征，所以不是真正意义上的大学。1087 年，意大利建立了第一所正规大学——博罗尼亚大学，它是欧洲最著名的罗马法研究中心。随后，欧洲各地相继出现了一些大学。欧洲最古老的大学之一巴黎大学的历史可以追溯到 1150～1160 年由天主教修士建立的神学院。1168 年巴黎大学的学者们来到英国创办了牛津大学。1209 年牛津大学的部分学者又分离出来创办了剑桥大学。13 世纪的牛津大学就是当时欧洲的科学中心，西方近现代的科学在那里萌芽。早期著名的大学还有法国的蒙彼利埃大学(1181 年)、图卢兹大学(1230 年)，意大利的帕多瓦大学(1222 年)、那不勒斯大学(1224 年)，西班牙的帕伦西大学(1212 年)和葡萄牙的里斯本大学(1290 年)等。大学一词的拉丁文"universitas"就是专指 12 世纪末在西欧出现的高等教育机构。这种机构形成了自己独有的特征，雇用了稳定的教学人员，组成了系和学院，开设了规定的课程，实施正式的考试，颁发被认可的毕业文凭或学位等。因此我们可以说近现代大学起源于 12～13 世纪的欧洲中世纪大学。

"现代大学"始于 19 世纪初，是指欧洲启蒙运动以后、经过理性主义改造出现的新型大学。一般认为 1809 年德国柏林大学的创立标志着现代意义上的大学的诞生。现代大学与传统（中世纪）大学的根本区别在于大学职能的转变：传统大学是传

授已有知识的场所,其主要职能是培养专业人才;而现代大学则将科学研究作为自己的重要职能,将培养科学工作者、创新人类的知识、知识的应用和服务社会作为自己的主要任务,推崇"学术自由"和"教学与研究的统一",将作为"知识共同体"的中世纪大学成功转变成为"学术共同体"的现代大学。柏林大学的创建直接推动了德国的科学事业发展,使得德国在19世纪初到20世纪初成为世界科学的中心。柏林大学创办者洪堡的办学理念对世界高等教育也产生了深远影响,为近代大学的形成奠定了基础[1]。

1.2 中国的大学及类型

1.2.1 中国的大学

西汉时,汉武帝创立太学,为当时的最高学府,东汉极盛时太学生已有3万余人。从汉代的太学到隋、魏晋、明、清的国子学(国子监),都是当时的最高学府。宋代书院的出现意味着中国民间高等学校的诞生。应天书院(今河南商丘睢阳区南湖畔)、岳麓书院(今湖南长沙岳麓山)、白鹿洞书院(今江西九江庐山)、嵩阳书院(今河南登封市嵩山)并称宋朝四大书院。

中国的现代大学源起于西方。中国第一所现代大学是诞生于19世纪60年代的外国教会大学——上海圣约翰大学。圣约翰大学是完全按照西方大学模式设立的大学,校址在今华东政法大学。这所实力雄厚的大学在新中国成立后被解体,有关系科并入上海的其他高校。由于圣约翰大学是由外国人创办的教会学校,而且已经不存在了,所以现在很少再被提及。

北洋大学堂创办于1895年,是中国近代官办最早的大学,1913年改称国立北洋大学,1951年与河北工学院合并定名为天津大学。南洋公学1896年创建于上海,与北洋大学堂同为近代历史上中国人自己最早创办的大学。1921年,南洋公学经北洋政府交通部调整改称交通大学。1955年,为了支援西北教育建设,国务院决定将交通大学迁往西安。1956年,交通大学的大部分设备、图书和师生迁至西安,其余部分则继续留在上海。1959年,国务院批准上海和西安的两部分交通大学独立建校,分别称为上海交通大学和西安交通大学。京师大学堂1898年在戊戌变法中应运而生,是中国近代由政府设立的第一所国立综合大学,1912年改为国立北京大学。1902年清朝政府颁布了《钦定学堂章程》,亦称"壬寅学制",是中国教育史上第一个系统完备的现代学制,当时设有京师大学堂、北洋大学堂和山西大学堂三所国立大学堂,随后全国兴起了政府和民间的办学高潮。

清华大学始于1911年创立的清华学堂,初期为留美预备学堂,在推动学习西方

科学技术方面发挥了重要作用。1925年清华学校设大学部,开始招收四年制大学生,1928年组建为国立清华大学。

1922年,中华民国北洋政府颁布的《学校系统改革案》,又称新学制,是中国现代教育史上影响深远的一次变革,是中国教育界经过长期酝酿、集思广益的结晶。新学制的颁布和实施,标志着中国新教育制度的确立,中国近代以来的学制体系建设基本完成。1928年,国民政府分别于广州、武汉、南京、杭州四大名城设立国立中山大学、国立武汉大学、国立中央大学和国立浙江大学。1937年,国立中央大学、国立北京大学、国立清华大学、国立武汉大学、国立浙江大学等五所中国顶尖学府在全国进行统一招生考试,简称五大名校联考。

1949年,中国大学经历了以合并、改组和重建为主的第二次转型。1952年学习苏联单科大学模式进行了院校调整,除北京大学之外,民国时期的几所名校都被拆解重组,包括教会大学在内的私立大学几乎全部取消。

改革开放以后,经过拨乱反正和解放思想,以1985年《中共中央关于教育体制改革的决定》的颁发为标志,中国大学开始了第三次重要的转型发展,即参照世界各国大学发展经验,走上了自主探索、建设中国特色社会主义高等教育模式的道路。1978年改革开放初期,全国共有高等学校598所,在校生86万人。到1993年,高等学校已达1075所,在校生279万人[2]。截至2019年6月18日,全国高等学校共计有2956所,其中普通高等学校2688所(含独立学院257所),成人高等学校268所[3]。全国高等学校按地区分布情况见表1。

表1 全国高等学校分布情况

序号	地区	普通学校			成人高校	合计
		公立	民办	中外合作办学（含港澳合作）		
1	北京	77	16		23	116
2	天津	46	12		14	72
3	河北	86	36		6	128
4	山西	67	15		10	92
5	内蒙古	43	10		2	55
6	辽宁	82	33		18	133
7	吉林	44	18		14	76
8	黑龙江	63	18		16	97
9	上海	44	19	1	14	78
10	江苏	115	49	3	8	175
11	浙江	71	35	2	8	116
12	安徽	89	31		6	126
13	福建	53	36	1	3	93
14	江西	72	31		8	111

续表

序号	地区	普通学校			成人高校	合计
		公立	民办	中外合作办学（含港澳合作）		
15	山东	106	40		11	157
16	河南	101	39	1	10	151
17	湖北	86	42		14	142
18	湖南	94	31		12	137
19	广东	100	50	4	14	168
20	广西	53	25		4	82
21	海南	11	9		1	21
22	重庆	39	26		4	69
23	四川	80	46		15	141
24	贵州	57	15		3	75
25	云南	59	22		2	83
26	西藏	7				7
27	陕西	64	31		14	109
28	甘肃	42	7		5	54
29	青海	11	1		2	14
30	宁夏	15	4		1	20
31	新疆	45	9		6	60
	合计	1922	756	12	268	2958

1.2.2 中国大学的类型

按照不同的分类方法，我国的大学可以划分为不同的类型。

（1）按照办学层次，大学可以分为专科类大学和本科类大学；

（2）按照培养层次，大学可以分为具有研究生学位授予权的大学、具有学士学位授予权的大学和其他没有学位授予权的大学；

（3）按照学科门类，大学可以分为综合类、农林类、理工类、艺术类、师范类、财经类、政法类、医药类、民族类、体育类、语言类、军事类等高校；

（4）按照教育性质，大学可分为普通高等教育和成人高等教育（含高教自学考试、电大开放教育、远程网络教育等）；

（5）按照举办大学的主体，大学可以分为公办大学、民办大学和独立大学；

（6）按照国家对大学管理的模式，大学可以分为中央部委直属高校、教育部直属高校和地方高校；

（7）按照学校的科研规模和培养目标，大学可以分为研究型、研究教学型、教学研究型、教学型和应用型大学；

(8)按照学校的学术水平和建设目标,我国曾经有"211工程"建设高校和"985工程"建设高校,目前按照国家"双一流"建设方案又设置了世界一流大学建设高校和一流学科建设高校。2006年和2010年教育部在专科层次分别设置了"国家示范性高等职业院校"和"国家骨干高职院校",最近又仿照本科"双一流"建设方案公布了中国特色高水平高职学校和高水平专业建设的"双高计划",以推动高水平高职院校的建设。

1.2.2.1 "211工程"建设高校

"211工程",即面向21世纪、重点建设100所左右的高等学校和一批重点学科的建设工程。1995年11月,经国务院批准,原国家计委、国家教委和财政部联合下发了《"211工程"总体建设规划》[4],"211工程"正式启动,全国共有116所高校进入建设名单,见表2。

表2 "211工程"建设高校名单

序号	学校名称	所在地
1	清华大学	北京
2	北京大学	北京
3	中国科学技术大学	安徽
4	复旦大学	上海
5	中国人民大学	北京
6	上海交通大学	上海
7	南京大学	江苏
8	同济大学	上海
9	浙江大学	浙江
10	上海财经大学	上海
11	南开大学	天津
12	北京航空航天大学	北京
13	中央财经大学	北京
14	北京师范大学	北京
15	武汉大学	湖北
16	对外经济贸易大学	北京
17	西安交通大学	陕西
18	天津大学	天津
19	华中科技大学	湖北
20	北京理工大学	北京

续表

序号	学校名称	所在地
21	东南大学	江苏
22	北京外国语大学	北京
23	中山大学	广东
24	中国政法大学	北京
25	华东师范大学	上海
26	哈尔滨工业大学	黑龙江
27	北京邮电大学	北京
28	厦门大学	福建
29	上海外国语大学	上海
30	西北工业大学	陕西
31	西南财经大学	四川
32	中南大学	湖南
33	大连理工大学	辽宁
34	中国传媒大学	北京
35	四川大学	四川
36	电子科技大学	四川
37	中南财经政法大学	湖北
38	华南理工大学	广东
39	吉林大学	吉林
40	南京航空航天大学	江苏
41	湖南大学	湖南
42	重庆大学	重庆
43	北京科技大学	北京
44	北京交通大学	北京
45	山东大学	山东
46	华东理工大学	上海
47	西安电子科技大学	陕西
48	天津医科大学	天津
49	南京理工大学	江苏
50	中国农业大学	北京
51	华中师范大学	湖北
52	中国海洋大学	山东

续表

序号	学校名称	所在地
53	哈尔滨工程大学	黑龙江
54	中央民族大学	北京
55	华北电力大学	北京
56	北京中医药大学	北京
57	暨南大学	广东
58	苏州大学	江苏
59	武汉理工大学	湖北
60	东北大学	辽宁
61	兰州大学	甘肃
62	中国药科大学	江苏
63	东华大学	上海
64	河海大学	江苏
65	北京林业大学	北京
66	河北工业大学	天津
67	北京工业大学	北京
68	江南大学	江苏
69	北京化工大学	北京
70	西南交通大学	四川
71	上海大学	上海
72	南京师范大学	江苏
73	中国地质大学(武汉)	湖北
74	中国地质大学(北京)	北京
75	西北大学	陕西
76	东北师范大学	吉林
77	长安大学	陕西
78	中国矿业大学(北京)	北京
79	华中农业大学	湖北
80	合肥工业大学	安徽
81	广西大学	广西
82	中国石油大学(华东)	山东
83	陕西师范大学	陕西
84	南京农业大学	江苏

续表

序号	学校名称	所在地
85	湖南师范大学	湖南
86	福州大学	福建
87	大连海事大学	辽宁
88	西北农林科技大学	陕西
89	西南大学	重庆
90	中国矿业大学	江苏
91	云南大学	云南
92	太原理工大学	山西
93	华南师范大学	广东
94	北京体育大学	北京
95	中国石油大学（北京）	北京
96	安徽大学	安徽
97	东北林业大学	黑龙江
98	东北农业大学	黑龙江
99	辽宁大学	辽宁
100	南昌大学	江西
101	延边大学	吉林
102	内蒙古大学	内蒙古
103	四川农业大学	四川
104	海南大学	海南
105	贵州大学	贵州
106	郑州大学	河南
107	新疆大学	新疆
108	宁夏大学	宁夏
109	石河子大学	新疆
110	青海大学	青海
111	国防科技大学	湖南
112	中央音乐学院	北京
113	第二军医大学	上海
114	第四军医大学	陕西
115	华北电力大学（保定）	河北
116	西藏大学	西藏

1.2.2.2 "985 工程"建设高校

1998年5月4日,时任国家主席江泽民在庆祝北京大学建校100周年大会上代表中共中央和中华人民共和国中央人民政府向全社会宣告:"为了实现现代化,我国要有若干所具有世界先进水平的一流大学。"1999年,国务院批转教育部《面向21世纪教育振兴行动计划》,"985工程"正式启动建设。"985工程"一期建设率先在北京大学和清华大学开始实施,经过不断扩充共有39所高校进入建设名单[5],见表3。

表3 "985工程"建设高校名单

序号	学校名称	所在地
1	清华大学	北京
2	北京大学	北京
3	中国科学技术大学	安徽
4	复旦大学	上海
5	中国人民大学	北京
6	上海交通大学	上海
7	南京大学	江苏
8	同济大学	上海
9	浙江大学	浙江
10	南开大学	天津
11	北京航空航天大学	北京
12	北京师范大学	北京
13	武汉大学	湖北
14	西安交通大学	陕西
15	天津大学	天津
16	华中科技大学	湖北
17	北京理工大学	北京
18	东南大学	江苏
19	中山大学	广东
20	华东师范大学	上海
21	哈尔滨工业大学	黑龙江
22	厦门大学	福建
23	西北工业大学	陕西
24	中南大学	湖南
25	大连理工大学	辽宁
26	四川大学	四川
27	电子科技大学	四川
28	华南理工大学	广东

续表

序号	学校名称	所在地
29	吉林大学	吉林
30	湖南大学	湖南
31	重庆大学	重庆
32	山东大学	山东
33	中国农业大学	北京
34	中国海洋大学	山东
35	中央民族大学	北京
36	东北大学	辽宁
37	兰州大学	甘肃
38	西北农林科技大学	陕西
39	国防科技大学	湖南

1.2.2.3 "双一流"建设大学

"双一流"大学建设方案即建设一批世界一流大学和世界一流学科。一流大学建设高校重在一流学科基础上的学校整体建设、重点建设,全面提升人才培养水平和创新能力;一流学科建设高校重在优势学科建设,促进特色发展。

2017年9月21日,教育部、财政部、国家发改委联合发布《关于公布世界一流大学和一流学科建设高校及建设学科名单的通知》[6],世界一流大学和一流学科建设名单正式确认公布。首批双一流大学建设高校共计137所,其中世界一流大学建设高校42所(A类36所,B类6所),世界一流学科建设高校95所,见表4和表5。

表4 世界一流大学建设高校名单

序号	A类36所	所在地
1	北京大学	北京 (8所)
2	中国人民大学	
3	清华大学	
4	北京航空航天大学	
5	北京理工大学	
6	中国农业大学	
7	北京师范大学	
8	中央民族大学	
9	南开大学	天津 (2所)
10	天津大学	

续表

序号	A类36所	所在地
11	大连理工大学	辽宁
12	吉林大学	吉林
13	哈尔滨工业大学	黑龙江
14	复旦大学	上海 (4所)
15	同济大学	
16	上海交通大学	
17	华东师范大学	
18	南京大学	江苏 (2所)
19	东南大学	
20	浙江大学	浙江
21	中国科学技术大学	安徽
22	厦门大学	福建
23	山东大学	山东 (2所)
24	中国海洋大学	
25	武汉大学	湖北 (2所)
26	华中科技大学	
27	中南大学	湖南
28	中山大学	广东 (2所)
29	华南理工大学	
30	四川大学	四川 (2所)
31	电子科技大学	
32	重庆大学	重庆
33	西安交通大学	陕西 (2所)
34	西北工业大学	
35	兰州大学	甘肃
36	国防科技大学	湖南
序号	B类6所	所在地
1	东北大学	辽宁
2	郑州大学	河南
3	湖南大学	湖南

续表

序号	B 类 6 所	所在地
4	云南大学	云南
5	西北农林科技大学	陕西
6	新疆大学	新疆

从名单中可以看出,世界一流大学 A 类高校 36 所,且这 36 所高校以前全是 985 高校,B 类高校 6 所,其中东北大学、湖南大学、西北农林科技大学以前为 985 大学,郑州大学、云南大学、新疆大学以前为 211 大学。42 所世界一流大学也都是世界一流学科建设高校。另外,由于中国地质大学、中国矿业大学、中国石油大学 3 所学校在北京和其他地区两地是独立办学,故世界一流学科建设高校实际共计 140 所。

表 5　世界一流学科建设高校及建设学科

序号	学校名称	"双一流"建设学科
1	北京大学	哲学、理论经济学、应用经济学、法学、政治学、社会学、马克思主义理论、心理学、中国语言文学、外国语言文学、考古学、中国史、世界史、数学、物理学、化学、地理学、地球物理学、地质学、生物学、生态学、统计学、力学、材料科学与工程、电子科学与技术、控制科学与工程、计算机科学与技术、环境科学与工程、软件工程、基础医学、临床医学、口腔医学、公共卫生与预防医学、药学、护理学、艺术学理论、现代语言学、语言学、机械及航空航天和制造工程、商业与管理、社会政策与管理
2	中国人民大学	哲学、理论经济学、应用经济学、法学、政治学、社会学、马克思主义理论、新闻传播学、中国史、统计学、工商管理、农林经济管理、公共管理、图书情报与档案管理
3	清华大学	法学、政治学、马克思主义理论、数学、物理学、化学、生物学、力学、机械工程、仪器科学与技术、材料科学与工程、动力工程及工程热物理、电气工程、信息与通信工程、控制科学与工程、计算机科学与技术、建筑学、土木工程、水利工程、化学工程与技术、核科学与技术、环境科学与工程、生物医学工程、城乡规划学、风景园林学、软件工程、管理科学与工程、工商管理、公共管理、设计学、会计与金融、经济学和计量经济学、统计学与运筹学、现代语言学
4	北京交通大学	系统科学
5	北京工业大学	土木工程(自定)

续表

序号	学校名称	"双一流"建设学科
6	北京航空航天大学	力学、仪器科学与技术、材料科学与工程、控制科学与工程、计算机科学与技术、航空宇航科学与技术、软件工程
7	北京理工大学	材料科学与工程、控制科学与工程、兵器科学与技术
8	北京科技大学	科学技术史、材料科学与工程、冶金工程、矿业工程
9	北京化工大学	化学工程与技术（自定）
10	北京邮电大学	信息与通信工程、计算机科学与技术
11	中国农业大学	生物学、农业工程、食品科学与工程、作物学、农业资源与环境、植物保护、畜牧学、兽医学、草学
12	北京林业大学	风景园林学、林学
13	北京协和医学院	生物学、生物医学工程、临床医学、药学
14	北京中医药大学	中医学、中西医结合、中药学
15	北京师范大学	教育学、心理学、中国语言文学、中国史、数学、地理学、系统科学、生态学、环境科学与工程、戏剧与影视学、语言学
16	首都师范大学	数学
17	北京外国语大学	外国语言文学
18	中国传媒大学	新闻传播学、戏剧与影视学
19	中央财经大学	应用经济学
20	对外经济贸易大学	应用经济学（自定）
21	外交学院	政治学（自定）
22	中国人民公安大学	公安学（自定）
23	北京体育大学	体育学
24	中央音乐学院	音乐与舞蹈学
25	中国音乐学院	音乐与舞蹈学（自定）
26	中央美术学院	美术学、设计学
27	中央戏剧学院	戏剧与影视学
28	中央民族大学	民族学
29	中国政法大学	法学
30	南开大学	世界史、数学、化学、统计学、材料科学与工程
31	天津大学	化学、材料科学与工程、化学工程与技术、管理科学与工程

续表

序号	学校名称	"双一流"建设学科
32	天津工业大学	纺织科学与工程
33	天津医科大学	临床医学（自定）
34	天津中医药大学	中药学
35	华北电力大学	能源电力科学与工程（电气工程和动力工程及工程热物理）
36	河北工业大学	电气工程（自定）
37	太原理工大学	化学工程与技术（自定）
38	内蒙古大学	生物学（自定）
39	辽宁大学	应用经济学（自定）
40	大连理工大学	化学、工程
41	东北大学	控制科学与工程
42	大连海事大学	交通运输工程（自定）
43	吉林大学	考古学、数学、物理学、化学、材料科学与工程
44	延边大学	外国语言文学（自定）
45	东北师范大学	马克思主义理论、世界史、数学、化学、统计学、材料科学与工程
46	哈尔滨工业大学	力学、机械工程、材料科学与工程、控制科学与工程、计算机科学与技术、土木工程、环境科学与工程
47	哈尔滨工程大学	船舶与海洋工程
48	东北农业大学	畜牧学（自定）
49	东北林业大学	林业工程、林学
50	复旦大学	哲学、政治学、中国语言文学、中国史、数学、物理学、化学、生物学、生态学、材料科学与工程、环境科学与工程、基础医学、临床医学、中西医结合、药学、机械及航空航天和制造工程、现代语言学
51	同济大学	建筑学、土木工程、测绘科学与技术、环境科学与工程、城乡规划学、风景园林学、艺术与设计
52	上海交通大学	数学、化学、生物学、机械工程、材料科学与工程、信息与通信工程、控制科学与工程、计算机科学与技术、土木工程、化学工程与技术、船舶与海洋工程、基础医学、临床医学、口腔医学、药学、电子电气工程、商业与管理
53	华东理工大学	化学、材料科学与工程、化学工程与技术
54	东华大学	纺织科学与工程

续表

序号	学校名称	"双一流"建设学科
55	上海海洋大学	水产
56	上海中医药大学	中医学、中药学
57	华东师范大学	教育学、生态学、统计学
58	上海外国语大学	外国语言文学
59	上海财经大学	统计学
60	上海体育学院	体育学
61	上海音乐学院	音乐与舞蹈学
62	上海大学	机械工程(自定)
63	南京大学	哲学、中国语言文学、外国语言文学、物理学、化学、天文学、大气科学、地质学、生物学、材料科学与工程、计算机科学与技术、化学工程与技术、矿业工程、环境科学与工程、图书情报与档案管理
64	苏州大学	材料科学与工程(自定)
65	东南大学	材料科学与工程、电子科学与技术、信息与通信工程、控制科学与工程、计算机科学与技术、建筑学、土木工程、交通运输工程、生物医学工程、风景园林学、艺术学理论
66	南京航空航天大学	力学
67	南京理工大学	兵器科学与技术
68	中国矿业大学(徐州)	安全科学与工程、矿业工程
69	南京邮电大学	电子科学与技术
70	河海大学	水利工程、环境科学与工程
71	江南大学	轻工技术与工程、食品科学与工程
72	南京林业大学	林业工程
73	南京信息工程大学	大气科学
74	南京农业大学	作物学、农业资源与环境
75	南京中医药大学	中药学
76	中国药科大学	中药学
77	南京师范大学	地理学
78	浙江大学	化学、生物学、生态学、机械工程、光学工程、材料科学与工程、电气工程、控制科学与工程、计算机科学与技术、农业工程、环境科学与工程、软件工程、园艺学、植物保护、基础医学、药学、管理科学与工程、农林经济管理
79	中国美术学院	美术学
80	安徽大学	材料科学与工程(自定)

续表

序号	学校名称	"双一流"建设学科
81	中国科学技术大学	数学、物理学、化学、天文学、地球物理学、生物学、科学技术史、材料科学与工程、计算机科学与技术、核科学与技术、安全科学与工程
82	合肥工业大学	管理科学与工程（自定）
83	厦门大学	化学、海洋科学、生物学、生态学、统计学
84	福州大学	化学（自定）
85	南昌大学	材料科学与工程
86	山东大学	数学、化学
87	中国海洋大学	海洋科学、水产
88	中国石油大学（华东）	石油与天然气工程、地质资源与地质工程
89	郑州大学	临床医学（自定）、材料科学与工程（自定）、化学（自定）
90	河南大学	生物学
91	武汉大学	理论经济学、法学、马克思主义理论、化学、地球物理学、生物学、测绘科学与技术、矿业工程、口腔医学、图书情报与档案管理
92	华中科技大学	机械工程、光学工程、材料科学与工程、动力工程及工程热物理、电气工程、计算机科学与技术、基础医学、公共卫生与预防医学
93	中国地质大学（武汉）	地质学、地质资源与地质工程
94	武汉理工大学	材料科学与工程
95	华中农业大学	生物学、园艺学、畜牧学、兽医学、农林经济管理
96	华中师范大学	政治学、中国语言文学
97	中南财经政法大学	法学（自定）
98	湖南大学	化学、机械工程
99	中南大学	数学、材料科学与工程、冶金工程、矿业工程
100	湖南师范大学	外国语言文学（自定）
101	中山大学	哲学、数学、化学、生物学、生态学、材料科学与工程、电子科学与技术、基础医学、临床医学、药学、工商管理

续表

序号	学校名称	"双一流"建设学科
102	暨南大学	药学（自定）
103	华南理工大学	化学、材料科学与工程、轻工技术与工程、农学
104	广州中医药大学	中医学
105	华南师范大学	物理学
106	海南大学	作物学（自定）
107	广西大学	土木工程（自定）
108	四川大学	数学、化学、材料科学与工程、基础医学、口腔医学、护理学
109	重庆大学	机械工程（自定）、电气工程（自定）、土木工程（自定）
110	西南交通大学	交通运输工程
111	电子科技大学	电子科学与技术、信息与通信工程
112	西南石油大学	石油与天然气工程
113	成都理工大学	地质学
114	四川农业大学	作物学（自定）
115	成都中医药大学	中药学
116	西南大学	生物学
117	西南财经大学	应用经济学（自定）
118	贵州大学	植物保护（自定）
119	云南大学	民族学、生态学
120	西藏大学	生态学（自定）
121	西北大学	地质学
122	西安交通大学	力学、机械工程、材料科学与工程、动力工程及工程热物理、电气工程、信息与通信工程、管理科学与工程、工商管理
123	西北工业大学	机械工程、材料科学与工程
124	西安电子科技大学	信息与通信工程、计算机科学与技术
125	长安大学	交通运输工程（自定）
126	西北农林科技大学	农学
127	陕西师范大学	中国语言文学（自定）
128	兰州大学	化学、大气科学、生态学、草学
129	青海大学	生态学（自定）

续表

序号	学校名称	"双一流"建设学科
130	宁夏大学	化学工程与技术（自定）
131	新疆大学	马克思主义理论（自定）、化学（自定）、计算机科学与技术（自定）
132	石河子大学	化学工程与技术（自定）
133	中国矿业大学（北京）	安全科学与工程、矿业工程
134	中国石油大学（北京）	石油与天然气工程、地质资源与地质工程
135	中国地质大学（北京）	地质学、地质资源与地质工程
136	宁波大学	力学
137	中国科学院大学	化学、材料科学与工程
138	国防科技大学	信息与通信工程、计算机科学与技术、航空宇航科学与技术、软件工程、管理科学与工程
139	第二军医大学	基础医学
140	第四军医大学	临床医学（自定）

1.2.2.4　国家示范性高职院校

国家示范性高等职业院校建设计划是教育部为了提升高等职业院校的办学水平，启动了被称为"高职211"的"百所示范性高等职业院校建设工程"。按照教育部、财政部《关于实施国家示范性高等职业院校建设计划加快高等职业教育改革与发展的意见》（教高〔2006〕14号），国家在"十一五"期间安排20亿元重点支持100所高水平示范院校建设。被列为"国家示范性高等职业院校建设计划"的院校，除了领导能力领先、综合水平领先、教育教学改革领先、专业建设领先、社会服务领先，具有良好的建设环境外，还要求在人才培养模式、实验实训基地建设、师资队伍建设、课程体系与教学内容改革等方面取得实质性突破，力争做发展的模范、改革的模范、管理的模范，以带动全国高等职业院校深化改革，提升中国高等职业教育的整体水平，引领国家健康持续发展。100所国家示范性高职院校名单[7]见表6。

表6　国家示范性高职院校名单

地区	学校名称	重点建设专业
北京 （4所）	北京工业职业技术学院	机电一体化技术、安全技术管理、工程测量技术、通信技术
	北京电子科技职业学院	数控技术、汽车制造与装配技术、机电一体化技术、计算机网络技术、生物技术及应用、多媒体设计与制作、金融保险
	北京农业职业学院	园艺技术、畜牧兽医、绿色食品生产与检验
	北京财贸职业学院	连锁经营管理、物流管理、导游（国际导游）

续表

地区	学校名称	重点建设专业
天津 (4所)	天津职业大学	—
	天津中德职业技术学院	制造技术、航空航天应用技术、自动化技术、汽车应用技术、新材料新能源技术、信息技术、经贸管理、应用语言
	天津医学高等专科学校	医学影像技术、康复治疗技术、医疗美容技术、护理
	天津电子信息职业技术学院	—
上海 (4所)	上海工艺美术职业学院	艺术设计、装潢艺术设计、珠宝首饰工艺与鉴定、旅游工艺品设计与制作
	上海旅游高等专科学校	—
	上海医药高等专科学校（上海健康医学院）	护理、医学检验技术、口腔医学技术、眼视光技术、药学、医学影像技术
	上海公安高等专科学校（上海公安学院）	—
重庆 (3所)	重庆工业职业技术学院	模具设计与制造、数控技术、酒店管理、汽车检测与维修技术、电气自动化技术
	重庆工程职业技术学院	建筑装饰工程技术、矿山机电
	重庆电子工程职业学院	微电子技术、信息安全技术、通信技术
河北 (4所)	邢台职业技术学院	建筑工程技术、电气自动化技术、服装设计与加工、汽车检测与维修技术、数控技术、建筑装饰工程技术
	承德石油高等专科学校	—
	石家庄铁路职业技术学院	道路桥梁工程技术、铁道工程技术、工程测量技术、城市轨道交通工程技术
	河北工业职业技术学院	材料工程技术专业（轧钢）及其轧钢生产专业群、冶金技术专业及其钢铁冶炼生产专业群、环境监测与治理技术专业及其钢铁企业清洁生产专业群、应用化工技术专业（焦化方向）及其炼焦化工生产专业群、电气自动化技术专业（冶金方向）及其冶金生产过程控制专业群
山西 (2所)	山西省财政税务专科学校	会计、市场营销、证券投资与管理、税务、计算机应用技术、酒店管理
	山西工程职业技术学院	冶金技术、材料工程技术、电气自动化技术、建筑工程技术专业、计算机网络技术、物流管理
内蒙古 (2所)	内蒙古建筑职业技术学院	建筑装饰工程技术、建筑工程技术、供热通风与空调工程技术、道路桥梁工程技术、工程造价
	包头职业技术学院	数控技术、焊接技术及自动化、电气自动化技术

续表

地区	学校名称	重点建设专业
辽宁 （4所）	大连职业技术学院	数控技术专业、物流管理专业、老年服务与管理专业、应用电子技术专业、汽车检测与维修技术专业
	辽宁省交通高等专科学校	物流管理专业、信息工程专业、汽车检测与维修技术专业、模具设计与制造专业
	沈阳职业技术学院	模具设计与制造、焊接技术及自动化、材料成型与控制技术、电气自动化技术、数控设备应用与维护、连锁经营管理、计算机网络技术、旅游管理、软件技术
	辽宁农业职业技术学院	—
吉林 （3所）	长春汽车工业高等专科学校	电气自动化技术、数控技术应用、汽车检测与维修技术、汽车制造与装配技术、物流管理
	长春职业技术学院	汽车技术服务与营销、生物技术及应用、数控技术、软件技术、旅游管理
	吉林工业职业技术学院	应用化工技术、分析检验、消防工程技术、市场营销
黑龙江 （4所）	黑龙江建筑职业技术学院	建筑工程技术专业、建筑装饰工程技术专业、供热通风与空调工程技术专业、市政工程技术专业
	黑龙江农业工程职业学院	畜牧兽医、物流管理、机电一体化技术、农业机械应用技术、汽车检测与维修技术
	大庆职业学院	石油化工生产技术、油气开采技术、数控技术
	黑龙江农业经济职业学院	作物生产技术、食品加工技术、农业经济管理、畜牧兽医、绿色食品生产与检验
江苏 （7所）	南京工业职业技术学院	—
	无锡职业技术学院	电气自动化技术、机械制造与自动化、数控技术、汽车检测与维修技术、机电一体化技术、计算机应用技术、汽车技术服务与营销
	江苏农林职业技术学院	林业技术、园林技术、园林建筑、园艺技术、作物生产技术、畜牧兽医、宠物养护与疫病防治
	常州信息职业技术学院	软件技术、电气自动化技术、电子信息工程技术、模具设计与制造、计算机网络技术、电子商务、企业资源计划管理、应用电子技术
	苏州工业园区职业技术学院	移动通信技术、微电子技术、电子组装技术与设备、报关与国际货运、机电一体化技术、数控技术
	江苏工程职业技术学院	现代纺织技术专业、服装设计专业、纺织品设计（家用）专业、染整技术
	江苏建筑职业技术学院	建筑工程技术、建筑装饰工程技术、供热通风与空调工程技术、矿井建设、工程造价

续表

地区	学校名称	重点建设专业
浙江（6所）	宁波职业技术学院	模具设计与制造、应用化工技术、建筑工程技术、计算机应用技术、应用电子技术、物流管理、国际经济与贸易
	浙江金融职业学院	金融管理与实务、保险实务、会计
	浙江机电职业技术学院	机械制造与自动化、数控技术、机电一体化技术、应用电子技术、计算机信息管理、市场营销
	温州职业技术学院	鞋类设计与工艺、家具设计与制造、模具设计与制造、电机与电器、房地产经营与估价等
	金华职业技术学院	应用电子技术、机械设计制造及其自动化、数控技术、工业设计、模具设计与制造
	浙江警官职业学院	刑事执行专业、安全防范技术专业、司法信息安全专业、行政执行专业、法律事务专业
安徽（3所）	芜湖职业技术学院	汽车检测与维修技术、数控技术、电气自动化技术、高分子材料应用技术、园艺技术
	安徽水利水电职业技术学院	水利水电建筑工程、机电一体化技术、给排水工程技术、城镇建设、数控技术、城市水利、应用电子技术、物流管理
	安徽职业技术学院	材料工程技术专业、现代纺织技术、纺织品贸易与检验、纺织品设计、模具设计与制造、机电一体化技术、应用化工技术、计算机网络技术
福建（2所）	福建船政交通职业学院	汽车检测与维修技术专业、道路桥梁工程技术专业、航海技术专业、轮机工程技术专业、机电一体化技术专业、安全技术管理专业、物流管理专业、计算机应用技术专业
	漳州职业技术学院	计算机网络技术、应用电子技术、食品加工技术、物流管理、数控技术、建筑工程技术
江西	九江职业技术学院	数控技术、模具设计与制造、数控设备应用与维护、检测技术及应用、汽车检测与维修技术、船舶工程技术、电气自动化技术、楼宇智能化工程技术、船舶工程技术、船舶动力与装备技术
山东（6所）	山东科技职业学院	现代纺织技术、服装制版与工艺、纺织品设计、应用韩语、化纤生产技术、应用化工技术、机械制造与自动化
	山东商业职业技术学院	会计电算化、食品生物技术、市场营销、制冷与空调、应用电子技术、软件技术、商务英语、旅游管理、环境艺术设计
	威海职业学院	餐饮管理与服务、应用电子技术、机械设计与制造、电气自动化技术、数控技术、应用韩语、商务英语、商务日语
	淄博职业学院	数控技术、电气自动化技术、应用化工技术、工程造价、动漫设计与制作、生物制药技术、计算机应用技术、市场营销

续表

地区	学校名称	重点建设专业
山东（6所）	日照职业技术学院	水产养殖技术、旅游管理、食品加工技术、机电一体化技术、汽车检测与维修技术
	青岛职业技术学院	机电一体化、商务管理（家电）、物流管理、旅游管理、软件技术、服装设计、市场营销（啤酒）、应用电子技术、应用化工技术
河南（4所）	黄河水利职业技术学院	水利水电建筑工程、工程测量技术、道路桥梁工程技术、电气自动化技术、环境监测与治理
	平顶山工业职业技术学院	—
	商丘职业技术学院	作物生产技术、园艺技术、畜牧兽医、食品加工技术、机电一体化技术、汽车检测与维修技术
	河南职业技术学院	机电一体化技术、电子信息工程技术、汽车检测与维修技术、烹饪工艺与营养
湖北（4所）	武汉职业技术学院	模具设计与制造、数控技术、光电子技术、电子商务、生物制药技术、现代纺织技术
	武汉船舶职业技术学院	轮机工程技术、船舶工程技术、船舶焊接技术、船舶电气自动化技术、数控技术等
	湖北职业技术学院	—
	武汉铁路职业技术学院	铁道交通运营管理、高速动车组检修技术、城市轨道交通控制、高速铁路工程及维护技术
湖南（5所）	长沙民政职业技术学院	应用电子技术教育（电子技术应用方向）(本科)、民政管理、劳动与社会保障、电子商务、社会工作、计算机网络技术、电气自动化应用电子技术、文秘、老年服务与管理、殡仪设备、殡仪服务、商务英语、视觉传达艺术设计
	湖南铁道职业技术学院	铁道供电技术、电子信息工程技术、移动互联应用技术、铁道信号自动控制、铁道通信与信息化技术、制冷与空调技术
	永州职业技术学院	护理、畜牧兽医、农产品质量检测、医学检验技术、机械制造与自动化
	湖南交通职业技术学院	道路桥梁工程技术、工程造价、物流管理
	湖南工业职业技术学院	计算机网络技术、数控技术

续表

地区	学校名称	重点建设专业
广东 （4所）	广州番禺职业技术学院	玩具设计与制造、计算机网络技术、金融管理与实务、装潢艺术设计、酒店管理、珠宝首饰工艺及鉴定
	深圳职业技术学院	城市园林、港口与航运管理、电子信息工程技术、计算机辅助设计与制造、商务英语、食品生物技术、汽车运用技术、计算机网络技术、印刷技术
	广州民航职业技术学院	飞机结构修理、飞机机电设备维修专业及其专业群、民航运输、空中乘务、航空港安全检查专业及其专业群、航空物流
	广东轻工职业技术学院	—
广西 （2所）	南宁职业技术学院	室内设计技术、机电一体化技术、物流管理、酒店管理、应用泰国语、软件技术
	柳州职业技术学院	数控技术、物流管理、电气自动化技术、软件技术、汽车检测与维修技术、机电设备维修与管理
四川 （6所）	成都航空职业技术学院	模具设计与制造、航空机电设备维修、电子信息工程技术、计算机网络技术、航空服务、数控技术
	四川工程职业技术学院	电气自动化技术、汽车整形技术、汽车技术服务与营销、汽车检测与维修技术、冶金技术、材料成型与控制、金属材料与热处理技术、理化测试及质检技术
	四川交通职业技术学院	物流管理、交通安全与智能控制、建筑工程技术、汽车运用技术、道路桥梁工程技术、地下工程与隧道工程技术、高等级公路维护与管理、工程机械运用与维护
	四川建筑职业技术学院	工程造价、建筑工程技术、道路与桥梁工程技术、建筑设备
	绵阳职业技术学院	材料工程技术、电子信息工程技术、机械设计与制造、建筑工程管理、旅游管理
	四川电力职业技术学院	高压输配电线路施工运行与维护、供用电技术、水利水电建筑工程
云南 （2所）	云南交通职业技术学院	道路桥梁工程技术、工程机械运用与维护、汽车运用技术、地下工程与隧道工程技术、城市轨道交通运营管理
	昆明冶金高等专科学校	冶金技术、建筑工程技术、测绘工程技术、环境监测与治理技术、无机非金属材料工程技术等
贵州	贵州交通职业技术学院	道路桥梁工程技术、汽车运用技术、建筑工程技术、工程机械控制技术

续表

地区	学校名称	重点建设专业
陕西（3所）	杨凌职业技术学院	水利水电建筑工程、生物技术及应用、建筑工程技术、园艺技术
	西安航空职业技术学院	航空机电设备维修专业、机电一体化技术专业、电气自动化技术专业、电子信息工程技术专业、数控技术专业、软件技术专业、航空服务专业
	陕西工业职业技术学院	机械设计与制造、材料成型与控制技术、电气自动化技术、计算机应用技术、物流管理
甘肃（2所）	兰州石化职业技术学院	石油化工生产技术专业、生产过程自动化技术专业、化工设备与维修技术专业、炼油技术专业
	甘肃林业职业技术学院	林业技术、水土保持、环境监测与治理技术、工程测量技术
海南	海南职业技术学院	旅游管理、首饰设计与工艺、畜牧兽医
宁夏（2所）	宁夏职业技术学院	生物技术及应用、畜牧兽医、热能动力设备与应用
	宁夏财经职业技术学院	物业管理、市场营销
青海	青海畜牧兽医职业技术学院	畜牧兽医、动物防疫与检疫、植物保护（草原与饲料）、农业经济管理
西藏	西藏职业技术学院	作物生产技术、畜牧兽医、旅游管理、发电厂及电力系统
新疆（3所）	新疆农业职业技术学院	园艺技术、食品加工技术、种子生产与经营、畜牧兽医
	克拉玛依职业技术学院	石油化工生产技术、钻井技术、油气开采技术、油气储运技术、化工设备维修技术
	新疆石河子职业技术学院	—

1.2.2.5 国家骨干高职院校

2010年7月，教育部和财政部联合下发了《关于进一步推进"国家示范性高等职业院校建设计划"实施工作的通知》(教高〔2010〕8号)，在原有已建设的100所国家示范性高等职业院校的基础上，新增100所左右国家骨干高职院校，以此继续推进"国家示范性高等职业院校建设计划"。100所国家骨干高职院校名单[8]见表7。

表7 国家骨干高职院校名单

地区	学校名称	重点建设专业
北京（2所）	北京信息职业技术学院	软件技术、电子信息工程技术、机电一体化技术
	北京劳动保障职业学院	劳动与社会保障、人力资源管理、城市管理与监察、城市轨道交通控制

续表

地区	学校名称	重点建设专业
天津 (3所)	天津交通职业学院	物流管理、汽车整形技术、汽车检测与维修技术
	天津轻工职业技术学院	模具设计与制造、数控设备应用与维护、环境艺术设计
	天津现代职业技术学院	食品生物技术、环境监测与治理技术、精密机械技术
上海 (3所)	上海医疗器械高等专科学校	医用电子仪器与维护、药剂设备制造与维护、医学影像设备管理与维护
	上海电子信息职业技术学院	应用电子技术、通信技术、计算机网络技术
	上海出版印刷高等专科学校	印刷技术、印刷图文信息处理、出版与电脑编辑技术、艺术设计
重庆 (3所)	重庆电力高等专科学校	发电厂及电力系统、电厂热能动力装置、供用电技术、工业热工控制技术、电力系统继电保护与自动化
	重庆城市管理职业学院	社会工作、社区康复、物流管理、物联网技术与应用
	重庆工商职业学院	影视动画、环境艺术设计、软件技术、市场营销
河北 (4所)	邯郸职业技术学院	建筑工程技术、机电一体化技术、装潢设计
	河北化工医药职业技术学院	生化制药技术、精细化学品生产技术、化工设备与机械、工业分析与检验
	唐山工业职业技术学院	动车组技术、港口物流管理、陶瓷艺术设计、数控技术、机电设备维修与管理
	秦皇岛职业技术学院	酒店管理、物流管理、数控技术、计算机应用技术
山西 (3所)	山西煤炭职业技术学院	煤矿开采技术、矿井通风与安全、矿山机电、矿山测量、煤炭深加工与利用
	山西建筑职业技术学院	建筑工程技术、建筑装饰工程技术、建筑电气工程技术、供热通风与空调工程技术、工程造价
	山西职业技术学院	材料工程技术、电气自动化技术、机电设备维修与管理、数控设备应用与维护
内蒙古 (2所)	内蒙古化工职业学院	煤炭深加工与利用、工业分析与检验、化工设备维修技术、材料工程技术
	内蒙古机电职业技术学院	机电一体化技术、电力系统自动化、电厂热能动力装置、冶金技术
辽宁 (3所)	辽宁石化职业技术学院	石油化工生产技术、炼油技术、化工设备维修技术、生产过程自动化技术
	渤海船舶职业学院	船舶工程技术、船舶动力装置技术、船舶电气技术
	辽宁职业学院	汽车制造与装配技术、高尔夫俱乐部商务管理、畜牧兽医、园艺技术

续表

地区	学校名称	重点建设专业
吉林	吉林交通职业技术学院	工程机械运用与维护、汽车电子技术、工程测量技术、物流管理
黑龙江（3所）	哈尔滨铁道职业技术学院	高速铁道技术、城市轨道交通工程技术、土木工程检测技术、工程造价、道路桥梁工程技术
	黑龙江职业学院	城市热能应用技术、电气自动化技术、物流管理
	哈尔滨职业技术学院	电气自动化技术、道路桥梁工程、模具设计与制造、焊接技术与自动化
江苏（8所）	江苏农牧科技职业学院	畜牧兽医、动物防疫与检疫、兽药生产与营销、食品营养与检测
	南通航运职业技术学院	航海技术、轮机工程技术、船舶工程技术、港口物流设备与自动控制
	常州机电职业技术学院	数控设备应用与维护、模具设计与制造、农业机械应用技术、电气自动化技术
	苏州工艺美术职业技术学院	装饰艺术设计、室内设计技术、广告媒体技术
	南京科技职业学院	精细化学品生产技术、化工装备技术、生产过程自动化技术、环境监测与治理技术、物流管理
	南京信息职业技术学院	通信技术、软件技术、光电子技术、物联网工程技术
	江苏经贸职业技术学院	电子商务、物流管理、连锁经营管理、老年服务与管理
	江苏食品药品职业技术学院	食品加工技术、生物技术及应用、烹饪工艺与营养、市场营销
浙江（5所）	浙江经济职业技术学院	物流管理、汽车检测与维修技术、计算机信息管理、电子商务
	浙江旅游职业学院	酒店管理、导游、景区开发与管理、会展策划与管理
	浙江交通职业技术学院	航海技术、轮机工程技术、道路桥梁工程技术、汽车运用技术
	杭州职业技术学院	数控技术、服装设计、精细化学品生产
	浙江建设职业技术学院	建筑工程技术、建筑经济管理、园林工程技术、楼宇智能化工程
安徽（5所）	安徽机电职业技术学院	机械设计与制造、焊接技术及自动化、数控技术
	安徽电气工程职业技术学院	发电厂及电力系统、电厂热能动力装置、电气自动化技术
	安徽商贸职业技术学院	物流管理、市场营销、计算机信息管理、动画设计
	安徽交通职业技术学院	道路桥梁工程技术、汽车运用与维修、交通安全与智能控制、物流管理
	阜阳职业技术学院	微生物技术及应用、园艺技术、数控技术、机电一体化技术

续表

地区	学校名称	重点建设专业
福建 （4所）	福建信息职业技术学院	电子信息工程技术、计算机网络技术、电子商务
	福建林业职业技术学院	林业技术、园林技术、木材加工技术、计算机应用技术
	泉州医学高等专科学校	生物制药技术、护理
	闽西职业技术学院	数控技术、旅游管理、应用电子技术、建筑工程技术
江西 （4所）	江西现代职业技术学院	材料工程技术、工业分析与检验、建筑工程技术
	江西财经职业学院	物流管理、金融保险、旅游管理
	江西应用技术职业学院	国土资源调查、水文与工程地质、工程测量技术、工业分析与检验
	江西交通职业技术学院	汽车运用技术、道路桥梁工程技术、物流管理、交通安全与智能控制
山东 （7所）	滨州职业学院	现代纺织技术、机电一体化技术、生物技术及应用、计算机网络技术
	烟台职业学院	食品检测及管理、汽车检测与维修技术、模具设计与制造、软件技术
	山东职业学院	铁道机车车辆、铁道工程技术、电气化铁道技术、机电一体化技术
	东营职业学院	石油化工生产技术、机械制造与自动化、物流管理
	山东畜牧兽医职业学院	畜牧兽医、动物防疫与检疫、兽药生产与营销、饲料与动物营养
	青岛港湾职业技术学院	港口机械应用技术、港口电气技术、港口业务管理、轮机工程技术
	济南职业学院	机电一体化技术、应用电子技术、软件技术
河南 （3所）	河南工业职业技术学院	电气自动化技术、建筑装饰工程技术、数控技术、电子信息工程技术、物流管理
	河南农业职业学院	畜牧兽医、食品加工、种子生产、园艺技术、园林技术
	郑州铁路职业技术学院	高速铁道技术、铁道机车车辆、电气化铁道技术、城市轨道交通控制、城市轨道交通运营管理、铁道工程技术
湖北 （5所）	襄阳职业技术学院	数控技术、汽车检测与维修技术、畜牧兽医、护理
	黄冈职业技术学院	建筑工程技术、畜牧兽医、园林技术、汽车检测与维修技术
	湖北工业职业技术学院	汽车检测与维修技术、模具设计与制造、旅游管理、艺术设计
	鄂州职业大学	机械设计与制造、建筑工程技术、应用电子技术、护理
	武汉软件工程职业学院	软件技术、激光加工技术、模具设计与制造、物流管理

续表

地区	学校名称	重点建设专业
湖南（4所）	湖南大众传媒职业技术学院	主持与播音、电视节目制作、影视动画、出版与发行、影视表演
	湖南科技职业学院	陶瓷艺术设计、皮革制品设计与工艺、高分子材料加工技术、软件技术
	湖南工艺美术职业学院	湘绣设计与工艺、服装设计与加工、装潢艺术设计、环境艺术设计
	娄底职业技术学院	机电一体化技术、煤矿开采技术、畜牧兽医
广东（7所）	顺德职业技术学院	家具设计与制造、制冷与冷藏技术、智能家电、涂料技术
	广东交通职业技术学院	城市轨道交通工程技术、汽车检测与维修技术、交通安全与智能控制、国际航运业务管理
	广东水利电力职业技术学院	水利水电建筑工程、电厂设备运行与维护、水政水资源管理、供用电技术
	广州铁路职业技术学院	城市轨道交通车辆、电气化铁道技术、城市轨道交通运营管理、数控技术
	广东科学技术职业学院	软件技术、电子商务、产品造型设计、汽车整形技术、应用电子技术
	中山火炬职业技术学院	包装技术与设计、应用电子技术、机械设计与制造、生物制药技术
	深圳信息职业技术学院	软件技术、计算机应用技术、电子商务、通信技术
广西（3所）	广西机电职业技术学院	焊接技术及自动化、应用电子技术、电气自动化技术
	广西职业技术学院	园艺技术、生物技术及应用、物流管理、电气自动化技术
	广西水利电力职业技术学院	水利水电建筑工程、发电厂及电力系统、机电一体化技术、建筑工程技术
四川（5所）	成都纺织高等专科学校	现代纺织技术、染整技术、服装设计
	四川邮电职业技术学院	通信技术、移动通信技术、网络系统管理、光纤通信
	成都职业技术学院	软件技术、酒店管理、电子商务
	宜宾职业技术学院	生物技术及应用、机电一体化技术、物流管理
	四川机电职业技术学院	冶金技术、电气自动化技术、材料成型与控制技术
云南	云南机电职业技术学院	数控技术、电气自动化技术、焊接技术及自动化
贵州	铜仁职业技术学院	药物制剂技术、畜牧兽医、设施农业技术

续表

地区	学校名称	重点建设专业
陕西（3所）	陕西国防工业职业技术学院	机械制造与自动化、精细化学品生产技术、应用电子技术、机电一体化技术
	陕西铁路工程职业技术学院	铁道工程技术、地下工程与隧道工程技术、材料工程技术、建筑工程技术
	陕西职业技术学院	旅游管理、电子商务、建筑工程技术
甘肃（3所）	酒泉职业技术学院	旅游管理、机电一体化、种子生产与经营、水利工程
	兰州资源环境职业技术学院	大气探测技术、煤矿开采技术、矿山地质、矿山机电
	武威职业学院	机电一体化技术、光伏发电技术及应用、旅游管理、设施农业技术
海南	海南经贸职业技术学院	旅游管理、物流管理
宁夏	宁夏工商职业技术学院	清真烹饪工艺与营养、物流管理、应用化工技术
青海	青海交通职业技术学院	道路桥梁工程技术、汽车运用技术、工程造价
新疆（2所）	新疆轻工职业技术学院	食品加工技术、应用化工技术、生产过程自动化技术
	乌鲁木齐职业大学	工艺品设计与制作、印刷技术、会展策划与管理、物流管理

1.2.2.6 国家"双高计划"

2019年12月，教育部、财政部公布中国特色高水平高职学校和专业建设计划建设名单[9]，见表8，56所高职学校入选高水平学校建设，141所高职学校入选高水平专业群建设。"双高计划"比肩普通高等教育"双一流"建设，是落实"职业教育与普通教育是两种不同教育类型，具有同等重要地位"的重要制度设计。197所建设学校覆盖了29个省份，涉及的253个专业群覆盖了18个高职专业大类。布点最多的5个专业大类分别是装备制造大类、交通运输大类、电子信息大类、财经商贸大类、农林牧渔大类。从产业布局看，面向战略性新兴产业的专业群有75个，面向现代服务业的有71个，面向先进制造业的有63个，面向现代农业的有23个，其他21个。

表8 中国特色高水平高职学校和专业建设计划名单

第一类

高水平学校建设单位（A档10所）

学校名称	专业群名称
北京电子科技职业学院	汽车制造与装配技术、药品生物技术
天津市职业大学	眼视光技术、包装工程技术
江苏农林职业技术学院	现代农业技术、园林技术

续表

学校名称	专业群名称
无锡职业技术学院	数控技术、物联网应用技术
金华职业技术学院	机械制造与自动化、学前教育
浙江机电职业技术学院	机械制造与自动化、智能控制技术
山东商业职业技术学院	市场营销、云计算技术与应用
黄河水利职业技术学院	水利水电建筑工程、测绘地理信息技术
深圳职业技术学院	通信技术、电子信息工程技术
陕西工业职业技术学院	机械制造与自动化、材料成型与控制技术

第二类

高水平学校建设单位（B档20所）

学校名称	专业群名称
北京工业职业技术学院	机电一体化技术、工程测量技术
天津医学高等专科学校	护理、药学
河北工业职业技术学院	黑色冶金技术、电气自动化技术
辽宁省交通高等专科学校	道路桥梁工程技术、汽车运用与维修技术
常州信息职业技术学院	软件技术、信息安全与管理
江苏农牧科技职业学院	畜牧兽医、食品药品监督管理
南京信息职业技术学院	通信技术、电子产品质量检测
杭州职业技术学院	电梯工程技术、服装设计与工艺
宁波职业技术学院	应用化工技术、模具设计与制造
浙江金融职业学院	金融管理、国际贸易实务
日照职业技术学院	水产养殖技术、建筑工程技术
淄博职业学院	电气自动化技术、新能源汽车技术
长沙民政职业技术学院	现代殡葬技术与管理、老年服务与管理
广东轻工职业技术学院	精细化工技术、产品艺术设计
广州番禺职业技术学院	艺术设计、珠宝首饰技术与管理
深圳信息职业技术学院	软件技术、移动通信技术
顺德职业技术学院	家具设计与制造、制冷与空调技术
重庆电子工程职业学院	物联网应用技术、信息安全与管理
重庆工业职业技术学院	模具设计与制造、汽车检测与维修技术
杨凌职业技术学院	农业生物技术、水利工程

第三类
高水平学校建设单位（C档26所）

学校名称	专业群名称
北京财贸职业学院	会计、连锁经营管理
天津轻工职业技术学院	模具设计与制造、光伏发电技术与应用
山西省财政税务专科学校	会计、市场营销
内蒙古机电职业技术学院	电力系统自动化技术、机械制造与自动化
长春汽车工业高等专科学校	汽车制造与装配技术、新能源汽车技术
哈尔滨职业技术学院	机电一体化技术、电子商务
上海工艺美术职业学院	工艺美术品设计、产品艺术设计
常州机电职业技术学院	工业机器人技术、模具设计与制造
江苏经贸职业技术学院	电子商务、老年服务与管理
温州职业技术学院	鞋类设计与工艺、电机与电器技术
芜湖职业技术学院	机电一体化技术、食品营养与检测
福建船政交通职业学院	航海技术、安全技术与管理
九江职业技术学院	船舶工程技术、物联网应用技术
滨州职业学院	护理、机械制造与自动化
武汉船舶职业技术学院	船舶工程技术、轮机工程技术
湖南铁道职业技术学院	铁道机车车辆制造与维护、铁道机车
南宁职业技术学院	建筑室内设计、软件技术
海南经贸职业技术学院	旅游管理、国际经济与贸易
四川工程职业技术学院	数控技术、焊接技术与自动化
贵州交通职业技术学院	道路桥梁工程技术、汽车运用与维修技术
昆明冶金高等专科学校	有色冶金技术、测绘工程技术
陕西铁路工程职业技术学院	高速铁道工程技术、城市轨道交通工程技术
西安航空职业技术学院	飞机机电设备维修、无人机应用技术
兰州资源环境职业技术学院	应用气象技术、金属精密成型技术
宁夏职业技术学院	畜牧兽医、机电一体化技术
新疆农业职业技术学院	种子生产与经营、畜牧兽医

高水平专业群建设单位(A档 26 所)

学校名称	专业群名称
北京农业职业学院	园艺技术
北京信息职业技术学院	信息安全与管理
天津电子信息职业技术学院	软件技术
天津现代职业技术学院	无人机应用技术
邢台职业技术学院	汽车检测与维修技术
山西工程职业学院	黑色冶金技术
辽宁农业职业技术学院	园艺技术
长春职业技术学院	计算机网络技术
黑龙江农业经济职业学院	作物生产技术
黑龙江建筑职业技术学院	市政工程技术
江苏建筑职业技术学院	建筑装饰工程技术
浙江建设职业技术学院	工程造价
安徽机电职业技术学院	工业机器人技术
安徽商贸职业技术学院	电子商务
福建信息职业技术学院	物联网应用技术
江西应用技术职业学院	国土资源调查与管理
山东科技职业学院	服装设计与工艺
黄冈职业技术学院	建筑钢结构工程技术
武汉职业技术学院	光电技术应用
湖南工业职业技术学院	数控技术
湖南工艺美术职业学院	刺绣设计与工艺
湖南汽车工程职业学院	汽车智能技术
重庆城市管理职业学院	老年服务与管理
成都航空职业技术学院	飞行器制造技术
四川交通职业技术学院	道路桥梁工程技术
兰州石化职业技术学院	石油化工技术

高水平专业群建设单位(B 档 59 所)

学校名称	专业群名称
北京劳动保障职业学院	老年服务与管理
天津交通职业学院	物流管理
石家庄铁路职业技术学院	铁道工程技术
唐山工业职业技术学院	动车组检修技术
山西机电职业技术学院	数控技术
山西职业技术学院	大数据技术与应用
内蒙古化工职业学院	煤化工技术
黑龙江职业学院	数控技术
黑龙江农业工程职业学院	农业装备应用技术
常州工程职业技术学院	应用化工技术
江苏工程职业技术学院	现代纺织技术
江苏海事职业技术学院	航海技术
江苏食品药品职业技术学院	食品加工技术
南通航运职业技术学院	航海技术
苏州工艺美术职业技术学院	工艺美术品设计
苏州农业职业技术学院	园林工程技术
浙江交通职业技术学院	道路桥梁工程技术
浙江经济职业技术学院	物流管理
浙江经贸职业技术学院	电子商务
浙江旅游职业学院	导游
安徽水利水电职业技术学院	水利水电建筑工程
福州职业技术学院	软件技术
黎明职业大学	高分子材料加工技术
漳州职业技术学院	食品加工技术
江西财经职业学院	会计
江西环境工程职业学院	林业技术
江西交通职业技术学院	道路桥梁工程技术
济南职业学院	机电一体化技术
青岛职业技术学院	服装与服饰设计
山东畜牧兽医职业学院	畜牧兽医
山东交通职业学院	汽车运用与维修技术

续表

学校名称	专业群名称
威海职业学院	建筑工程技术
潍坊职业学院	电气自动化技术
烟台职业学院	模具设计与制造
河南工业职业技术学院	机电一体化技术
河南农业职业学院	种子生产与经营
河南职业技术学院	数控技术
许昌职业技术学院	机电一体化技术
郑州铁路职业技术学院	铁道机车
武汉铁路职业技术学院	动车组检修技术
襄阳职业技术学院	特殊教育
长沙航空职业技术学院	飞行器维修技术
湖南化工职业技术学院	应用化工技术
广东科学技术职业学院	软件技术
广东水利电力职业技术学院	水利水电建筑工程
广州铁路职业技术学院	铁道供电技术
广西职业技术学院	茶树栽培与茶叶加工
柳州职业技术学院	机电设备维修与管理
重庆电力高等专科学校	发电厂及电力系统
重庆工程职业技术学院	机电一体化技术
重庆工商职业学院	物联网应用技术
成都纺织高等专科学校	服装设计与工艺
成都职业技术学院	软件技术
四川建筑职业技术学院	建筑工程技术
铜仁职业技术学院	畜牧兽医
陕西国防工业职业技术学院	机电一体化技术
陕西职业技术学院	旅游管理
酒泉职业技术学院	风力发电工程技术
宁夏工商职业技术学院	应用化工技术

第四类
高水平专业群建设单位（C档56所）

学校名称	专业群名称
北京交通运输职业学院	城市轨道交通运营管理
天津渤海职业技术学院	环境工程技术
沧州医学高等专科学校	临床医学
承德石油高等专科学校	石油工程技术
河北化工医药职业技术学院	药品生产技术
秦皇岛职业技术学院	审计
石家庄邮电职业技术学院	邮政通信管理
石家庄职业技术学院	建筑工程技术
内蒙古建筑职业技术学院	供热通风与空调工程技术
渤海船舶职业学院	船舶工程技术
辽宁机电职业技术学院	工业过程自动化技术
辽宁经济职业技术学院	物流管理
沈阳职业技术学院	机械设计与制造
吉林交通职业技术学院	道路桥梁工程技术
吉林铁道职业技术学院	铁道机车
哈尔滨铁道职业技术学院	城市轨道交通工程技术
南京铁道职业技术学院	铁道交通运营管理
南通职业大学	建筑工程技术
苏州工业职业技术学院	智能控制技术
无锡商业职业技术学院	市场营销
徐州工业职业技术学院	高分子材料工程技术
浙江工贸职业技术学院	光电制造与应用技术
浙江警官职业学院	刑事执行
浙江商业职业技术学院	电子商务
浙江艺术职业学院	戏曲表演
安徽医学高等专科学校	护理
江西外语外贸职业学院	电子商务
东营职业学院	石油化工技术
青岛酒店管理职业技术学院	酒店管理
山东职业学院	城市轨道交通车辆技术

续表

学校名称	专业群名称
湖北交通职业技术学院	新能源汽车技术
湖北职业技术学院	护理
武汉电力职业技术学院	发电厂及电力系统
长沙商贸旅游职业技术学院	餐饮管理
湖南交通职业技术学院	道路桥梁工程技术
湖南生物机电职业技术学院	种子生产与经营
岳阳职业技术学院	护理
东莞职业技术学院	电子信息工程技术
广东工贸职业技术学院	测绘地理信息技术
广东机电职业技术学院	数控技术
广东食品药品职业学院	中药学
广州民航职业技术学院	飞机机电设备维修
中山火炬职业技术学院	包装策划与设计
广西建设职业技术学院	建筑工程技术
重庆航天职业技术学院	智能控制技术
重庆三峡医药高等专科学校	中药学
重庆三峡职业学院	畜牧兽医
重庆医药高等专科学校	药学
成都农业科技职业学院	休闲农业
四川邮电职业技术学院	通信技术
贵州轻工职业技术学院	大数据技术与应用
昆明工业职业技术学院	物流管理
云南机电职业技术学院	机电一体化技术
陕西能源职业技术学院	煤矿开采技术
咸阳职业技术学院	学前教育
新疆轻工职业技术学院	应用化工技术

1.2.2.7 与大学类型相关的几个概念

(1)本科教育(Undergraduate education)

按照联合国教科文组织《国际教育标准分类法》[10],本科教育属于高等教育的中级层次,与专科教育、研究生教育一起构成高等教育的3个层次,是高等教育的主干部分。

本科教育主要培养掌握本门学科的基础理论、专门知识和基本技能,并具有从事科学研究工作或担负专门技术工作初步能力的高级人才。本科教育注重培养学生的科学思维能力、创造能力和创新精神。受过本科教育的学生应具备合理的知识结构,掌握科学工作的一般方法,能正确判断和解决实际问题,并且具备终身学习的能力和习惯,以适应和胜任多变的职业领域。

本科院校一般招收高中毕业生或具有同等学力者,修业年限一般为4年,某些专业如医科等为5年或5年以上。学生按一定的计划和要求修习有关课程(包括实验、实习、社会调查等),接受某些科学研究训练(如毕业论文、毕业设计)。学完教学计划规定的全部课程,经考试或考核合格,准予毕业者发给本科毕业证书,成绩优良者授予学士学位。

实施本科教育的机构为大学和专门学院,统称为本科学校[11]。

本科教育是我国高等教育的主体,在高等教育结构中居中心地位。

(2) 大学(University)和学院(Institute,College)

根据教育部2006年9月28日发布的《普通本科学校设置暂行规定》(教发〔2006〕18号)[12],大学和学院的区别主要体现在办学规模、学科专业、师资队伍、教学与科研水平和基础设施等方面。

办学规模。大学的全日制在校生规模应在8000人以上,在校研究生数不低于全日制在校生总数的5%。学院的全日制在校生规模应在5000人以上。

学科专业。大学应拥有以下学科门类中3个以上学科作为主要学科:人文学科(哲学、文学、历史学)、社会学科(经济学、法学、教育学)、理学、工学、农学、医学、管理学等。学院应拥有1个以上学科门类作为主要学科。大学的每个主要学科门类中的普通本科专业应能覆盖该学科门类3个以上的一级学科;每个主要学科门类的全日制本科以上在校生均不低于学校全日制本科以上在校生总数的15%;至少有2个硕士学位授予点;学校的普通本科专业总数至少在20个以上。学院的主要学科门类中应能覆盖该学科门类3个以上的专业。

师资队伍。普通本科学校应具有较强的教学、科研力量,专任教师总数一般应使生师比不高于18:1;兼任教师人数应当不超过本校专任教师总数的1/4。

大学的专任教师中具有研究生学位的人员比例一般应达到50%以上,其中具有博士学位的专任教师占专任教师总数的比例一般应达到20%以上;具有高级专业技术职务的专任教师数一般应不低于400人,其中具有正教授职务的专任教师一般应不低于100人。学院的专任教师总数不少于280人,专任教师中具有研究生学历的教师数占专任教师总数的比例应不低于30%;具有副高级专业技术职务以上的专任教师人数一般应不低于专任教师总数的30%,其中具有正教授职务的专任教师应不少于10人;各门公共必修课程和专业基础必修课程至少应当分别配备两名具有副

高级专业技术职务以上的专任教师,各门专业必修课程至少应当分别配备 1 名具有副高级专业技术职务以上的专任教师;每个专业至少配备 1 名具有正高级专业技术职务的专任教师。

教学与科研水平。普通本科学校应具有较强的教学力量和较高的教学水平,在教育部组织的教学水平评估中,评估结论应达到"良好"以上(对申办学院的学校是指高职高专学校教学工作水平评估,对学院更名为大学的学校是指普通高等学校本科教学工作水平评估)。称为大学的学校应在近两届教学成果评选中至少有 2 个以上项目获得过国家级一、二等奖或省级一等奖。

普通本科学校应具有较高的科学研究水平。称为大学的学校还应达到以下标准:

一、近 5 年年均科研经费,以人文、社会学科为主的学校至少应达到 500 万元,其他类型高校至少应达到 3000 万元;

二、近 5 年来科研成果获得省部级以上(含省部级)奖励 20 项,其中至少应有 2 个国家级奖励;

三、至少设有省部级以上(含省部级)重点实验室 2 个和重点学科 2 个;

四、一般至少应具有 10 个硕士点,并且有 5 届以上硕士毕业生。

基础设施主要指占地面积、建筑物、仪器设备、图书以及实习、实训场所等。

一、土地。普通本科学校生均占地面积应达到 60 平方米以上。学院建校初期的校园占地面积应达到 500 亩以上。

二、建筑面积。普通本科学校的生均校舍建筑面积应达到 30 平方米以上。称为学院的学校,建校初期其总建筑面积应不低于 15 万平方米。普通本科学校的生均教学科研行政用房面积,理、工、农、医类应不低于 20 平方米,人文、社科、管理类应不低于 15 平方米,体育、艺术类应不低于 30 平方米。

三、仪器设备。普通本科学校生均教学科研仪器设备值,理、工、农、医类和师范院校应不低于 5000 元,人文、社会科学类院校应不低于 3000 元,体育、艺术类院校应不低于 4000 元。

四、图书。普通本科学校生均适用图书,理、工、农、医类应不低于 80 册,人文、社会科学类和师范院校应不低于 100 册,体育、艺术类应不低于 80 册。各校都应建有现代电子图书系统和计算机网络服务体系。

五、实习、实训场所。普通本科学校必须拥有相应的教学实践、实习基地。以理学、工学、农林等学科类专业教育为主的学校应当有必需的教学实习工厂或农(林)场和固定的生产实习基地,以师范类专业教育为主的学校应当有附属的实验学校或固定的实习学校,以医学专业教育为主的学校应当至少有一所直属附属医院和适用需要的教学医院。

(3)高职高专(College)

高职高专分别是指高等职业学院和高等专科学校,都是专科(大专)层次的普通高等学校。两者招生是并轨的,学生待遇是相同的。高职高专的形式包括职业技术学院、高等专科学校、职业大学、独立设置的成人高校、本科院校内设立的高等职业教育机构或二级学院、具有高等学历教育资格的民办高校等。

根据教育部相关规定[13],师范、医学、公安类的专科层次全日制普通高等学校应规范校名后缀为"高等专科学校",而非师范、非医学、非公安类的专科层次全日制普通高等学校则应逐步规范校名后缀为"职业技术学院"或"高等职业学院"。

高职高专教育的目标是在中等教育的基础上,培养既有一定理论知识又有某种专业知识和技能,能适应生产、管理和服务岗位的技术应用型人才。高职高专的教育强调理论教学和实践训练并重,强调岗位业务知识和实践操作技能,其知识的讲授是以"能用为度""实用为本"。

高职高专教育的基本修业年限为2至3年,管理类专业一般为2年,工科类专业一般为3年,非全日制的修业年限适当延长。以招收应届初中毕业生为培养对象的高等职业教育的基本修业年限为5年。

高等职业教育的学生修完专业所规定的课程且考试合格者,颁发国家承认学历的大专毕业证书,并与普通大专毕业生享受同等待遇。

高等职业教育的毕业生与其他普通高校毕业生一样不包分配,实行学校推荐、自主择业。毕业生可以按照教育部有关规定,报考本科(普通专升本)、研究生,继续深造。

(4)综合性大学(Comprehensive university)

综合性大学是指学科门类比较齐全、办学规模宏大、科研实力强劲的综合实力较强的高等学校。

综合性大学一般具有以下几个特征:

多科性。综合性大学应当包括多个学科,而且这些学科须有一定程度的内在联系。

研究性。综合性大学的教学与科研并重,或者在一定限度上科学研究工作走在教学的前面,能够为教学工作提供基础性的条件和支持,培养大学生的科学研究意识和能力。

基础性。综合性大学所从事的科学研究一般侧重于基础科学,教学内容侧重于普通教育,重在培养大学生的基本素质。

我国比较有代表性的综合性大学较多,如北京大学、复旦大学、南京大学、武汉大学、南开大学、中山大学、厦门大学等。

(5) 公办大学(Public universities)

公办大学也叫公立大学,是指由国家政府或地方政府出资创立并维持运行的大学。在我国公办大学可分为部属、省属、市属高校三种类型,在财政拨款上,三者有一定差距。

(6) 民办大学(Private universities)

民办大学是指国家机构以外的社会组织或者个人利用非国家财政性教育经费,面向社会举办的高等学校及其他教育机构[14]。民办大学的办学层次分为专科和本科,学费一般高于公立大学。各级教育行政部门按照规定的审批权限,对批准设立的教育机构发给办学许可证。

《中华人民共和国民办教育促进法实施条例》[15]规定,民办学校的受教育者在升学、就业、社会优待、参加先进评选、医疗保险等方面,享有与同级同类公办学校的受教育者同等的权利;实施高等学历教育的民办学校符合学位授予条件的,依照有关法律、行政法规的规定经审批同意后,可以获得相应的学位授予资格。

(7) 独立学院(Independent college)

独立学院是指实施本科以上学历教育的公办普通高等学校与国家机构以外的社会组织或者个人合作,利用非国家财政性经费举办的实施本科学历教育的高等学校[16],独立学院的学费高于公立大学的学费。

独立学院是民办高等教育的重要组成部分,属于公益性事业,依法享有《民办教育促进法》《民办教育促进法实施条例》规定的各项奖励与扶持政策。独立学院与民办大学的区别在于:独立学院一定是本科,而民办大学专科本科都有;独立学院的举办方一定是普通高校,合作方是社会力量,而民办大学则只有社会力量作为举办者;民办大学自己独立颁发毕业证书,如西安外事学院、西安欧亚学院等,独立学院学生的毕业证书上加盖的是某某大学某某学院印章,如首都师范大学科德学院、北京邮电大学世纪学院等。目前国家正在对独立学院的运行机制做比较大的调整,独立学院将与原来作为举办方的高等院校脱钩,成为真正的"独立学院"。

1.3 大学的机构设置

大学的机构是根据学校的工作内容设置的。除了校级的党政领导机构外,大学的机构设置大体上可以划分为教学、科研机构,管理服务机构,学术机构和附属机构几类。

1.3.1 教学、科研机构

大学里的教学机构主要是学院(系)和专业教研室(组),科研机构一般根据学科

方向或主要研究内容称为某某研究所(重点实验室、工程技术中心)等。多数大学的教学机构与科研机构并不是完全独立运行的,它们之间在工作上有很多重叠和联系。一般教学机构也具有组织开展科研工作的职能,而科研机构也会承担一定量的教学任务。

1.3.1.1 教学机构

(1)学院(系)

与前面介绍的作为大学类型的学院概念不同,这里说的学院(系)是指大学内部的机构设置,是大学组织开展教学、科研和学生管理工作的基本单位。学院与系的设置一般与学校的学科专业数量和招生规模有关。专业比较多、招生规模比较大的学校内部按照学科门类设置若干个学院,学院下设若干个系。有的学校将科研单位(研究所、重点实验室、工程技术中心等)也设置于学院内;专业数量较少、招生规模较小的学校或学科直接设置系,由系对教学、科研工作和学生进行管理。例如,北京大学下设数学科学学院、生命科学学院、国际关系学院、工学院、外国语学院、历史学系、哲学系等60个院、系,数学科学学院又下设数学系、概率统计系、科学与工程计算系、信息科学系、金融数学系等5个系,历史学系则设有中国历史和世界历史两个专业。在一些规模较大,实行校、院(系)两级管理的大学,教学计划的制订、教学安排、教学运行、成绩评定等主要教学工作均由学院(系)负责管理。学院(系)的业务工作主要由院长(系主任)负责,根据工作量大小另设若干副院长(副主任)分工管理教学、科研和行政事务等工作,每个学院(系)还都有若干名负责具体工作的教学秘书、科研秘书等管理人员。除了负责业务工作的人员,学院(系)一般还设有党务工作机构,如党委、党总支、党支部等和党务工作人员如党委(党总支、党支部)书记、副书记等负责本学院(系)的党务工作。学院(系)里负责学生管理工作的团委书记和辅导员一般也划归党务工作人员。

(2)专业教研室(组)

很多大学在学院(系)内部按照本科专业或学科设置了教学管理与研究单位,即专业教研室(组),负责本专业教学工作的组织落实并开展教学研究活动。专业教研室(组)负责制定本专业的培养方案、各门课程和实践教学环节的教学大纲,负责各项教学任务的实施。专业教研室(组)一般由若干名承担本专业主要专业教学任务的教师组成,由教研室(组)主任(组长)负责管理。专业教研室(组)的教师是学生在校期间除班主任和辅导员以外接触最多的教师。有些按照学科大类招生的大学或学院(系)则打破了专业的界限,取消了教研室(组)一级的机构设置,由学院(系)负责教学工作的组织落实和教学研究活动的开展。

1.3.1.2 科研机构

大学里的研究所(院)、重点实验室、工程技术中心等是为了组织开展科学研究工作而设置的机构。研究所、重点实验室、工程技术中心的人员一般由教师兼职,科研任务较多的学校也有部分专职科研人员。研究所、重点实验室、工程技术中心按照科研实力和批准设立的部门不同一般可分为国家级、省部级和校级。这些科研机构有的是独立于学院(系)运行,有的则是设置于学院(系)内进行管理和运行。

研究所(院)是指以科学研究为主要目的的机构。在我国有些研究所(院)是独立设置的企事业单位,也有些是设置在大学内部的,依托大学的人才资源和实验条件开展科学研究工作。

国家重点实验室是国家科技创新体系的重要组成部分,是国家组织高水平基础研究和应用基础研究、聚集和培养优秀科技人才、开展国内外高水平学术交流的重要基地。国家重点实验室的主要任务是针对学科发展前沿和国民经济、社会发展及国家安全的重要科技领域和方向开展创新性研究。国家重点实验室是本领域的国内研究中心,对学科领域的发展具有辐射带动作用。

国家级工程技术中心是国家科技发展计划和科技创新体系的重要组成部分。中心主要依托于行业、领域科技实力雄厚的重点科研机构、科技型企业或高校,拥有国内一流的工程技术研究开发、设计和试验的专业人才队伍,具有较完备的工程技术综合配套试验条件。中心与相关企业紧密联系,具有自我良性循环的发展机制,有利于技术创新、成果转化,有利于培育、提高自主创新能力,促进产业技术进步和核心竞争能力的提高。

除了国家级的研究所(院)、重点实验室、工程技术中心,我国大多数省、直辖市和自治区也在所在地区具有较高学科水平和较强科研实力的高校设立了省级研究所(院)、重点实验室、工程技术中心等科研机构,针对本地区(行业)科学技术和经济发展的战略需求开展基础研究和技术创新研究。有些科研实力尚未达到省级或国家级水平的高校在学校内部根据学科建设和科研的需求自行设立了校级的研究所、工程技术中心等科研机构,以利于组织开展科研工作。

1.3.2 管理机构

大学里具有管理职能的机构可分为两大类,即党务工作机构和行政管理机构。

1.3.2.1 党务工作机构

大学的党务工作机构主要有党委办公室、组织部、宣传部、统战部、纪检委、学生工作部、校团委等。

(1)党委办公室

党委办公室是学校党委直接领导下的党委综合办事机构。其主要职能是围绕学校中心工作,协助党委领导处理日常工作,综合协调各部门,贯彻落实党委的决策、决议和意图,并负责收集、汇总、整理信息,为学校党委全面掌握情况、正确部署工作起到参谋助手作用。党委办公室还负责重大改革发展规划、党委文件、工作计划、总结、各种通知、报告、建议、简报、党委领导重要讲话稿的起草工作。

(2)组织部

组织部是校党委直接领导下的主管党的组织建设和干部队伍建设的职能部门,主要负责领导干部的培养、选拔、考察、任命、考评、培训等管理工作,负责指导基层党组织的建设和发展,负责党员的培养、发展、教育、接收、管理,还负责党费的收缴、管理、使用以及监督。

(3)宣传部

宣传部是学校党委主管思想政治工作的职能部门,是学校意识形态领域的主管部门。宣传部在党委领导下负责学校思想政治工作总体规划、协调和建设,负责理论学习、宣传教育、精神文明建设和校园文化建设等工作。

(4)统战部

统战部是党委主管统一战线工作的职能部门。其主要职责是组织协调统一战线政策和法律法规的贯彻落实,联系协调民主党派和无党派人士工作,支持民主党派和无党派人士履行职责、发挥作用,支持、帮助民主党派和无党派人士加强自身建设。

(5)纪检委

纪检委即纪律检查委员会,主要职责是维护党的章程和其他党内法规,检查党的路线、方针、政策和决议的执行情况,协助党委加强党风建设和反腐败工作。纪检委在同级党的委员会和上级纪律检查委员会双重领导下进行工作。

(6)学生工作部

学生工作部是党委领导下、负责学生管理工作的职能机构。其职责包括学生思想政治教育、大学生日常管理、安全教育、维稳、学生突发事件处理、心理健康教育、奖学金评定、助学金评定、勤工助学、贷款申请等工作,还负责学生管理人员队伍建设,包括辅导员、班主任队伍建设以及学生干部队伍建设。

(7)校团委

校团委是大学里负责共青团工作的职能部门。其主要职责是配合党的中心任务加强团员、青年的思想政治工作,抓好共青团的组织建设和管理工作,负责指导基层团组织和学生会开展各项工作,负责校级学生会干部的考查、任免、培训、管理等工作,会同有关部门做好校园文化建设工作,并负责学生社团的日常管理工作。

1.3.2.2 行政管理机构

大学的行政管理机构主要包括校行政领导的办事机构(校长办公室),教学工作管理机构(教务处),科技工作管理机构(科技处),人力资源管理机构(人事处),学校资金管理机构(财务处),物质资源管理机构(资产管理处),工作、生活与服务设施建设与管理机构(后勤管理处),学生工作管理机构(学生处),招生与就业管理机构(招生就业处)以及安全保卫工作机构(保卫处)等,研究生规模比较大的学校还设有研究生院,负责研究生招生、培养和管理工作。

(1)校长办公室

校长办公室是学校行政管理的综合协调部门。其主要职能是协助校长、副校长处理有关事务,督办有关事项;会同有关单位拟定学校发展规划、工作计划,起草学校校长办公会议决议、校领导工作报告等重要文件;开展调查研究,为学校发展提供决策咨询;负责办理全校行政公文;负责协调学校重大活动的举办和重要会议安排;负责学校统计数据的采集和上报;负责学校印章、校行政领导公用签名章及学校其他重要印章的使用管理;处理校领导交办的其他行政事务。

(2)教务处

教务处(有的学校也称为教务部)是大学内部主管教学工作和实施教学管理与服务的行政职能机构。教务处主要负责学校的专业设置与建设、培养方案的制定、课程建设、日常教学运行管理、教学改革、教学质量的监督、教学评估与保障、教材建设、学生成绩与学籍管理、各种学历证明和证书的发放等工作。

(3)科技处

科技处即科学技术处,是负责学校科技工作管理的行政职能机构。其主要工作职责是组织编制学校科技工作规划及年度实施计划并组织实施,起草制定科技管理制度并监督执行;负责各类科技项目、国家和省部级科技创新团队的组织、申报与管理;校级以上科研平台的申报、建设与管理;重大学术交流活动的管理服务工作;科技成果的鉴定、登记、奖励、宣传和推介,知识产权的申请、保护和转让等工作。

(4)人事处

人事处是学校负责人力资源建设与管理的行政职能机构,主要负责校内人员编制和校内机构、岗位的设置管理;负责人才引进、教师队伍建设;负责教职工的聘用、考核、奖惩、调整、调动、退休管理工作;负责各类专业技术职务评定、聘用;负责教职工薪酬、社会保险和福利的管理;负责教职工教育、培训工作。

(5)财务处

财务处是负责学校会计核算、财务管理和财务监督的职能机构。其主要职能是根据国家相关财经政策和学校发展规划组织财务预算的编制、执行过程的控制与监

督,编制学校年度财务决算报告及各类财务报表;制定学校财务会计方面的规章制度,负责财务监督工作;负责各项经费的财务管理与核算工作;负责收费、工资及奖贷金发放、税务、票据、会计档案、财务分析、预测、调控及风险防范等工作。

(6)资产管理处

资产管理处是大学负责国有资产管理的职能部门。有些学校也将招投标采购工作归入该处。资产管理处的主要职责是拟定学校国有资产与实验室管理工作规划,并组织实施;组织办理产权界定、产权登记、资产清查、清产核资、资产评估等工作,维护国有资产安全与完整;负责学校国有资产的配置、监管和处置,办理资产登记、调拨、调剂、转让、报废、报损、捐赠等工作;负责采购与招投标管理工作,组织学校采购计划编制、执行、验收等工作。

(7)后勤管理处

后勤管理处是负责大学后勤服务与保障工作的职能部门。其主要职责是负责校内建筑物、公共设施的维修、维护改造;负责校内学生宿舍、食堂、开水房和澡堂的日常管理和服务;负责学校水电暖供应,水电暖设施的维修、维护、改造,保证水电暖系统的安全正常运行;负责校园绿化、养护、卫生保洁的检查督促。

(8)学生处

大多数高校的学生处与党务系统的学生工作部是两块牌子一套人马,工作职责也基本相同。

(9)招生就业处

招生就业处是负责学校招生录取工作及毕业生就业创业服务、指导和管理的职能机构。其具体职能是制订学校招生就业工作的发展计划,部署全校招生就业工作;编制分省、分专业招生计划,组织完成各类各批次招生录取工作;负责就业宣传、招聘信息收集发布和校园招聘工作,负责毕业生的就业教育、指导、管理和服务;负责毕业生及用人单位跟踪调查工作,组织撰写毕业生就业质量报告等。

(10)保卫处

保卫处是负责学校安全保卫工作的职能机构。其主要工作职责是学校的门卫管理、校园执勤、治安巡逻、消防及各类突发事件的处置;对各部门安全制度的建立、完善和落实进行检查、指导;负责校内要害部门、重点部位、易发案部位的安全措施落实检查;协助公安机关侦破刑事案件,对一般治安案件进行查处,对校内职工、学生轻微违法和违反治安处罚法的人员给予治安处罚或提出处理意见上报相关部门;配合有关部门对校内重点人员、临时工、农民工、合同工和暂住人口进行管理。

(11)研究生院

研究生院是大学内统筹、协调和管理研究生招生、培养教育和管理工作的职能机构。其主要职责是研究制订学校研究生教育发展规划和工作计划;制订学校研究

生招生计划,负责研究生招生录取工作;负责研究生培养的日常管理工作,负责研究生培养教育质量体系的建设、完善和落实以及培养过程的监督检查;负责研究生学位授权点的建设与管理工作,负责研究生学位评定和授予工作;负责研究生指导教师的遴选工作和指导教师队伍建设工作;负责研究生培养各类经费的管理、使用以及教学资源的合理分配工作。

1.3.3 学术机构

大学的学术机构一般是指学术委员会及其下设机构。学术委员会是学校统筹行使学术事务决策、审议、评定和咨询等职权的最高学术机构,是强化专家学者在学校学术工作中的主体地位,保障学校学术决策规范、科学的组织机构。学术委员会一般由具有较高学术造诣和声望的教授代表、专家学者和学校有关领导及相关教学、科研单位的负责人组成。

学术委员会一般履行以下职责:

① 审议学科建设、专业设置、教学、科研计划方案;
② 评定教学、科研成果;
③ 调查、处理学术纠纷;
④ 调查、认定学术不端行为;
⑤ 按照章程审议、决定有关学术发展、学术评价、学术规范的其他事项。

学术委员会根据教学指导、学科建设、学位管理、学术道德等工作事项的需要可分别设立教学指导委员会、学科建设委员会、学位评定委员会、学术道德建设委员会等专门委员会。其中教学指导委员会的主要职责是对学校教学工作的重要环节,包括专业建设、课程建设、教材建设、学风建设、培养方案制定、实训基地建设、实验室建设、教学研究及教学改革等工作进行咨询、指导和审议;学科建设委员会的主要职责是研究、制定学校学科发展规划,审议、论证学科设置、调整、学科建设项目、经费预算等学科建设有关事项;学位评定委员会是学校依法作出授予和撤销学位的决定、审议学校学位工作的机构;学术道德建设委员会是对学校学术规范、学术道德和学风建设进行指导、咨询以及学术不端行为进行调查、认定和处理的学术机构。学术委员会根据学科性质或学校内部机构设置也可以设立二级分学术委员会,分别负责本学科或本单位学术活动的决策、审议、评定和咨询。我国大学学术工作的内容和管理存在一定差异,因此各校学术委员会的职责和机构组成也可能有所不同。

大学学术委员会及其分支机构关系如下图。

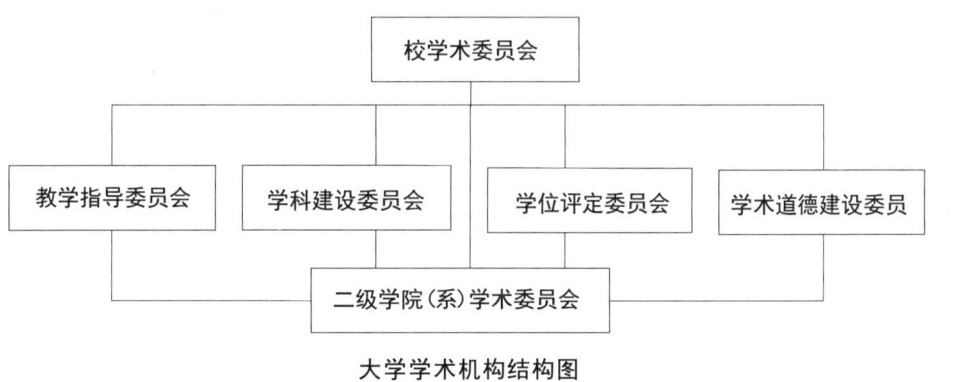

大学学术机构结构图

1.3.4 附属机构

中国的大学除了教学、科研机构,管理机构和学术机构,还设置了一些附属机构,如为教职工和学生提供医疗服务的医院、卫生所等医疗机构,为教职工子女提供教育和保育服务的中小学、幼儿园、托儿所等教育机构,有些大学还设有校办企业、生活服务公司等生产、服务机构。这些附属机构为师生的生活提供了便利,为学校的教学、科研和其他各项工作的正常开展提供了一定的保障。有些大学的附属机构还办出了较高的水平,得到了师生和社会的认可。如清华附中、人大附中等大学附属学校的教育质量在全国同类学校中一直名列前茅,为高校培养和输送了大量优秀的学生。

1.4 大学的基础设施

大学的基础设施包括教学、科研设施和生活、运动设施。前者包括图书馆、教室、实验室、实训中心、校园网等,是师生开展教学、科研活动的基本条件;后者包括宿舍、食堂、体育馆、运动场、商店等,是师生日常生活和运动健身的场所。大学里相对完善的基础设施是吸引学生和各类人才的重要条件,也是政府和社会对大学进行水平评估的重要内容。

1.4.1 教学、科研设施

(1) 图书馆

图书馆是大学最重要的教学、科研资源之一。图书馆是知识的宝库,是传播科学文化知识的场所。图书馆内浩如烟海的各类文献中蕴藏着各种有价值的知识和信息。一个资源丰富、设施先进、开放共享的现代化图书馆是一所高水平大学的重要标志,能够为学校教学、科研提供文献信息保障,为创建高水平大学提供服务。

世界上最有名的大学图书馆是哈佛大学图书馆。哈佛大学图书馆拥有 1500 多

万册图书，90多个不同专业的学术分馆分别设立在波士顿地区、华盛顿特区、意大利的佛罗伦萨市及世界其他一些城市，仅在哈佛大学校本部就有49个分馆。其中怀德纳图书馆（Widener Library）是哈佛大学校本部最大的图书馆，收藏的资源多来自于欧洲和美洲一些国家，如英国、德国、法国等，包括世界上100多种语言的原著。馆藏资源覆盖学校各个学科，尤以医学、电子电讯、化工、机械、语言文学、哲学历史等最为丰富。哈佛图书馆还设有中东、中亚地区60多个国家和地区的研究室，分别用45种语言著成的书刊、丰富多彩的缩微片和视听资料，为学术研究和文化交流提供了丰富的资源。哈佛校本部较大的图书馆还有肯尼迪政府学院图书馆（Harvard Kennedy School Library&Knowledge Services）、哈佛燕京图书馆（Harvard-Yenching Library）、哈佛法学院图书馆（Harvard Law School Library）、戈特蔓教育图书馆（Gutman Educationa Library）、哈佛商学院图书馆（Harvard Bussiness School Library）等。这些图书馆无论在馆藏资源方面还是在管理、为读者服务方面都各具特色。

哈佛大学贝克图书馆

哈佛大学怀德纳图书馆

我国各大学图书馆的规模与资源差异较大,如北京大学图书馆由总馆、医学馆、41个分馆和储存馆组成,总面积约9万平方米,其中总馆面积约5.3万平方米,阅览座位4000余个。北大图书馆纸质文献资源量800余万册(件),馆藏150万册中文古籍中20万件5至18世纪的珍贵书籍是中华民族的文化瑰宝,被国务院批准为首批国家重点古籍保护单位。此外,北大图书馆还订阅了大量国内外、中外文学术图书、期刊,引进和自建了大量的电子期刊、电子图书、数据库、多媒体资源等新型载体文献资源[17]。我国另一所顶级大学——清华大学图书馆(含专业图书馆及院系资料室)的实体馆藏总量约500万册(件),形成了基本覆盖全学科、包含丰富文献类型和载体形式的综合性馆藏体系。除中外文印刷型图书外,读者可使用的文献资源还包括:古籍线装书22.2万多册,期刊合订本约58.5万册,年订购印刷型中外文报刊3165种,本校博士、硕士论文15.8万余篇,缩微资料2.8万种,各类数据库597个,电子期刊10.8万种,电子图书884.9万册,电子版学位论文441.6万篇[18]。北大和清华是我国目前最好的两所大学,也是国家重点建设的世界一流大学,包括图书在内的各类资源自然非一般高校可比。

北京大学图书馆

清华大学图书馆

我国2000多所大学里有相当比例的学校受办学经费的影响,图书馆的条件和图书资源还很有限,有的大学图书馆藏书仅有几十万册,电子资源也不够丰富。随着国家和学校经费投入的不断增加,办学条件不断改善,这种状况正在迅速得到改变。

大学的图书馆不仅是师生学习的"第二课堂",也是开展学术文化交流的重要场所。很多大学的图书馆都设有开展学术交流活动和文化艺术展览的场所,为学生和学者提供各类学术报告,举办各种学术活动、科技成果展览和文化艺术展览。

目前我国大多数大学图书馆都拥有良好的网络基础设施,提供多种自助服务设备,可实现自助借阅、自助文印等服务。师生可以利用图书馆信息管理系统实现图

书资料的一站式检索和无缝获取，也可以凭借身份认证在任何时间、任何地点通过网络访问、下载、获取图书馆的电子资源。

（2）教室

教室是进行教学活动的主要场所。与中小学不同，大学的学生班级一般是没有固定教室的，学生按照课程表的安排在规定的时间去指定的教室上课。也有些学校给大一的新生安排有固定教室，便于新生管理和同学之间增进相互了解。通常同专业的学生会在一起上课，大一、大二时的公共课或基础课则是一个或几个专业的学生在一个大教室上课，高年级的专业课或类似艺术类等特殊专业也会安排小班上课。教室里学生也没有固定的座位，去得早就可以优先选择座位。

我国某大学的合班教室

大学的教室分为单班教室和合班教室。单班教室一般有 40～60 个座位，只能容纳一个班上课，合班教室则有二合班、三合班和多班教室，可以同时容纳几十人到数百人不等。比较大的多班教室一般都是阶梯教室，这样前排同学不会遮挡后排同学的视线。大学的教室一般都配置有网络、电脑、展台、投影仪、电子板等现代化教学设备，便于开展多媒体教学。

国外某大学的阶梯教室

随着教学条件的改善和教学方式的改革，中国大学的课堂教学形式也越来越多样化。讨论式教学方式打破了传统教室的布局，老师不再是站在讲台上和学生保持一定距离，学生也不再是一排排面向讲台就座，而是分为几个小组围坐在一起，便于面对面开展讨论。

讨论式教学的教室

(3) 实验室

大学的实验室既是实验教学的场所,也是科研人员从事科学研究和科技创新的基地,是培养具有综合素质人才、创造高水平科技成果的重要条件。大多数科学发明和技术创新都是在实验室完成的。此外,大学的实验室还要为社会提供服务,解决社会生产中的实际问题和关键技术问题。实验室建设状况是体现学校综合实力的主要指标之一。在高等学校的教学资源配置体系中,实验室建设的资金投入占有很大的比例,学校主要的技术装备特别是具有较高技术水平和功能的仪器设备基本都集中在实验室。

大学的实验室一般分为基础实验室、专业基础实验室和专业实验室。基础实验室一般不分专业面向全校学生提供基础课程的实验环境,如物理实验室、化学实验室、计算机原理实验室等;专业基础实验室则是指按照学科大类设置的实验室,如面向工科学生的力学实验室、机械设计实验室、电工电子实验室等;专业实验室主要面向本专业的学生,提供专业课程的实验条件。为了减少重复投资,有些大学将比较贵重的、面向多个学科和专业的大型实验仪器、设备集中起来进行管理,便于为不同专业或院系的师生提供服务,实现资源共享。这样的实验室一般称为实验中心。

大学实验室一般由专业的实验员进行管理,有些实验室或仪器设备也会有研究生参与管理。很多大学的实验室在完成正常教学、科研任务的前提下,将实验室以及仪器、设备等资源向学生开放,为学生自行设计、自主创新提供实验条件。

大学的实验室

世界上著名的大学都拥有世界一流的实验室。以下是世界上几个著名的大学实验室。

芝加哥大学费米实验室是美国最大的高能物理实验室。实验室建立于1967年，是美国最重要的物理学研究中心之一，以著名的理论物理学家恩利克·费米的名字命名，位于美国伊利诺伊州巴达维亚附近的草原上。实验室隶属于美国能源部，也隶属于芝加哥大学（University of Chicago）和大学研究协会（URA），并由这两个机构负责运作。费米实验室最为知名的是它的 Tevatron 质子/反质子加速器，是目前世界上能量输出第二高的粒子加速器，能将质子加速到接近光速，帮助科学家探索物质、空间和时间的奥秘。

芝加哥大学费米实验室

斯坦福大学人工智能实验室自1962年建立以来就一直是人工智能领域中集研究、教育、理论探讨和实践为一体的科研中心，为推动人工智能的发展做出了巨大的

贡献。该实验室汇集了包含了机器人技术、控制学、计算生物学、机器学习、逻辑学、物理学、计算机算法、视觉传达等诸多领域的一大批顶尖科学家。

斯坦福大学人工智能实验室

加州大学伯克利分校劳伦斯伯克利实验室是1939年诺贝尔物理学奖得主欧内斯特·劳伦斯教授于1931年创建的。实验室下设18个研究所和研究中心，研究领域包括生命科学、化学、物理学、数学、地球科学、环境科学、计算机科学、能源科学、材料科学等多个学科。劳伦斯伯克利实验室建立以来，共培养了包括5位诺贝尔物理学奖得主和4位诺贝尔化学奖得主在内的13名诺贝尔奖得主（及机构）。

劳伦斯伯克利实验室

我国的清华大学、北京大学等高水平大学也拥有国内顶级的实验室和一流的科研教学水平。

(4) 工程训练中心

工程训练是具有中国特色的工程实践教育理念和教学模式的创新。工程训练中心是大学实施工程教育的实践性教学平台。在我国的大学里工程训练是通识性实践教学环节。它面向各专业学生，按工业系统认知、工业制造技术、工业系统控制技术和创新实践等多层面建立训练体系，目的是给大学生以工程实践的教育、工业制造过程的了解和工业文化的体验，培养学生的实践能力和创新意识。工程训练中心已成为我国理工科院校学生受众人数最多的实践教学基地，在学校教学中发挥着重要作用。大学的工程训练中心一般按照工业制造过程的主要工序配置一定数量的、能够满足教学要求的设备，并有专业技术人员进行教学指导。

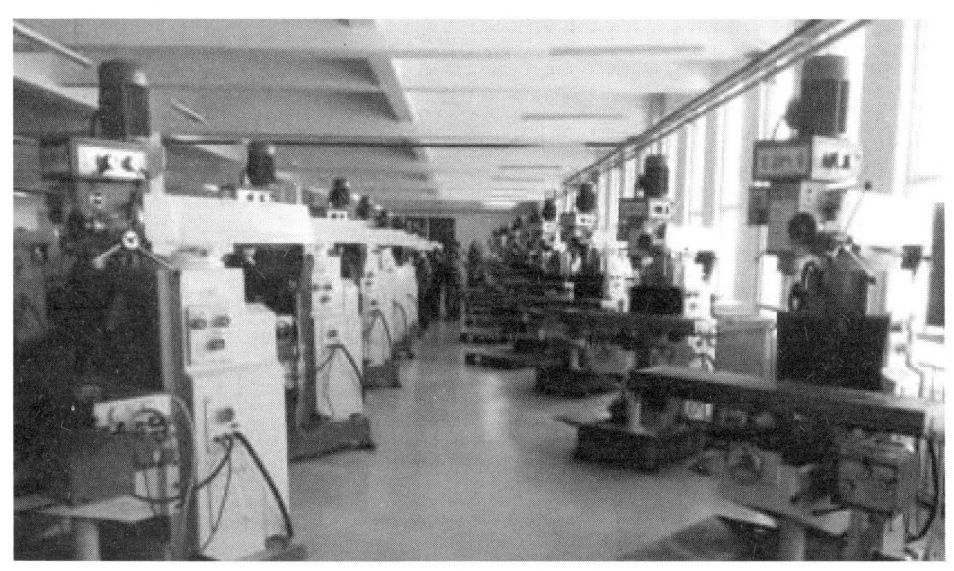

工程训练中心

(5) 校园网

校园网是为学校师生提供教学、科研和综合信息服务的宽带多媒体网络，能够为学校的教学、科研、行政办公和生活服务创造良好的信息网络环境，在学校的人才培养、学科建设、科学研究、行政管理和师生员工的生活等方面产生明显的效益，对提升学校的教学、科研、管理和服务水平起到保障作用。

随着信息技术应用的快速发展，各个大学都非常重视校园网和信息化建设，校园网不仅覆盖教学区、办公区和图书馆，也覆盖到了学生宿舍、家属宿舍等室内外区域。校园网的应用也越来越多：在教学方面，教师备课、课件制作、课外学习、练习、辅导、交流、考试和统计评价等各个环节都可以在校园网上进行；在科研方面，资料查阅、项目申报、课题研究、学术交流、成果鉴定等也可以通过校园网完成；校园网在实现办公自动化、提高工作效率、提升管理和决策水平方面也起着重要作用。

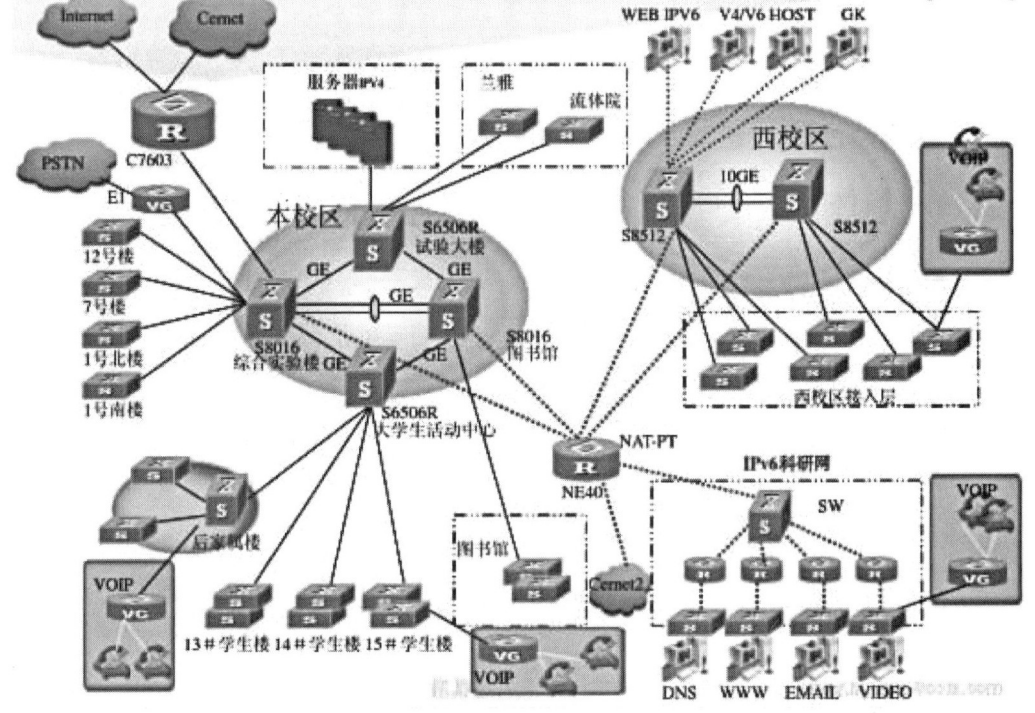

某大学校园网拓扑图

1.4.2 生活、运动设施

一所大学除了学术水平和声誉,校园生活、运动条件也是学生选择学校时考虑的重要因素。美国大学的介绍上面都会标注出生活和运动设施的星级水平,生活、运动设施好的学校对学生也有着较大的吸引力。

(1)宿舍

学生宿舍是学生在校期间最重要的生活场所,各个学校都在不断加大投入改善学生的住宿条件,但依然存在较大差异。客观地说,我国大学生的住宿条件和国外甚至我国港澳台的大学相比都有较大的差距,所以学生不应对此有过高的期望。目前,我国大多数大学宿舍是四人间或六人间,也有少数学校是八人间。北方大学的学生宿舍冬天都有暖气,南方大学的学生宿舍则大多配有空调,条件好的学生宿舍设有独立的卫生间并配有热水器,条件差的使用公共浴室和公共卫生间。当然条件好的宿舍住宿费也高。

作为国内顶级大学的清华大学,学生宿舍在国内高校也是数一数二的。清华大学的紫荆公寓是目前我国规模最大的现代化学生公寓,建有高低错落的各式建筑,高层配有电梯。标准的学生公寓每四个人一间,每两个居室共用一间客厅,供同学们之间交流。公寓设有电视接口、电话线接口、网络接口和空调接口等,学生可以根

据自己的意愿,选择安装空调、电视、宽带等。

清华大学学生宿舍

厦门大学不仅校园漂亮,宿舍条件也堪称豪华。三室一厅、观景阳台、两个独立卫生间,一般为四人一间,精装修而且设施齐全,有空调、洗衣机、热水器,客厅的落地窗外是开放式阳台,配有晾衣架,还配有学生厨房,学生不想在食堂里吃饭还可以自己动手做。

厦门大学学生宿舍

四人间学生宿舍(1)

四人间学生宿舍(2)

并不是所有大学的学生宿舍都像清华大学和厦门大学那样完善,也有不少学校的学生宿舍条件还比较简陋,只能满足学生休息和学习的基本需求。

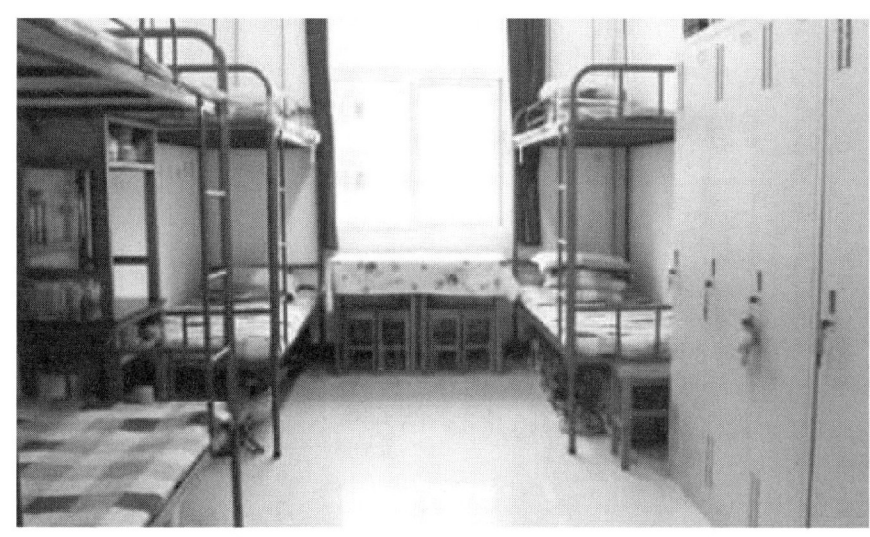

六人间学生宿舍

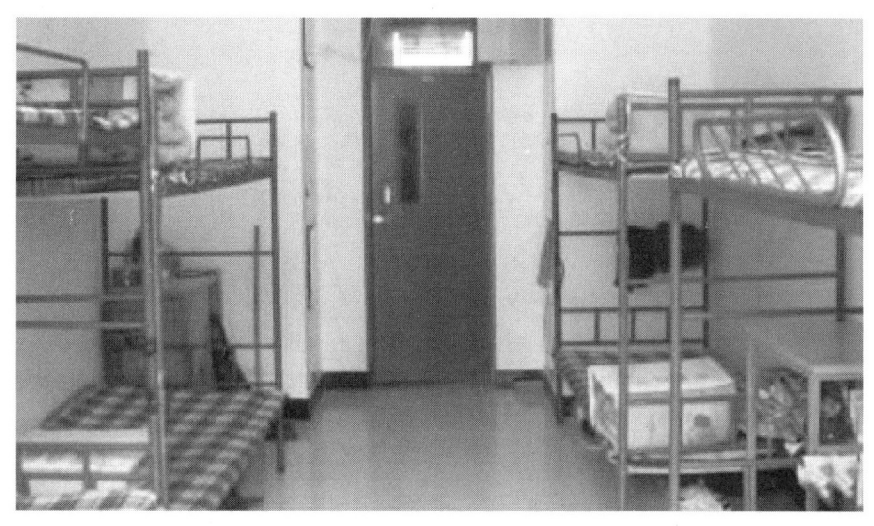

八人间学生宿舍

大学宿舍一般都有管理员负责管理。大多数学校的宿舍出于安全起见安装有门禁系统,有些学校晚上还定时关闭宿舍门禁并断网、停电。

(2)食堂

大学生正处于成长时期,一日三餐的重要性不言而喻。尽管现在校园内包括私营饭店在内的各种服务设施越来越普遍,但由于价格的原因,学生食堂还是大多数学生就餐的首选。从中央到地方各级政府和学校对学生食堂的饭菜质量、食品安全、价格和就餐环境都非常重视,学生食堂的条件也越来越好。大多数学校的学生都能够享受到物美价廉、品种多样、安全可口的饭菜和舒适的就餐环境。

大学食堂的特点是规模大、就餐人数多、吃饭时间集中。为了避免拥挤现象,学

生食堂都尽可能延长营业时间,学生可以根据自己的上课时间和日程安排灵活地选择就餐时间。

为了形成竞争机制,提升饭菜质量和服务质量,大学食堂的经营也越来越多样化,将多个食堂以及食堂内的窗口分别承包给不同的经营者,由学校后勤管理部门对服务质量、价格和食品安全统一进行监管,最大限度地为学生提供满意的服务。

大学食堂(1)

大学食堂(2)

(3) 体育设施

体育设施是指用于体育比赛、训练、教学以及健身和运动的各种场地、场馆、建筑物、器材等。体育设施是大学的基础设施,是体育运动和全民健身的物质基础,也是一所大学建设水平的重要指标。良好的体育设施对学生无疑具有很大的吸引力。我国的大学都比较重视体育设施建设,投入了大量的资金用于体育设施的建设、改造和完善,基本能够满足比赛、训练、教学以及学生健身和运动的要求。很多大学的

体育设施都是按照国际标准建设的，能够承担国内、国际各类体育赛事。

体育设施分为室外和室内设施，主要有体育场、体育馆和游泳馆等。

标准综合体育场的基本配置包括400m跑道、标准足球场和田径场、适量的观众看台及附属配套用房，可以开展跑步、跳远（三级跳远）、跳高、标枪、铅球、铁饼、链球、撑竿跳高等田径运动和足球运动。大多数足球场采用天然草坪或人工草坪。体育场一般都设置有卫生间、更衣室、办公室以及商业服务等附属配套用房。

除了综合性的运动场，一般大学都还设置有若干个单项室外运动场，如篮球场、排球场、网球场等，供学生们课外活动和锻炼。

综合体育场

单项运动场

大学的体育馆一般都具备多种功能，能开展篮球、排球、羽毛球、乒乓球、武术、体操等多项体育运动，同时可进行文艺演出、大型集会等文化活动。体育馆一般都

设置有卫生间、更衣室、办公室、会议室等配套设施。

中国人民大学体育馆

体育馆内部设施

游泳馆需要较大的建设和维护投入,因此不是每所大学都有。一般新建或实力雄厚的大学会有游泳馆,南方的多数学校建有室外游泳场。标准游泳馆的基本配置为一个标准室内游泳池和一个准备池,还设置有卫生间、更衣室、管理员办公室等配套设施。

同济大学游泳馆

大学体育设施首先是要满足专业和公共体育教学的需要,还要满足学校各类运动队的训练要求,在此基础上大多数体育设施免费向师生和社会开放使用。有的学校由于受财力限制,部分室内体育设施采用有偿使用的方法向学生开放,以筹集维修和管理费用。

(4) 商店

为了给师生提供更加优质的服务,我国高校逐步打破过去由学校后勤管理部门独家垄断的格局,将部分生活服务项目向社会开放,形成竞争态势,极大地提高了服务质量,方便了广大师生。大多数高校校园内各种商店和服务设施都很齐全,学生不出校门就可以满足生活上的大多数需求。

校园内的商店

校园内快递服务点

1.5 中国大学的费用

上大学的费用一直是学生和家长非常关心的问题，尤其是对于贫困地区来说，高昂的上学费用一直都是家长最担心的事情。那么中国大学的费用情况如何呢？

1.5.1 学费

我国一本、二本公办大学的学费没有太大差异，但不同专业的学费会有一定差别。一般专业学费在 4000~6000 元 / 年之间，艺术类专业的学费在 8000~12000 元 / 年之间。民办大学和独立学院的学费要明显高于公办大学，普通本科专业的学费大多在 12000~16000 元 / 年左右，个别专业甚至高达 18000~20000 元 / 年，有一些中外合作办学的高校学费就更贵了，一般每年从几万到十几万不等。

上大学缴学费已经是大家公认的事实。但是除了收费的大学之外，有些大学和专业是不收取学费的，还有些类型的大学生是可以免费就读的，甚至还可以享受一些其他优惠。下面介绍一下目前我国可以免费的大学、专业和学生类型。

（1）军事院校

相比于上普通本科高校来说，上军校不仅免交学费，在校期间还统一发放服装，享受公费医疗，而且不交伙食费。除此之外，在校期间每个月还发放生活津贴。

2018 年我国军校改革之后，目前共有 3 类 43 所军校，中央军委直属的有国防大学和国防科技大学，其中国防科技大学是唯一入选 985 工程和世界一流大学 A 类建设高校的军校；归属军兵种类型的军校共有 35 所，是根据各个兵种进行划分的；最后一类是武警部队类型的军校，一共有 6 所。表 9 是 43 所军事院校名单。

表 9 军事院校名单

序号	院校名称	所在地
军委直属院校		
1	国防大学	北京
2	国防科技大学	长沙
军兵种院校		
1	陆军指挥学院	南京
2	陆军工程大学	南京
3	陆军步兵学院	南昌
4	陆军装甲兵学院	北京
5	陆军炮兵防空兵学院	合肥
6	陆军航空兵学院	北京
7	陆军特种作战学院	桂林
8	陆军边海防学院	西安
9	陆军防化学院	北京
10	陆军军医大学（第三军医大学）	重庆
11	陆军军事交通学院	天津
12	陆军勤务学院	重庆
13	海军指挥学院	南京
14	海军工程大学	武汉
15	海军大连舰艇学院	大连
16	海军潜艇学院	青岛
17	海军航空大学	烟台
18	海军军医大学（第二军医大学）	上海
19	海军勤务学院	天津
20	海军士官学校	蚌埠
21	空军指挥学院	北京
22	空军工程大学	西安
23	空军航空大学	长春
24	空军预警学院	武汉
25	空军哈尔滨飞行学院	哈尔滨
26	空军石家庄飞行学院	石家庄
27	空军西安飞行学院	西安

续表

序号	院校名称	所在地
军兵种院校		
28	空军军医大学（第四军医大学）	西安
29	空军勤务学院	徐州
30	空军通信士官学校	大连
31	火箭军指挥学院	武汉
32	火箭军工程大学	西安
33	火箭军士官学校	潍坊
34	战略支援部队航天工程大学	北京
35	战略支援部队信息工程大学	郑州
武警部队院校		
1	武警指挥学院	天津
2	武警工程大学	西安
3	武警警官学院	成都
4	武警特种警察学院	北京
5	武警后勤学院	天津
6	武警士官学校	杭州

(2) 定向生

按照原国家教委 1988 年《普通高等学校定向招生、定向就业的暂行规定》[19]，为了保证工作环境比较艰苦的地区和行业能得到一定数量的大学毕业生，高校按国家招生计划的一定比例实行"定向招生，定向就业"，但随后在定向生的招生过程中出现了一些问题。为了规范定向生的招生工作，教育部办公厅后来又发文通知[20]，各省、自治区、直辖市所属高等学校自 2005 年起一般不再安排定向就业招生计划。目前只有某些国家部委所属院校可以面向地质、矿业、石油、军工及边疆少数民族地区的国家重点建设项目用人单位招收定向生。

大部分定向生可免交学杂费，并根据学习和表现情况享受定向奖学金。学习成绩优异的，经定向单位同意也可以报考研究生。定向生毕业后必须到定向地区或定向单位工作，服务期限一般不超过六年（含见习期一年），服务期满后允许流动。拒绝去定向地区或定向单位工作的，须退还所得全部奖学金，补交学杂费，并按照与定向单位所签协议的约定缴纳违约金。如学生原定向单位或地区因情况变化不再需要，将由学校毕业生分配部门按照非定向招生计划学生安排就业。

(3) 师范院校

现在我国绝大多数师范院校都已经逐步收费了，但自2007年起，教育部6所直属师范大学有条件地提供免费师范教育[21]。这6所大学分别为北京师范大学、华东师范大学、东北师范大学、华中师范大学、陕西师范大学和西南大学。考入这6所师范大学的师范生在校学习期间免除学费，免缴住宿费，并补助生活费，所需经费由中央财政安排。

2013年省部共建江西师范大学公费师范生院开始招收免费本科师范生，2015年省部共建师范院校、福建省重点建设高水平大学福建师范大学成为免费师范生培养高校，不过这两所师范院校目前只面向本省招收免费师范生。

(4) 民族院校

有些民族院校的个别专业是不收学费的，如中南民族大学的民族学专业、西南民族大学的民族学藏学方向等。

1.5.2 住宿费

随着国家和地方财政对教育投资的逐步增加，我国大学的整体办学条件也越来越好，学生的住宿环境也不断改善。目前我国高校学生宿舍以4~8人间为主，住宿费根据住宿条件、设施配置和学校所在地区的不同一般在600~1200元/年之间，水、电、网络费用由学生自己负担。民办大学的住宿费可能会高于这个标准。

1.5.3 伙食费

受多种因素的影响，大学生在校期间的伙食费也有较大差异。一是由于食堂的饭菜品种多样、价格高低不同，学生有较大的选择范围；二是男女生饭量大小不同伙食费也不同；三是学生家庭经济条件不同，消费观念也存在较大差异，导致每月的伙食费不同。一般情况下，无论在南方还是北方，大多数高校学生正常消费的伙食费一般在600~1200元/月之间。

1.5.4 奖学金、助学金、助学贷款和勤工助学

虽然大学生在校期间的学费、住宿费、伙食费对家庭经济困难的学生是很大的负担，但也可以通过一些途径缓解经济压力。这些途径包括奖学金、助学金、助学贷款和勤工助学。

1.5.4.1 奖学金和助学金

大学期间的奖学金主要包括国家奖学金、国家励志奖学金、校内奖学金等。

国家奖学金是由中央政府出资设立的用来奖励学业完成优秀的学生。本、专科

国家奖学金的标准为每人每年8000元,硕士生每人每年2万元,博士生每人每年3万元。

国家励志奖学金是由中央和地方政府共同出资设立的,除了品学兼优,还得是家庭经济有困难的同学才可以申请,奖励标准为每人每年5000元。

校内奖学金由各个学校自行设立,一般分为优秀学生奖学金和单项奖学金。优秀学生奖学金用于奖励德、智、体全面发展、品学兼优的学生;单项奖学金用于奖励在思想品德、学业成绩、科技创新、体育竞赛、文艺活动、志愿服务及社会实践等方面表现突出的学生;有的学校为了鼓励优秀中学生报考,设立了优秀新生奖,用于奖励当年录取的高考成绩优异的新生。各高校校内奖学金根据学校财力大小不同奖励的额度也有较大差别,从几百元到数千元不等。

为了体现党和政府对家庭经济困难学生的关怀,由中央与地方政府共同出资设立了国家助学金,用于资助家庭经济困难的全日制在校学生,资助标准为每人每年2000~4000元之间。

此外,很多大学还有校友、企业和社会爱心人士出资设立的数额不等的奖学金和助学金,用于奖励和资助学业突出或家庭困难的学生。

1.5.4.2　助学贷款

国家助学贷款包括学校所在地国家助学贷款和生源所在地信用助学贷款,旨在帮助符合条件的、全日制普通高等学校中家庭经济困难的本、专科生(含高职生)支付其在校期间的学费和住宿费,以保证其顺利完成学业。其中学校所在地国家助学贷款是经教育部按照国家相关程序选择确认的金融机构,在高等学校内办理的国家助学贷款;生源所在地信用助学贷款是由国家开发银行或地方政府确认的在全国资助中心备案的金融机构,向生源所在地符合条件的家庭经济困难学生发放的助学贷款。学生入学前户籍所在地的教育局、资助中心或地方政府指定相关机构为生源地信用助学贷款的经办机构。高等学校负责协助地方经办机构和经办金融机构做好学生在校期间的贷款确认和发放工作。

国家助学贷款采用信用担保方式。学生在校期间由国家财政给予100%贴息,毕业后由借款人承担利息,在还款期内可分期偿还本息。本、专科学生每人每学年申请贷款额度不超过8000元,研究生每人每学年申请贷款额度不超过12000元。年度学费和住宿费标准总和低于相应上限标准的,申请贷款额度应不高于学费和住宿费标准总和;申请年限不能超出学历学制所规定的年限。

1.5.4.3　勤工助学

勤工助学是指学生在学校的组织下利用课余时间、通过劳动取得合法报酬、用于改善学习和生活条件的社会实践活动。勤工助学是学校学生资助工作的重要组

成部分,是提高学生综合素质和资助家庭经济困难学生的有效途径。

勤工助学岗位分固定岗位和临时岗位。固定岗位是指持续一个学期以上的长期性岗位和寒暑假期间的连续性岗位;临时岗位是指不具有长期性、通过一次或几次勤工助学活动即完成任务的工作岗位。勤工助学岗位由校内部门根据需要设立,一般有两类:一是与学生所学专业相结合的教学、科研、培训等辅助工作;二是校内行政管理助理、后勤服务、校园治安秩序管理以及适合学生的服务性劳动等工作。学生参加勤工助学的时间原则上每周不超过 8 小时,每月不超过 40 小时。勤工助学的酬金一般固定岗位 300~400 元 / 月,临时岗位 10~15 元 / 小时。

1.6 大学的规章制度

规章制度是一个单位或部门制定的要求所属人员共同遵守的准则,是针对某项具体工作、具体事项制定的要求大家都必须遵守的行为规范。每所大学都会有很多规章制度,涉及教学管理、科研管理、学生管理、后勤管理、财务管理、人事管理等方方面面,用于规范各项事务的办事规则、流程和各类人员的行为。其中涉及学生的规章制度关系学生在校期间各方面的权利、义务、行为规范以及奖励、处罚等,学生入学后应该仔细学习这些规章制度,才能明了自己的义务、维护自己的权益、规范自己的行为,避免由于对规章制度的不了解使自身的权益受到损害,也可以避免因违反学校有关规定而受到处分,给自己今后的职业生涯和人生道路带来影响。

高等学校作为国家依法设立的教育机构,学校制定的各项规章制度首先要与国家的有关法律、法规和规定保持一致。国家有关高等教育的法律、法规和规定有很多,其中与学生密切相关的主要有:

《中华人民共和国教育法》
《中华人民共和国高等教育法》
《普通高等学校学生管理规定》
《高等学校学生行为准则》
《国家教育考试违规处理办法》
《中华人民共和国学位条例》
《中华人民共和国学位条例暂行实施办法》
《高等教育学历证书电子注册管理暂行规定》

我国的大学在国家法律、法规和规定的框架下,根据上级主管部门的有关规定和要求,结合学校的实际情况又分别制定了本校的各项规章制度。各校的具体规定可能有所差异,规章制度的名称也可能不完全相同,但大多数学校涉及学生的规章制度主要有以下一些:

《学生管理办法》

《学生奖励办法》

《学生违纪处分办法》

《学生申诉处理办法》

《学生综合测评办法》

《学籍管理细则》

《本科毕业生学士学位授予实施细则》

《在校大学生转专业管理办法》

《双学位管理办法》

《本科毕业生双学士学位授予工作实施细则》

《推荐优秀应届本科毕业生免试攻读研究生工作实施细则》

《学位论文作假行为处理办法》

《学生证、学生校徽管理办法》

《学生资助工作管理办法》

《学生奖学金评定办法》

《学生勤工助学管理办法》

《困难学生补助管理办法》

《学生宿舍管理制度》

《学生校外住宿管理办法》

第二章

大学里的人员

大学里的人员包括学生、教师、管理人员和其他人员。

2.1 学生

大学的学生是指被学校依法依规录取、取得入学资格的受教育者,包括本科生、专科生和研究生。

根据《中华人民共和国高等教育法》的规定[22],大学各类学生的入学资格是:高级中等教育毕业或者具有同等学力的,经考试合格,由实施相应学历教育的高等学校录取,取得专科生或者本科生入学资格;本科毕业或者具有同等学力的,经考试合格,由实施相应学历教育的高等学校或者经批准承担研究生教育任务的科学研究机构录取,取得硕士研究生入学资格;硕士研究生毕业或者具有同等学力的,经考试合格,由实施相应学历教育的高等学校或者经批准承担研究生教育任务的科学研究机构录取,取得博士研究生入学资格。

学生在校期间依法享有下列权利[23]:

(一)公平接受学校教育,平等享用学校公共教育资源,获得增强全面发展能力的基本条件保障;

(二)按规定条件和程序重新选择专业,跨学科、学院选修课程;

(三)自主开展科学研究、发表学术成果、参加学术活动;

(四)自主参加素质拓展、社会服务、勤工助学及创新、创意、创业等活动,在校内自主组织、参加学生社团及文化体育等活动;

(五)公平获得在境内外学习深造和参加学术文化交流活动的机会;

(六)公平获得各级各类奖励和荣誉称号;

(七)在思想品德、综合素质、学业成绩等方面获得公正评价,达到学校规定学业标准时获得相应的学业证书、学位证书;

(八)获得就业指导和职业生涯规划指导;

(九)按国家及学校规定的标准和程序公平获得奖学金、助学金及助学贷款,享

有规定的福利待遇；

（十）知悉、参与和监督学校改革发展及其他涉及个人切身利益的事项；

（十一）参与学校民主管理，对学校工作提出建议、意见和批评；

（十二）对学校给予的处分或者处理进行陈述和申辩，向学校或者教育行政主管部门提出申诉；

（十三）法律、法规、规章和本章程规定的其他权利。

学生依法履行下列义务[23]：

（一）遵守法律法规和学校规定；

（二）勤学修德，注重实践，完成学业；

（三）遵守学术规范，恪守学术道德；

（四）按规定缴纳学费及有关费用；

（五）爱护并合理使用教育教学设备及生活设施；

（六）珍惜和维护学校名誉，维护学校利益；

（七）法律、法规、规章规定的其他义务。

2.2 教师

80多年前，清华大学校长梅贻琦就说，"所谓大学者，非谓有大楼之谓也，有大师之谓也。"一所大学的基础设施只是其外在表现，大学的灵魂在教师。大学教师是一个国家文化传承、思想进步、科学研究、科技创新和人才培养的主要承担者，他们的精神思想就是一所大学的灵魂。

大学教师是承担学校教学、科研工作的主要人员。不同类型大学的教师所承担的工作任务有所不同。研究型大学和研究教学型大学的教师除了承担一定量的教学任务之外，需要承担较多的科研任务；教学研究型大学和教学型大学的教师主要任务则是教学，但也要从事一定的科研工作。

我国的大学教师按照职称级别分为助教、讲师、副教授和教授。

（1）助教

助教是大学教师职称系列里的初级职称。助教一般是指刚参加工作的青年教师，主要工作是担任主讲教师的教学助理。他们一般会和学生一起听课，课后协助主讲教师给学生辅导、答疑、批改作业，也可以协助主要教师完成包括课程设计、毕业设计、实验、实习等教学环节的任务。正常情况下经过规定年限的锻炼和工作积累，助教就可以参加讲师职称评定，合格者晋升为讲师。

（2）讲师

讲师是大学教师职称系列里的中级职称。讲师是大学里主要承担教学任务的教

师，是教学工作的主力军。讲师可以独立承担一门或几门课程的教学任务，包括讲课、辅导、答疑、批改作业、出考题、批改试卷、评定成绩等，也可以独立完成包括课程设计、毕业设计、实验、实习等实践教学环节的指导工作。此外，讲师也要参与制定主讲课程的教学大纲、所在专业的培养方案，参与编写教学资料，还要开展教学研究，不断改进教学方法和教学内容，提高教学质量。正常情况下讲师任职达到规定年限后可以申请参加副教授职称评定，业绩突出者可以申请破格晋升，满足副教授评定条件者可晋升为副教授。

（3）副教授

副教授属于大学教师职称系列里的高级职称。副教授是在本学科有较长的工作时间、丰富的教学、研究经验和较高学术造诣的大学教师。副教授既要承担本学科或专业的教学任务，承担课程、专业和学科的建设任务，也要承担一定的教学研究和科学研究任务，大多数副教授还要指导研究生和培养青年教师。正常情况下副教授任职达到规定年限后可以申请参加教授职称评定，业绩突出者可以申请破格晋升，满足教授评定条件者可晋升为教授。

（4）教授

教授是大学教师职称系列里的最高职称。教授是在本学科和领域有较高学术造诣和较大影响力的大学教师，有些教授还是本学科和领域国内外知名的学术带头人。教授不仅对本专业和学科的建设与发展承担主要责任，对学校的建设和发展也承担一定的责任。教授的主要任务是从事教学研究、科学研究、科技创新、指导研究生、培养学术与科技人才，但也要承担一定量的本科教学任务。按照我国目前的规定，教授按照任职资历、学术水平和科研成果又分为1~4级，业绩突出的教授还可以申请参加"两院"院士的评选。

大学教师按照所承担的教学任务又可分为基础课教师和专业教师。基础课教师是指主要从事公共课、通识课教学的教师，他们一般不参与专业教学活动。专业教师是指主要从事专业教学活动的教师，如专业课教学、专业实习、毕业论文和毕业设计的指导等教学工作。

我国大学实行教师聘任制。教师经评定具备相应职称任职条件的，由高等学校按照教师职务的职责、条件和任期进行聘任。此外，大学还有一部分兼职教师，如特聘教授、名誉教授、客座教授、博士后、访问学者、进修教师等，在学校从事教学、科研、进修、学术交流、科研项目合作等活动。

2.3 管理人员

大学的管理人员是指教师之外的在学校里行使计划、决策、指挥、协调、监督职

能的人员和负责具体事务的工作人员。管理人员一般分为高级管理人员、中级管理人员和基层管理人员。大学的高级管理人员是指校级的领导,中层管理人员是指学校下设教学、科研单位和管理机构的负责人,基层管理人员则是指各部门负责人以外的工作人员。

2.3.1 校级管理人员

(1) 学校党委书记(副书记)

我国大学实行党委领导下的校长负责制。党委按照中国共产党章程和有关规定,统一领导学校工作,支持校长独立负责地行使职权。

大学党委的领导职责主要是:执行中国共产党的路线、方针、政策,坚持社会主义办学方向,领导学校的思想政治工作和德育工作,讨论决定学校内部组织机构的设置和内部组织机构负责人的人选,讨论决定学校的改革、发展和基本管理制度等重大事项,保证以培养人才为中心的各项任务的完成[22]。

大学的党委一般设书记一名、副书记若干名。书记主持学校党委的全面工作,副书记协助书记工作并分管党委下设办事机构和职能机构的工作。

作为大学党委的主要领导,党委书记的职责是:

一、宣传、贯彻和执行党的路线、方针、政策,发挥政治核心和监督保证作用,保证党的各项路线、方针、政策和学校党委各项决定得到贯彻执行;

二、积极参与学校各项重大事项的决策;支持校长在其职责范围内独立负责地开展工作;组织指导开好教职工代表大会,发挥教职工参与学校民主管理和民主监督的作用;

三、坚持党的民主集中制的组织原则,当好班长,充分发挥党委一班人的作用;

四、结合学校实际,加强党的思想、组织和作风建设,发挥党组织的政治核心作用、战斗堡垒作用和党员的先锋模范作用;发挥工会、共青团和学生会等群众组织的作用;组织党员和教职工做好学校教学、科研等各项工作;

五、坚持党管干部的原则,按照干部管理权限做好干部的选拔、推荐、教育、培养、考核和监督工作;

六、教育和监督党员特别是党员领导干部遵纪守法、廉洁奉公、切实履行党员义务;保障党员权利,严肃党的纪律,及时查处违纪党员;

七、贯彻党的知识分子政策,做好老干部工作和民主党派、无党派人士的统战工作;

八、完成上级党委和学校党委交办的其他工作任务。

(2) 校长(副校长)

大学校长是国家教育行政部门或其他办学机构管理部门任命的高等学校法定

代表人和主要行政负责人,全面负责学校的教学、科研和其他管理工作。

优秀的大学校长不仅对一所学校的发展至关重要,往往还是一个国家、一个民族、一个时代的象征。民国时期北京大学的校长蔡元培和蒋梦麟、清华大学的校长梅贻琦、浙江大学的校长竺可桢、南开大学的校长张伯苓等,他们以非凡的勇气和远见卓识,独到的办学思想和对真理的执着追求,恪尽职守,无私奉献,积极倡导"独立之精神,自由之思想",在艰苦的环境下引领学校改革发展,使北大、清华、浙大、南开等大学成为当时享誉中国乃至世界的学术殿堂与道德高地,在中国高等教育史上留下了精彩的一页,令后人高山仰止,推崇备至。

大学一般设校长一名,副校长若干名,由学校的主办者依法任命。校长是学校的法定代表人,对外代表学校,对内主持校务。在学校党委的领导下,校长综合管理学校的校务,全面负责学校教学、科研和行政管理等工作。副校长协助校长工作,并根据内部分工分管学校教学、科研或其他职能机构的工作。副校长向校长负责。

根据《中华人民共和国高等教育法》[22],大学的校长行使下列职权:

一、拟订学校发展规划,制定具体规章制度和年度工作计划并组织实施;

二、组织教学活动、科学研究和思想品德教育;

三、拟订内部组织机构的设置方案,推荐副校长人选,任免内部组织机构的负责人;

四、聘任与解聘教师以及学校内部其他工作人员,对学生进行学籍管理并实施奖励或者处分;

五、拟订和执行年度经费预算方案,保护和管理校产,维护学校的合法权益;

六、大学章程规定的其他职权。

2.3.2 管理机构人员

如第一章所述,大学的管理机构包括党务工作机构和行政管理机构,这些管理机构的负责人和工作人员都属于学校的管理人员。

党务工作机构如组织部、学生工作部、党委办公室等部门的负责人是部长(副部长)或主任(副主任),行政管理机构如教务处、科技处、校长办公室等部门的负责人是处长(副处长)或主任(副主任),他们在大学内部属于中层管理人员,各自负责所在机构的工作。一般是正职主持部门的全面工作,副职协助正职工作并分管机构内部的某些工作。

各管理机构(部、处、室)内根据各自的业务范围和工作内容一般又设置若干个科室,分别负责某一方面的具体工作。下面以大学的教务处为例说明大学管理机构的内部分工和管理人员的工作职责。

教务处一般下设教务科、教研科、实践教学科、教学质量监督与评估科和教材科

等科室,各科室管理人员的工作职责大体如下:

教务科管理人员的工作职责是负责学校日常教学的运行工作,如按照教学计划编排学校教学日历及教学进程,负责学生选课,编排课程表,日常教学调度与教室调度;负责组织安排教学考核、考试,处理各类考试过程中的违纪行为;负责学生注册、学生成绩管理、学籍管理、毕业生学历、学位管理等工作。

教研科管理人员的工作职责是研究并组织制定专业培养方案、课程教学大纲等教学文件,组织完成与课程建设和专业建设相关的各项工作,组织实施学校人才培养模式改革;根据培养方案下达教学计划、完成教学任务安排,并对承担教学任务的教师进行资格审查;负责教学资料的收集、整理、汇总、归档;组织开展教育、教学改革研究,组织各类教改课题的申报、评审及教学成果的验收、鉴定并向上级相关部门上报评选材料。

实践教学科管理人员的工作职责是根据培养方案的总体要求组织制订各实践教学环节的教学计划、教学大纲,并对执行情况进行监控;协同相关部门做好校内外实践教学基地建设;负责全校学生科技竞赛活动的组织与管理;负责实践教学内容、方法与课程体系的改革研究及项目的组织实施。

教学质量监督与评估科管理人员的工作职责是负责教学质量监控与保障体系的建立与完善,负责各教学环节质量标准的制定、实施和更新;负责全校教学工作检查并将有关信息及时整理、反馈;组织协调学校教学督导委员会的工作;负责全校教师教学质量评价、教学评优工作的组织与实施,负责青年教师教学竞赛工作的组织与实施;负责拟订各级各类教学评估、认证工作的计划、组织及实施;负责教学事故的记录、核实和认定工作。

教材科管理人员的工作职责是制订全校教师和学生使用教材的征订计划,组织实施教材的招标采购和教材的发放工作;负责校内自编教材的印刷、供应和保管工作;组织制定教材建设规划,组织实施教材编写立项以及优秀教材的评选等工作。

其他管理机构内设科室的分工和管理人员工作职责根据本单位的职能和具体工作内容确定。

科室的负责人是科长,负责科室工作的计划、组织、安排、协调、检查等工作。每个科室根据工作量大小不同有若干名工作人员,他们是管理机构各项具体工作的承办者。

大学管理机构内一般都还设置有党委或党总支,其负责人是党委书记或总支书记,负责管理机构内的党务工作,参与本单位重大事项的决策,指导、配合、监督本单位的业务工作及廉政建设工作。

2.3.3 教学、科研机构管理人员

2.3.3.1 教学机构管理人员

大学里的教学机构是指学院(系)和专业教研室(组)。学院(系)的主要业务管理人员是院长(系主任)、副院长(系副主任)以及教学秘书、科研秘书和行政事务工作人员等。院长(系主任)是教学机构的业务工作负责人,主持学院(系)的业务工作。副院长(副主任)协助院长(系主任)分管教学、科研及其他业务工作。教学秘书和科研秘书分别负责学院(系)里教学、科研工作具体事务的办理。行政事务工作人员负责文印、财务、后勤、办公室事务等工作。这些负责具体工作的秘书和工作人员是学院(系)里和学生接触比较多的管理人员。除了教学、科研和行政事务管理人员,学院(系)还有党务工作管理人员,包括党委(党总支)书记(副书记)、团委书记以及其他党务工作人员。他们分别负责教师和学生中的党团组织工作、思想政治教育工作、理论学习和宣传工作以及学生管理工作。

学院(系)的管理人员可以是专职的也可以是兼职的。通常业务领导如院长(系主任)由教师兼任,党务工作人员、行政事务工作人员和教学、科研秘书等则多为专职管理人员。

专业教研室(组)是大学最基层的教学管理单位,由专业教研室(组)主任(组长)负责日常管理工作。他们一般都是教师身份,兼职从事教研室(组)的管理工作。

2.3.3.2 科研机构管理人员

大学里的科研机构是指设置在校内的国家级、省部级和校级研究所、重点实验室、工程技术中心等,主要管理人员是所长(主任),他们通常也是由教师兼任,负责科研机构的人员管理和业务管理。学生在校期间如果有机会参与科研项目的工作,就会与他们有所交往。

2.3.4 学生管理人员

大学里学生管理的主要责任部门是学院(系),学生管理人员主要是班主任、辅导员、学院(系)团委书记和党委(党总支)副书记。这部分管理人员是学生在校期间接触较多、交往频繁、对学生会产生较大影响的人。

班主任是学生班级的管理人员,是学生进校后最早接触到的管理人员。班主任有些是专职的,也有些是由专业教师兼任,一般一名班主任负责一个学生班级的管理。由专业教师兼任班主任的好处是可以较早地给学生传授专业知识,让学生对所学专业有所了解。

辅导员也是学生班级的管理人员,职责与班主任基本相同,不同的是辅导员一

般都是专职管理人员,而且一名辅导员会管理多个学生班级甚至多个年级。

中国大学的班主任和辅导员对学生的管理无微不至。学生无论在思想上、情感上、学习上、生活上有任何困难和困惑都可以和班主任或辅导员沟通、交流,及时获得帮助和指导。奖学金评定、助学金评定、勤工助学、贷款申请、评先选优、入党等工作也都是由班主任或辅导员具体负责完成的。

学院(系)里的团委书记主要负责学生和教工共青团基层组织的建设、发展、宣传工作以及共青团员和积极分子的培养、教育和发展工作,同时也是学生工作的管理者、学生活动的组织者。学生在校期间与学院(系)团委书记会有较多的接触。

大学里一个学院(系)学生工作的主要负责人是党委(党总支)副书记。一般每个学院(系)都会配置一名分管学生工作的专职副书记,全面负责学院(系)里的学生管理工作。学院(系)里的班主任、辅导员、团委书记都受党委(党总支)副书记直接领导和管理。

2.4 其他人员

大学里除了学生、教师和管理人员,还有许多负责其他工作的人员,如科研人员、实验员、图书管理员、后勤服务人员等。

大学里的科研人员有专职的也有兼职的。重点大学或研究型大学的专职科研人员较多,普通大学或教学型大学的科研人员则主要由教师或其他人员兼职。科研人员的主要职责是完成国家、省、部等各级政府下达的科研任务或来自企业等单位的技术改造、技术创新和协作研究的项目。学生在校期间要积极争取参与到学校的各类科研项目中去,这样就会和科研人员有较多的接触时间,能够学习和掌握更多的科学知识和科研的思想和方法。

实验员是负责大学各类实验室及仪器、设备的运行、维护与管理工作的人员,同时负责各门课程内实验的准备、设备操作和学生指导等工作,还要协助科研人员完成科研实验任务。学生在校期间除了教学计划内安排的实验要在实验员的指导下完成以外,学校大力倡导的自主设计型实验、创新型项目的实验以及参与的科研项目的实验也需要在实验员的协助和指导下完成。

图书管理员是学校图书馆负责图书采购、编目、上架、借阅等工作的人员,也包括阅览室的管理人员。随着网络信息技术的发展,图书馆的各类电子资源越来越丰富,因此图书管理员的工作还包括电子资源的管理。图书馆电子资源的使用可以通过校园网实现,遇到问题一般可以通过网络获得帮助。学生与图书管理员的直接接触主要是纸质图书的借阅过程。目前大多数大学图书馆都建设了自助借阅系统,纸质图书的借阅也可以自助完成。此外,除了教室以外大学图书馆的阅览室也是学生

理想的学习场所,很多学生课外时间都喜欢在图书馆阅览室自习,因此也会有很多机会与阅览室的管理人员接触。

后勤服务是学校最基础性的服务工作,涉及水、电、暖的供应,道路、建筑物的管理以及吃饭、睡觉、洗浴等各项服务。因此,后勤服务人员是学校除了学生、教师和管理人员外最大的群体。他们负责学校各类基础设施的运行维护,保障学校教学、科研、生活等各项活动的正常开展。学生在校期间会有大量的时间和机会与后勤服务人员打交道:上课的教室有教室管理员负责教室的设备、安全、卫生;就餐的食堂有食堂管理员、厨师、销售人员提供服务;睡觉的宿舍有宿舍管理员负责宿舍的各种设施和安全等。任何时候水、电、暖等供应出现问题都需要找后勤服务人员解决。现在很多大学都建设了后勤管理与服务信息系统,维修服务也可以通过网络、移动通讯等方式进行申报。

第三章
大学的教育

3.1 大学教育的目的

《大学》开篇就是:"大学之道,在明明德,在亲民,在止于至善。"意思是说《大学》的宗旨在于弘扬高尚的德行,在于关爱人民,在于达到最高境界的善。《大学的观念》(《The Idea of a University》)的作者约翰·纽曼说:"只有教育,才能使一个人对自己的观点和判断有清醒和自觉的认识,只有教育,才能令他阐明观点时有道理,表达时有说服力,鼓动时有力量。教育令他看世界的本来面目,切中要害,解开思绪的乱麻,识破似是而非的诡辩,撇开无关的细节。教育能让人信服地胜任任何职位,驾轻就熟地精通任何学科。"美国已故作家戴维·福斯特·华莱士在凯尼恩学院学生毕业典礼上发表的演讲中说道,教育的目的不是学会知识,而是习得一种思维方式——在烦琐无聊的生活中,时刻保持清醒的自我意识,不是"我"被杂乱、无意识的生活拖着走,而是生活由"我"掌控。亚里士多德认为,教育的根本就是灵魂教育而不是知识教育。知识之所以就是力量,是因为它蕴涵了德行。

由上所述我们可以得出这样的结论:培养善于思考、理性选择、拥有信念、追求自由的学子才是大学教育的真正目的。因此,大学生在校学习期间不能把注意力仅仅集中在课程本身的内容上,更应该注意掌握学习的方法,培养独立思考的能力、分析问题的能力和做出选择的能力,树立远大的理想和崇高的信念,这才是大学教育的意义所在。

大学教育的第一要务就是培养学生终身学习的能力和习惯。学习的能力不仅是指掌握知识和技能的能力,更是指认知世界、探究未来的能力。大学教育所传授的知识是有限的,但人类对未知世界的认识是无止境的;大学生所学的专业是确定的,但一生中遇到的问题是不确定的,解决问题所需要的知识和技能也远非大学几年就能完全掌握的。尤其是今天我们处于信息爆炸、科学技术日新月异的时代,不学习就会落后,就赶不上时代的步伐。只有通过终身学习才能不断更新知识、掌握技能,才能在充满竞争的世界里立于不败之地。所以,作为大学生要充分认识到终

身学习的重要性,大学期间不仅要学习还要培养学习的能力,要自觉养成终身学习的习惯。学习的能力不仅来自读书,更需要实践。中国历来有读万卷书行万里路之说,只有将理论与实践相结合才能拥有更广博的知识,也才能对事物、对未来有更深刻、更透彻的认识,也才能将终身学习上升为一种自觉行为。

大学教育的另一个重要目的是培养学生独立思考和自主选择的能力。没有独立思考的个人,不会产生创新型社会。近几百年来,当西方国家在基础理论和科技创新方面突飞猛进并推动技术和经济快速发展时,我国却鲜有突出的成就,对人类文明进步的贡献也乏善可陈,重要的原因就在于我们的传统教育缺乏对个性发展的鼓励,缺乏对好奇心、想象力的启发,更缺乏对独立思考能力的培养。所以,要想使我们国家能够自立于世界强国之林,为人类文明的进步和发展做出贡献,大学教育阶段一定要注重培养学生独立思考的能力,这是形成创新型社会的基本条件。做到这一点并不容易,不仅需要能力,更需要勇气。中国的传统文化信奉中庸之道,行为低调,做事小心,敢于独立思考和有独到见解的人往往被视为异类,受到嘲讽、排斥、压制。因此,要培养独立思考的能力、养成独立思考的习惯,就要有不唯上、不唯书、不迷信权威、不迷信专家、不听信闲言、不在乎偏见的勇气。要树立批评精神,养成质疑的习惯,既不先入为主,也不固执己见,而是以事实为依据、以良心为准则,独立地对事物做出判断。

所谓自主选择就是在做出选择时不受外界的干扰,就是根据自己的知识、经验和价值观独立地做出选择。人的一生中会面临很多选择,上大学时需要选择学校、选择专业;上学后需要选择学习的方法、确定奋斗的目标,需要选择性地参与学校的各种活动,同学之间的交往有时候也需要做出选择;大学毕业后还会面临职业的选择、婚姻的选择等;至于理想信念和价值观的选择则是一生的选择。自主选择的基础是学习的能力和知识与经验的积累,前提则是独立思考的能力。要根据自己学到的知识和掌握的信息进行分析、做出判断,而不是人云亦云、随波逐流;既要了解自己的优势,也要认识自己的不足,扬长避短,才能做出理性的选择。

大学教育还要培养学生的理想情操和使命感。我国历来倡导"天下兴亡,匹夫有责""先天下之忧而忧,后天下之乐而乐"的人生观。大学教育要让学生懂得作为新时代的大学生肩负的责任和使命,不仅能够脚踏实地做好本职工作,承担起对家庭、对职业的责任,更要树立远大的理想和家国情怀,承担起建设国家、报效祖国、追求真理、扶持正义、为人类的文明进步做贡献的历史责任。

当然,大学教育和基础教育的差别还在于其专业性。在树立远大人生理想和信念、培养独立思考和自主选择能力以及终身学习能力的同时,学习和掌握某一专门学科的知识和技能,把自己培养成某一学科或专业内有着深厚理论功底和学术造诣并掌握一定专业技能的专业人才,既是大学教育的目的,也是大学生成就人生、实现

理想的基础和正确途径。

大学是青年走向社会前最后一个集中学习的阶段,对一生有着重要的影响。把握时机,努力学习,掌握知识,获得技能,才能为今后实现人生的理想奠定牢固的基础。

3.2 学籍、学历、学位、学分、学制

3.2.1 学籍

学籍是指一个学生属于某学校的一种法律上的身份或者资格。一旦大学生按规定获得了某所高校的学籍,就享有使用该校提供的教育教学资源、参加学校教育教学计划安排的各项活动、完成学校规定学业后获得相应学历证书的权利,同时也要履行遵守学校管理制度、按规定缴纳学费及其他费用、刻苦学习、遵守学生行为规范的义务。根据《普通高等学校学生管理规定》[23],按照国家招生规定录取的新生,持录取通知书到校办理入学手续,复查合格者予以注册取得学籍。凡通过弄虚作假、徇私舞弊取得学籍者,一经查实取消学籍。冒名顶替取得学籍并获得证书者,一经查实,追回证书,并在教育部指定的学历证书查询网站上撤销学历证书电子注册信息。未经省级招生部门录取的学生,不管其在校学习时间多长,均无学籍,即使修业期满,成绩合格,也不能获得国家承认的普通高等教育学历证书。学生可以通过生源地省级招生部门指定的网站查询录取信息,从而了解自己是否被正式录取。教育部已经制定了《普通高等学校新生学籍电子注册管理办法》,学生可以凭借有效信息通过指定的渠道了解自己的学籍状态。

学籍管理制度包括入学与注册、考核与成绩记载、转专业与转学、休学与复学以及退学、毕业与结业以及学业证书管理等内容,是与大学生的权利和义务相关性最大的高校管理制度。除了教育部颁布的《普通高等学校学生管理规定》(见附录1),大学生入学以后还应该认真查阅本校关于学籍管理的具体规定,可以避免由于对规章制度的不了解而失去维护自身权益的机会,同时也可以避免产生因违反学籍规定给自己造成损失的行为。

3.2.2 学历

学历是指人们在学校或其他教育机构中接受科学、文化知识训练的学习经历。学历的层次取决于接受教育的学校或教育机构的层次以及接受训练的层次。一个人的学历通常是指最后也是最高层次的学习经历,并以经教育行政部门批准、由国家认可的实施学历教育、具有文凭发放权力的学校或其他教育机构所颁发的学历证

书为凭证。

高等学历教育分为专科教育、本科教育和研究生教育,学历分专科、本科、硕士研究生和博士研究生4个层次。大学、独立设置的学院主要实施本科及本科以上教育;高等专科学校、高等职业学院实施专科教育。经国务院教育行政部门批准,科学研究机构可以承担研究生的教育任务。

《中华人民共和国高等教育法》[22]对大学各类学生学历教育的修业年限、学业标准等都做了明确规定。

专科教育的基本修业年限为2至3年,本科教育的基本修业年限为4至5年,硕士研究生教育的基本修业年限为2至3年,博士研究生教育的基本修业年限为3至4年。非全日制高等学历教育的修业年限应适当延长。高等学校根据实际需要,可以对本学校的修业年限作出调整。

高等学历教育应当符合下列学业标准:

一、专科教育应当使学生掌握本专业必备的基础理论、专门知识,具有从事本专业实际工作的基本技能和初步能力;

二、本科教育应当使学生比较系统地掌握本学科、专业必需的基础理论、基本知识,掌握本专业必要的基本技能、方法和相关知识,具有从事本专业实际工作和研究工作的初步能力;

三、硕士研究生教育应当使学生掌握本学科坚实的基础理论、系统的专业知识,掌握相应的技能、方法和相关知识,具有从事本专业实际工作和科学研究工作的能力;博士研究生教育应当使学生掌握本学科坚实宽广的基础理论、系统深入的专业知识、相应的技能和方法,具有独立从事本学科创造性科学研究工作和实际工作的能力。

普通高等教育学历证书系普通高等学校以及承担研究生教育的其他机构颁发给学生受教育程度的凭证。按国家规定招收、入学后取得学籍的学生,在完成某一阶段的学业后,根据考试(考查)的结果,取得相应的学历证书。普通高等教育学历证书分为毕业证书、结业证书、肄业证书3种。具有学籍的学生,学完教学计划规定的全部课程,考试成绩及格(或修满学分),德育、体育合格,准予毕业者,可取得毕业证书;具有学籍的学生,学完教学计划规定的全部课程,其中有一门以上课程补考后仍不及格但不属于留级范围或未修满规定的学分,德育、体育合格,准予结业者,可取得结业证书;具有学籍的学生,学满一学年以上,未学完教学计划规定的课程而中途退学者(被开除学籍者除外),可取得肄业证书。

在毕业生工资待遇上,国家认可的只有毕业证书和结业证书两种。实行电子注册的学历证书也只有毕业证书和结业证书两种。

3.2.3 学位

学位是一种学术称号,标志被授予者的受教育程度或在某一学科领域里已经达到的学力水平,或是表彰其在某一领域中所做出的杰出贡献(荣誉学位)。学位由具备授予资格的高等学校、科学研究机构或国家授权的其他学术机构、审定机构授予。学位称号终身享有。我国现行的学位分学士、硕士、博士3级。博士后指的是获准进入博士后科研流动站从事科学研究工作的博士学位获得者,不是一种学位。

根据《中华人民共和国学位条例》[24]的规定,学士学位由国务院授权的高等学校授予;硕士学位、博士学位由国务院授权的高等学校和科研机构授予。高等学校本科毕业生,成绩优良,达到规定的学术水平者,授予学士学位;高等学校和科研机构的研究生,或具有研究生毕业同等学力的人员,通过硕士(博士)学位的课程考试和论文答辩,成绩合格,达到规定的学术水平者,授予硕士(博士)学位。作为学位授予单位的高等学校和科学研究机构,在学位评定委员会做出授予学位的决议后,发给学位获得者相应的学位证书。

为进一步加强学士学位管理工作,提升本科教育质量,2019年7月9日,国务院学位委员会印发《学士学位授权与授予管理办法》[25],对普通高等学校向本科毕业生授予辅修学士学位、双学士学位、联合培养学士学位分别作出规定。

一、具有学士学位授予权的普通高等学校应制定专门的实施办法,支持学有余力的学生辅修其他本科专业,并向符合学位授予标准的全日制本科毕业生授予辅修学士学位。辅修学士学位应与主修学士学位归属不同的本科专业大类,对没有取得主修学士学位的不得授予辅修学士学位。辅修学士学位在主修学士学位证书中予以注明,不单独发放学位证书。

二、具有学士学位授予权的普通高等学校,可在本校全日制本科学生中设立双学士学位复合型人才培养项目。项目所依托的学科专业应具有博士学位授予权,且分属两个不同的学科门类。本科毕业并达到学士学位要求的,可授予双学士学位。双学士学位只发放一本学位证书,所授两个学位应在证书中予以注明。

三、具有学士学位授予权的普通高等学校之间,可授予全日制本科毕业生联合学士学位。联合培养项目所依托的专业应是联合培养单位具有学士学位授权的专业,通过高考招收学生并予以说明。授予联合学士学位应符合联合培养单位各自的学位授予标准,学位证书由本科生招生入学时学籍所在的学士学位授予单位颁发,联合培养单位可在证书上予以注明,不再单独发放学位证书。

应该注意的是,学位和学历不同,学位是学术称号,学历是学习经历。有某种学位,不一定有某种相应的学历;同样,有某种学历,也不一定有相应的学位。例如,取得硕士学位或博士学位证书的,不一定有硕士研究生或博士研究生的学历证书即毕

业证书;取得本科毕业证书的,也不一定能够获得学士学位证书。仅获得学位证书而未取得相应学历证书者的学历仍为原学历。如有的人学历为本科毕业,以后通过在职人员学位申请取得了博士学位,其学历仍为本科,而非博士研究生。

3.2.4 学分

学分是计算学生学习量的单位。大学里培养方案中设置的每一门课程或教学环节都有一定的学分,学分的多少与课程或教学环节规定的教学时数有一定对应关系,但没有统一标准,由各个学校自行决定。每门课程或教学环节的具体学分数以培养方案的规定为准,学生只有完成这门课程或教学环节的学习内容并通过考核才能获得相应的学分。

学分可以用来评判学生在大学期间学习的广度,评判学习深度的是考核成绩或者学分绩点。获得的学分越多,说明学生学到的知识和掌握的技能也越多,但并不意味着学得很精或掌握得很熟练。学分也是衡量学生能否毕业的标准,只有获得的学分达到本专业培养方案的规定要求才能毕业。在学分制的管理体制下,学生如果提前修够本专业规定的学分,就可以提前毕业。

3.2.5 学制

学制是国家根据教育方针、政策,对各级各类学校的任务、学习年限、入学条件等所作的规定。学制是教育制度的主体,是现代教育制度的核心内容。学制有时也被用来专指学校的学习年限。

按照对学生在校期间的学籍管理和毕业的要求,学制可以分为学年制、学分制和学年学分制。

3.2.5.1 学年制

学年制是学年学时制的简称,即学生必须读满规定的学年,完成本专业培养方案规定的各学年的学习任务并且考核合格达到既定标准,才可以获得毕业证书。学年制是一种刚性的教育管理制度。在学年制的管理下,学校规定了各类学生在校修业的标准时间和最长期限。学生既不能提前毕业,也不能超期限延迟毕业,在规定的最长期限内没有完成学业就只能获得结业证书。学生在校期间每个学年/学期需要完成的课程或教学环节也是培养方案中设置好的,基本没有自主选择的余地。

3.2.5.2 学分制

学分制是一种以学分为单位计算学生学习量,并以修满规定的最少学分为学生获得毕业资格的教育管理制度。学分制以学生获得的学分而不是修业的年限为毕业标准,学生只要修满本专业规定的学分就可毕业而不必考虑在校时间的长短。学

分制可以为学生提供更多、更丰富的学习内容,让学生在完成本专业规定的必修课程和教学环节的前提下,根据个人兴趣、自身条件和发展需要,独立自主或在老师的指导下制订个人的学习计划,在学校课程设置的范围内选择课程,并自主选择学习进程、学习方法,完成本专业规定的学分要求、获得毕业资格。学分制可以为具有不同学习能力、不同经济条件和不同兴趣爱好的学生提供更加灵活、多样化的学习选择,为学有余力的学生掌握更多、更深的知识和技能提供了机会。

学分制是一种灵活的弹性学制,除了为学生在学习内容的选择上提供了一定的自主性,在学习时间上也提供了很大的灵活性。学生在校期间可以根据自己的需要申请休学、创业,可以辅修、攻读其他专业和学位,也可以根据自己的学习情况及获得的学分提前或推后毕业。学分制对学生学习过程的约束力较小,容易使自我管控能力较弱的学生放松对自己学习上的要求,过分强调减轻学习压力,人为延迟了毕业时间,浪费了宝贵的青春年华。因此,学分制对学生的自觉性、自我约束能力有着更高的要求。

学分制在收费上与学年制也有很大不同。真正的学分制是按照学生每学年所修的学分收费,多修多缴费,少修少缴费,不修不缴费。任何学生想要获得毕业要求的总学分,所缴纳的学费总数是一定的,并不会因为你修业的年限长短而有所改变。这种收费方式对家庭贫困的学生是件好事。贫困生可以通过每学年适当少选课程、少修学分、延长学习年限的办法分解学费负担,也可以通过半工半读的办法缓解家庭经济压力。

3.2.5.3 学年学分制

学年学分制是兼具学年制与学分制特点、由学年制向学分制过渡的一种教育管理体制。学年学分制设定了修业年限,但在培养方案内设置了本专业的必修课和选修课,学生在选修课的范围内可以自主选择课程,只要在规定的期限内修满要求的学分即可获得毕业的资格。与学年制相比,学年学分制为学生提供了一定程度上自主选择学习内容的机会;与学分制相比,学年学分制的修业年限不可选择,灵活性仍然有很大差距。

国外大多数大学实行的是学分制,但目前我国的大学大多实行的是学年学分制,也有部分高校在积极探索学分制的管理模式,但受诸多条件限制,改革的力度依然有限。随着我国行政管理体制的改革和政府职能的转变,高校办学条件的不断完善和办学自主权的逐步提高,学分制也必然是今后高校教育体制改革的发展方向。

3.3 学科与专业

学科是指教育和研究领域内相对独立的知识体系。为了便于高等学校、科研机

构和学术领域的分类、管理,世界各国普遍都按照知识体系的内容和结构进行了学科门类的划分。专业是指需要经过特殊教育和训练才能从事的工作,经过这种特殊教育和训练的人被称为专业人员。相应地,为了培养专业人员而在大学里设置的学业门类就被称为大学的专业。大学教育与中小学基础教育的最大差别就在于其具有专业化教育的属性。

3.3.1 我国本科院校的学科与专业

目前我国高等学校本科教育设置了 13 个学科门类,分别是哲学、经济学、法学、教育学、文学、历史学、理学、工学、农学、医学、军事学、管理学、艺术学,除军事学学科以外其他 12 个学科门类共下设专业类 92 个,专业 506 种,其中基本专业 352 种,特设专业 154 种,在基本专业和特设专业中有 62 种国家控制布点专业[26]。表 10 是目前我国本科专业类和专业数量按学科门类分布的情况。

表 10　本科学科及专业分布情况

序号	学科门类	专业类数量	专业数量				
			基本专业	特设专业	合计	占比%	其中国家控制专业
1	哲学	1	3	1	4	0.79	1
2	经济学	4	10	7	17	3.36	2
3	法学	6	13	19	32	6.32	16
4	教育学	2	13	3	16	3.16	2
5	文学	3	72	4	76	15.02	
6	历史学	1	4	2	6	1.19	
7	理学	12	28	8	36	7.11	
8	工学	31	104	65	169	33.40	14
9	农学	7	18	9	27	5.34	
10	医学	11	26	18	44	8.70	22
11	管理学	9	32	14	46	9.09	5
12	艺术学	5	29	4	33	6.52	
	合计	92	352	154	506	100	62

注:军事学学科及专业未列出

3.3.2 我国高职(专科)院校的专业

2015 年教育部公布了《普通高等学校高等职业教育专科(专业)目录(2015 年)》,将高职(专科)专业分为专业大类、专业类和专业 3 级,其中专业大类 19 个,专业类

99 个，专业 744 个，2016、2017 和 2018 年又增设了 22 个专业[27]。《目录》中有 65 个涉及医学、教育、公安与司法等与国家安全、公共安全、特殊行业密切相关的国家控制专业。表 11 是目前我国高职（专科）专业类和专业数量按专业大类分布的情况。

表 11　高职（专科）专业分布情况

序号	专业大类	专业类数量	专业数量	占比%	其中国家控制专业
1	农林牧渔	4	53	6.92	
2	资源环境与安全	9	68	8.88	
3	能源动力与材料	7	51	6.66	
4	土木建筑	7	32	4.18	
5	水利	4	16	2.09	
6	装备制造	7	61	7.96	
7	生物与化工	2	17	2.22	
8	轻工纺织	4	33	4.31	
9	食品药品与粮食	5	23	3.00	
10	交通运输	7	66	8.62	
11	电子信息	3	42	5.48	
12	医药卫生	8	48	6.27	11
13	财经商贸	9	49	6.40	
14	旅游	3	12	1.56	
15	文化艺术	4	59	7.70	
16	新闻传播	2	23	3.00	
17	教育与体育	4	50	6.53	21
18	公安与司法	7	42	5.48	33
19	公共管理与服务	3	21	2.74	
合计		99	766	100	65

3.4　大学的主要教学文件

教学文件是用于指导和规范教学运行、记载教学过程及其结果、记录教学检查和教学评估过程和结果、总结教学经验的各类资料的总称，主要有培养方案、课程和实践环节教学大纲、课程表、教学进度计划、教案、实验指导书、试卷、实验报告、成绩单、教学检查与评价记录等。下面重点介绍培养方案、教学大纲和实验指导书等教

学文件。

3.4.1 培养方案

培养方案,也叫培养计划或教学计划,是高等学校实施人才培养工作的纲领性文件,是组织开展各项教育教学活动的主要依据。培养方案一般按专业编制,对各专业的培养目标、专业特色、培养环节、课程设置与学分分布、学制、学业进程、毕业要求、授予学位等作出详细的规定与说明。

目前我国多数大学的培养方案由 5 部分构成,即不分专业面向全校学生开设的通识教育课程平台、按学科门类或专业类设置的学科基础课程平台、按专业方向设置的专业课程平台、实践教学环节和素质拓展,见下图。

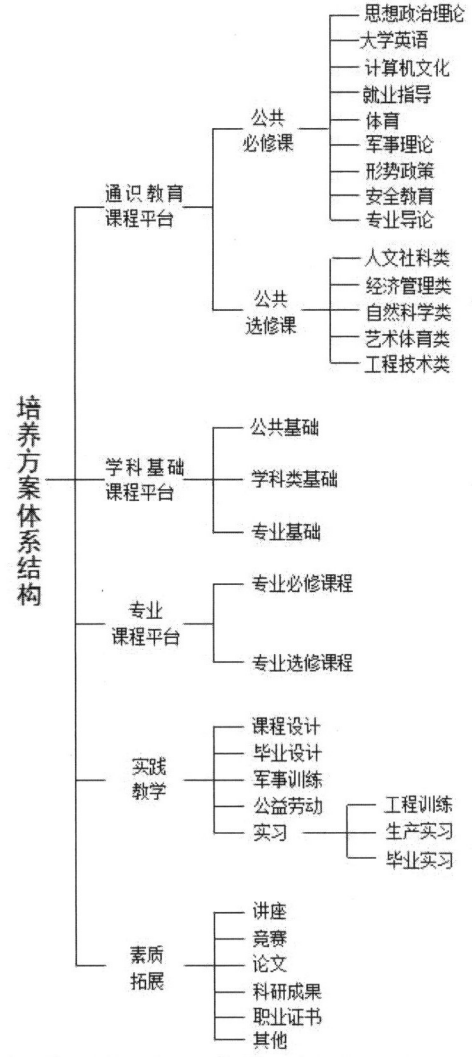

培养方案的体系结构示例

(1) 通识教育课程平台

通识教育课程平台面向全校学生开设。该平台的必修课模块按照教育部的基本要求设置,突出对学生综合素质的培养,主要包括思想政治理论课、大学英语、计算机文化、体育、形势政策、军事理论、就业指导、安全教育等课程。该平台的选修课模块是各学科面向全校学生开设的公共选修课,主要是为了培养学生的文化素质修养和科学精神,拓宽知识面,开阔眼界,为全面发展奠定基础。公共选修课主要有人文社科类、经济管理类、自然科学类、工程技术类、艺术体育类等课程。通识教育课程平台所设置的课程是大学实施素质教育的重要内容。

(2) 学科基础课程平台

学科基础课程平台是按学科门类或专业类、相近及相关专业打通设置的基础课程模块。学科基础课程平台一般包括数学与自然科学类课程、学科类基础课程和专业基础课程,旨在培养学生掌握宽厚而扎实的本学科及相关学科、专业的基础知识、基本理论与基本技能。在课程设置上,学科基础课程主要体现加强基础、拓宽口径的指导思想,重视相关学科的交叉与融合,促进学生综合素质的提高。

(3) 专业课程平台

专业课程平台主要面向本专业学生开设。该平台的课程主要体现各专业对学生专业知识和实践能力的基本要求,以实现高素质专业人才的培养目标。专业课程平台一般分必修与选修两个模块。专业必修课原则上按专业方向要求设置,学生通过专业必修课程的学习,能够熟练掌握该专业的专业知识和专业技能,达到该专业的培养目标;选修课模块则是为了进一步拓展或深化学生的专业知识而设置,具有广泛性、前沿性等特点。

(4) 实践教学环节

实践教学环节是配合理论教学,巩固学生所学理论知识,培养学生分析问题能力、解决问题能力、创造性思维能力以及实际动手能力的重要环节。实践教学环节的内容主要包括实验教学、工程训练、生产实习、毕业实习、课程设计、毕业设计(论文)、军事训练、社会实践、公益劳动等。我国的大学对实践教学环节非常重视,培养方案中一般都包含丰富的实践教学内容,明确规定了实践教学环节的学时和学分要求。

(5) 素质拓展

素质拓展是指在保证专业培养目标的基础上,根据学生的不同特点,鼓励学生积极参与各种形式的有利于培养素质素养、创新意识和创新能力的活动,如参与老师的科研项目,参与实验室开放项目,参与课外科技文化活动、社团活动,也可以自主选择创新性研究课题,参加各类专业、学科竞赛活动等。学生除修满专业培养方案规定的学分外,还须在素质拓展培养方面获得一定的学分方可毕业。

培养方案课程设置中的"必修课"是指学生必须学习完成的指定课程;"选修课"是指学生可从该模块提供的各类课程中根据自己的兴趣自主选择的课程,但必须完成规定的选修课学分总数。

培养方案中的总学时包括课内学时与课外学时,总学分为课内教学学分与实践教学环节学分之和。大部分高校一般规定理论课每16学时计1学分,体育课、实验课每32学时计1学分,实践环节每1周计1学分,军事训练计1学分。各校根据自己学校的特点、传统和培养要求对学分的计算和总学分的要求会有一定差异。

培养方案一般还包括学分修读进程要求,对学生每个学期需要完成的学分提供了建议。

附录2是某大学本科自动化专业培养方案,列出了自动化专业的培养目标、毕业要求、修业年限、授予学位、主干学科、核心课程、专业特色、主要实践性教学环节、主要专业课程实验、毕业总学分及总学时要求、学时分配、必修课先后修关系、课程体系与毕业要求的支撑和对应关系、指导性教学计划、各学期教学安排、课程分类及学分比例等方面的内容,其他专业的培养计划与此大体相同。大学生入学后首先应该仔细阅读本专业的培养方案,通过培养方案对大学教育的基本内容、教学环节的安排以及各项要求有所了解,做到心中有数,有备而战。

3.4.2　教学大纲

教学大纲是培养方案中设置的课程、实践教学环节的教学指导文件。教学大纲规定了课程或实践教学环节的性质、地位、授课对象、教学目标、先修课程、教学内容、重点和难点、学时分配、教学进度、教学方式、考核及成绩评定方法等,确定了课程或实践教学环节的基本任务和要求。教学大纲是教材、参考书选用和教师进行教学工作的主要依据,也是学生学业成绩考核、教学检查和教学质量评估的基本准则。在教育信息化管理和应用越来越普及的环境下,大多数高校的教学大纲在校园网的教学平台上都可以查到。学生在课程学习和实践教学环节进行之前应该先研读教学大纲,对该课程或教学环节的基本内容及要求有所了解,便于更好地完成学习任务。

附录3是某大学本科自动化专业部分理论课及实践教学环节的教学大纲,供学生参考。

3.4.3　实验指导书

实验指导书是学生进行实验的依据,也是教师检验学生实验结果的标准。实验指导书一般包括实验名称、实验目的、实验注意事项、实验原理、实验装置、实验材料

及测量用的仪器仪表、实验内容与步骤、实验过程与结果记录要求、实验报告的要求等内容,用于指导学生按照要求完成实验。一般在实验前指导教师会就实验的有关内容与事项进行讲解,但学生提前预习实验指导书对顺利完成实验也非常重要。

附录4是某大学电子技术实验指导书示例,供学生参考。

3.5 大学的教学内容

3.5.1 理论课

大学的理论课并没有确切的定义,一般是指培养方案中以讲授某门课程的基本概念、基本理论、基本原理和基本方法为主的教学环节。培养方案中通识教育课程平台、学科基础课程平台和专业课程平台所设置的教学内容绝大多数都属于理论课,是大学生在校期间的主要学习内容。有些理论课也包含有实验和实践教学的内容。理论课的教学方式以课堂教学为主,辅之以实验、实践和其他教学方式。学好理论课对学生掌握本学科和专业的基础理论知识和专业知识、对培养学生正确的思辨能力、思维方式、认知能力、分析问题和解决问题的能力都非常重要。

3.5.2 实验和实践教学环节

3.5.2.1 实验教学

实验教学是大学教育的重要环节,是学生利用仪器、设备、实验材料,在特定的环境和控制条件下,通过对实验对象的组织、操作、观察、测定和分析,获得知识和能力的一个过程。实验教学在基础课和专业课的教学过程中广泛采用,其目的不仅在于验证理论知识,更在于培养学生正确使用仪器、设备,进行实验过程的计划、组织、操作、测试,对实验数据进行收集、整理,对实验结果进行综合、分析以及撰写实验报告的能力,为今后从事科学技术研究和社会服务工作打下良好的基础。

大学期间的实验教学以课内实验为主,即培养方案设置的课程内容与理论教学内容相关联的实验,如中学生比较熟悉的物理实验、化学实验、生物实验等。大学的理工科专业会按照学科类型开设学科基础类实验,如电工、电子类、机械原理、加工工艺类、材料性能类、计算机原理与操作等实验,不同专业还会开设有与该专业课程教学内容相关的配合的实验。实验内容一般要求学生按照实验指导书的内容和要求去完成,学生在做实验前应该预习实验指导书,了解实验的内容、原理、方法和步骤并按照指导书的要求去完成实验。实验的完成情况及实验报告的完整性、正确性是该门实验课程的主要考核内容。

目前我国大多数高校都积极推进各类实验室面向学生开放,为学生提供教学计

划之外的实验内容和条件,如学生自主设计型实验、综合型实验、科技活动型实验和创新型实验等。这些类型的实验一般以学生为主导,由学生自行设计实验方案,安装、调试实验设备,完成实验过程并撰写实验报告。

实验教学

3.5.2.2 课程设计

课程设计是大学某一门课程或多门相关课程知识的综合性实践教学环节,通过课程设计使学生能够系统地掌握、构建、运用所学的某一门课程或某一学科的知识体系,解决不太复杂的综合性问题。例如《机械设计》课程设计,典型的设计任务是要求学生综合运用所学的机械设计、机械制造工艺、互换性与技术测量、材料力学、金属材料与热处理、机械制图等课程的知识,完成一项机械设备(如减速机)的完整设计任务,包括方案设计、参数计算、总体结构设计、零部件设计、选择、校核、装配图与零件图的绘制以及设计说明书的编写等。课程设计的内容一般由教学大纲规定,并由指导教师给出设计任务书。学生按照设计指导书完成指定的设计任务经答辩评定成绩。课程设计是阶段性课程学习成果的运用和总结,是一种专业训练,学生可以按照课程设计指导书的要求和步骤完成指定的设计任务,但并不限制学生在理论、原理、结构和功能方面的创新。课程设计完成后一般要经过设计答辩评定成绩。

3.5.2.3 毕业设计

毕业设计是我国大学以工科为主的学科专业及其他需要培养设计能力的学科专业的大学生在毕业前的一个总结性作业,是培养方案中最重要的教学环节之一,也是大学生在校期间最后一个实践教学环节。毕业设计是学生在教师的指导下,就选定的课题进行实习、调研、查阅资料、设计方案、计算、制图、校核、经济论证、环保论证等工作,最后提交一份设计报告或设计说明书及设计图纸等资料的学习过程。

学生只有在完成培养方案设定的全部理论课程及其他实践环节,经考核合格后才能进入毕业设计环节。毕业设计的目的是通过一个产品的设计或工程问题的解决,培养学生综合运用所学基础理论、专业知识和各项技能独立分析和解决实际问题的能力,也是对学生掌握知识的深度、广度、运用知识和技能的能力以及外语水平、计算机应用水平、语言表达能力、逻辑思维能力、团队合作意识、创新意识和能力的一次全面检验。

毕业设计没有固定的课题,鼓励优先选择与科研、生产、社会实际相结合的题目。课题应该体现本学科、专业的培养目标,满足教学的基本要求,具有一定的综合性与先进性。毕业设计的课题一般由指导教师给定,学生也可以根据自己的兴趣或就业意向经指导教师同意后自主选择。毕业设计一般由学生单独完成,如果是较大型的课题也可以采用小组的形式进行。每个小组成员承担相对独立的子课题,成员之间需要相互合作才能完成设计任务。大多数学校的毕业设计环节都安排在毕业前的最后一个学期,设计时间各校有所不同。毕业设计一般没有格式化的设计指导书,鼓励学生自主创新,鼓励采用新理论、新方法和新技术解决设计过程中的问题或实际生产中的问题,也鼓励提出新的理论和观点进行验证。

学生完成毕业设计后要通过毕业答辩评定成绩。答辩委员会一般由若干名本专业教师或其他相关专业教师组成,有的学校或专业也会邀请外校专业教师或企业技术人员参加答辩,以保证答辩的专业性和公正性。毕业设计是评定学生在校学业成绩的重要内容,成绩合格才能毕业。毕业设计的成绩也是用人单位评价学生学术水平和专业能力的重要依据。

3.5.2.4 毕业论文

毕业论文与毕业设计的地位和作用类似,是培养方案中不可或缺的重要实践环节,但其主体不同。毕业设计是以工科为主的学科专业大学生的实践环节,毕业论文则主要是人文、社会学科和大多数理科大学生在毕业前的一次总结性的独立作业,一般也是安排在大学的最后一学年(学期)进行。毕业论文的主要目的是培养学生综合运用所学知识和技能、理论联系实际、独立分析问题、解决问题的能力,使学生得到毕业后从事本专业或相关工作的基本训练,并从总体上考查学生在校期间的学习成果以及达到的学业水平。

毕业论文的题目一般由指导教师给定或由学生提出经指导教师同意后确定。论文题目应是本专业或学科发展与实践中提出的理论问题或实际问题。通过毕业论文的撰写,使学生得到有关科学研究选题,查阅资料,制定研究方案,进行实验或社会调查、收集、处理数据或整理调查结果,对结果进行分析、归纳并撰写为论文的完整训练。

与毕业设计一样,学生在毕业前必须完成毕业论文的撰写任务并通过由答辩委员会组织的公开答辩,成绩合格方可毕业。

毕业答辩

3.5.2.5 工程训练

工程训练面向理工科院校各专业的学生,是具有我国特色的大学通识性实践教学环节,是培养学生实践能力和创新意识的重要教育环节。目前我国理工科院校基本都按照工业系统认知、工业制造技术、工业系统控制技术和创新实践等要求建立了具有相对完善的软硬件设施的工程训练中心。在这样的实训环境下,通过示范、示教、实训、操作和创新制作,让学生自己动手完成一系列的工程训练项目,获得对现代工业生产方式和生产过程的基本认识,受到生产技术以及组织管理能力的基本训练。工程训练一般安排在大一或大二进行,时间一般为2~3周,有的学校安排在一个学期进行,也有的学校安排在两个学期完成。

工程训练

3.5.2.6 生产实习

生产实习是理工科院校的大学生在学习一定的专业知识后,到实际工作或生产现场,以上课、听报告、参观或参与实际工作或生产等形式,以巩固、加深、丰富专业知识、学习生产技术、培养管理能力为目的的实践教学环节。除了理工科各专业以外,其他学科的多数专业在培养方案中也都设置有类似理工科专业生产实习的实践教学环节,只不过名称不同,一般不叫生产实习而称为专业实习、临床实习或教学实习等,而且不同学科和专业的实习内容、方式、次数和时间安排也不尽相同。生产实习的指导工作由实习指导教师和实习单位指定的人员共同负责。学生在实习期间需要写实习日记,逐日记录实习的内容、收集到的资料与数据、完成实习任务的情况以及实习的收获和心得等。实习结束后每个学生都需要提交实习报告作为成绩评定的依据。

3.5.2.7 毕业实习

毕业实习与生产实习一样,也是大学生到实际工作或生产现场进行的实践教学活动,区别在于实习的时间不同,目的也有所不同。毕业实习是大学生在毕业设计或毕业论文开始之前或期间进行的,目的主要是针对毕业设计或毕业论文的课题所需要的资料、技术和专业知识或者遇到的问题,到现场进行学习、调研、收集资料,是为毕业设计或毕业论文的顺利完成所进行的实践活动。毕业实习不仅是学生获取所需信息的途径,也是进一步掌握专业知识和技术,培养独立运用基础理论和专业知识分析问题、解决问题的能力,并在思想上、业务上和工作作风上得到锻炼的一种很好的形式。毕业实习是对学生掌握知识和能力的一次检验,是从学校学习状态到就业后的工作状态的一个过渡环节,毕业实习如果是以整班的形式进行,一般会有实习教师带队或指导,如果是以小组或分散的形式进

学生实习

行,则主要依靠学生自律或实习单位的人员进行管理,指导教师会以各种灵活的方式及时掌握情况、进行指导和管理。与生产实习一样,毕业实习结束后每个学生也

需要提交实习报告作为成绩评定的依据。

3.5.2.8 军训

根据《中华人民共和国国防教育法》[28],学校的国防教育是全民国防教育的基础,是实施素质教育的重要内容。高等学校应当将课堂教学与军事训练相结合,对学生进行国防教育。军训是学生接受国防教育的基本形式,是人才培养的一项重要措施,是培养和储备我军后备兵员及预备役军官,壮大国防力量的有效手段。军训的目的是通过严格的军事训练提高学生的政治觉悟,激发爱国热情,发扬革命英雄主义精神,培养艰苦奋斗,刻苦耐劳的坚强毅力和集体主义精神,增强国防意识和组织纪律性,养成良好的学风和作风,掌握基本军事知识和技能。大学生的军训一般安排在第一学期进行,是新生入学后的第一课,时间一般为2~3周。军训由学校负责军事训练的机构按国家有关规定组织实施,军事机关协助学校组织学生的军训。

军训

3.5.2.9 社会实践

社会实践是在校大学生利用课内或课余时间、假期走进社会,以理论联系实际、了解国情、服务社会、锻炼自己、增长才干为目的进行的实践活动。我国的教育方针历来提倡教育与生产劳动和社会实践相结合,这也是大学生思想政治教育的根本原则。大学生参加社会实践,对于深化对党的路线、方针、政策的认识,增强历史使命感和社会责任感具有不可替代的重要作用,对于培养中国特色社会主义事业的合格建设者和可靠接班人具有极其重要的意义。

大学生的社会实践从活动的安排上有两种形式。一种是培养方案中设置的课内实践,例如思想道德修养和法律基础、马克思主义基本原理、毛泽东思想和中国特色社会主义理论、中国近现代史纲要等课程,在课堂教学之外一般都会安排社会实践的教学环节,通过社会调查、人物访谈、辩论会等多种形式,让学生能够通过理论

联系实际的方法深化对理论的理解和掌握;另一种是课外的社会实践,这种活动内容更丰富、形式更灵活,是学生在校期间参与机会更多的一种社会实践活动形式。社会实践的组织形式主要有集体活动和分散活动两种。集体活动一般是由学校组织或学生自行组建社会实践团队,可以聘请指导教师或带队教师,分赴各地开展社会实践活动;分散活动则是学生自主选择社会实践的地点和内容,独立开展社会实践活动。

大学生社会实践的内容丰富多彩,涉及方方面面。从理论宣讲到社会调查,从社会服务到勤工助学,从科技文化卫生"三下乡"到科技文体法律卫生"四进社区",从素质拓展到创新创业实践以及环境保护、"夏令营"等等。学生们通过有组织的或自发的社会实践活动,走进乡村、走进社区、走进企业、走进机关、走进红色教育基地,献爱心、开展便民服务、进行文化辅导、法律宣传、扶贫支教、接受红色教育。社会实践已经成为大学生了解社会、服务社会、锻炼自己、增长才干的一种重要形式。

社会调查

3.5.2.10 学术活动

大学里每年都会举办各种类型、不同规格的学术活动,常见的有学术讲坛、学术报告、专题讲座、学术研讨会、学术交流会、学术征文及比赛、大学生学术论坛、学科竞赛等,其中大部分都是向学生开放的。积极参与学术活动是大学生开阔学术视野、了解专业前沿、提高学习能力、培养学术素养的重要途径。

在各类学术活动中最常见的、学生比较容易参与的是学术报告。所谓学术报告是指在规定的时间、指定的地点向特定的对象陈述自己的研究成果,或者针对某个项目、某个专题、某个学科的学术前沿和研究状况作介绍性的报告。学术报告通常由报告人陈述和现场互动交流两个环节组成。要想通过参与学术报告有更多的

收获,报告前要尽可能多地了解相关信息,包括报告的主题、所属的学科专业、主讲人的基本情况、时间、地点等。如果报告的主题与自己的专业很吻合,最好能带着自己的问题去参与。有些学术报告的专业性很强、内容比较深奥,学生听起来比较吃力,但一定不要中途退场。报告中退场是一种很不礼貌的行为。有经验的报告人一般都会针对所讲主题作一些关于背景、前沿以及应用前景等方面的陈述,所以即使具体内容听不懂,了解一些宏观方面的知识对拓宽自己的知识、开阔学术视野也是有帮助的。如果自己是带着问题去的,在互动环节要争取把问题提出来以求得到解答。

大学里除了比较专业的学术报告,还经常会有一些营造文化氛围、普及文化知识、提高文化素养的人文、艺术类的专题讲座,也是学生难得的学习机会。这些讲座都是文化艺术的精华,可以丰富学生的知识面,陶冶思想情操,提高综合素质,会让学生终身受益。

学术报告

针对学生开展的征文及比赛、大学生学术论坛、学科竞赛等活动学生更要积极参与。通过这些活动不仅能够检验自己的知识水平、专业水平,也是锻炼自己的写作能力、演讲能力,深化学科知识、拓展专业视野的好机会。

3.6 大学的学习

3.6.1 大学教育的特点及学习的误区

3.6.1.1 大学教育的特点

大学教育与中小学基础教育的显著区别在于其教育的专业性、开放性和自主性。

专业性是大学教育最显著的特点。大学教育的目标是培养掌握各个专业或学科专门知识与技能的高级人才,这就决定了其教学过程具有明显的专业性。培养方案中大部分课程与教学环节都是围绕专业方向而设置,教学组织形式、教学方法和手段等也是按照专业的要求进行。

大学教育的开放性体现在教学形式的多样性、教学内容的丰富性和学习方法的灵活性。大学的教学形式不再像中小学那样以课堂教学和课内学习为主,而是将课堂教学和实践教学相结合,将校内学习和校外实践相结合,将课程学习与生产实际、科学研究相结合,极大地丰富了教学形式。大学的教学内容也不会局限于教材、专业和学科范围内,学生在一定限度上可以自主选课、自行规划学习,跨专业、跨学科甚至跨学校选择学习内容,有利于丰富知识、开阔眼界,把自己培养成一个具有综合素质的人才。大学的学习方法更具有灵活性,课堂教学、自学、听课、讨论、线下学、网上学等等,为学生提供更多学习的机会。

大学教育的自主性主要体现在对学生的主动性有更高的要求。中学时期,老师教学生是"手拉手"领着教,老师的安排布置详细周到,不少学生养成了依赖老师,只会记忆和背诵的习惯。相较于中学,大学的学习自主性大大增强。学生自由支配的时间大量增加,除了大一和大二上基础课课时多一些外,高年级的课时相对要少一些,这就需要学生端正学习态度,发挥学习的主动性、创造性,充分利用大学的各种资源,不断提高自己。大学其实是为学生提供了一个自主学习的良好环境,能否取得更好的学习效果在很大限度上取决于学生思想上的主动性和行动上的自觉性。老师不再是喂食者,而是引路人。丰富的知识海洋要靠自己去畅游,科学的高峰要靠自己去攀登,再完美的学习计划也要靠自己去落实。不再会有人督促你按时完成作业,不再会有人要求你在讨论时积极发言,不再会有人监督你天天去图书馆,也不再会有人为你在宿舍睡觉不去上课而训斥你。学术讲座丰富的是你的知识储备,自主创新型实验培养的是你的创新能力,所有的这些都要靠自己主动去完成。任何消极懒惰的思想和行为都会给你带来终身的遗憾。

3.6.1.2 大学学习的误区

大学教育区别于中小学教育的特点也给部分大学生带来了学习上的误区与困惑,对大学的学习和生活造成了一定限度的影响。

(1)学习过度"专业化"

大学教育的专业化特点让部分学生上大学后将学习的目标设定于仅掌握专业知识和技能上,片面地认为只要学好专业课毕业后就能胜任专业工作。这些学生不重视通识教育的内容,不重视基础课的学习,不重视综合素质的提高,将学习的内容仅集中在专业知识范围内,专业以外的书籍、学术活动等一概排除在外。长此以往,

造成知识面窄、知识结构单调、综合素质低下。现在早已不是几十年前大学毕业后国家包分配的情况,即使毕业后从事的是与专业相关的工作,没有深厚扎实的基础理论功底和宽广的知识面,也很难在职业生涯中有所作为,更谈不上创新发展了。随着社会经济的发展,用人单位对人才素质的要求越来越高,竞争也日益激烈,大学生想要适应社会的需求,在竞争中立于不败之地,光有专业知识是远远不够的,还必须拥有多方面的知识储备、良好的沟通能力与表达能力、较强的组织管理能力和创新能力,尤其是要培养自己自主学习和终身学习的能力。因此,大学生首先应该明确学习的目标是全面提高自身的综合素质。大学期间完成专业学习是必需的,此外还要根据自己的志向、条件、爱好和社会需求做好学习规划和人生规划,博览群书,拓宽知识面、完善知识结构,提高自己的综合素质和能力。

(2)学习动机"功利性"

功利性学习就是直接将学习作为工具,在学习过程中过于关注个人的利益、需求和价值,从而忽略了学习本身的意义。大学生功利性学习现象的出现,不仅影响学生自身的健康发展,也严重影响国家和社会的可持续发展。我国是一个文化古国、大国,社会上和每个人心中都有一些根深蒂固的传统观念,比如"学而优则仕"就被片面理解为"为仕途而学习"。一直以来,学习改变命运的思想可谓根深蒂固,很多人将学习好与前途好画上等号,名牌大学的毕业生就意味着好工作,公务员就代表着铁饭碗,金钱与社会地位成为一个人是否成功的衡量标准,利益最大化成为衡量社会运行机制与评价机制的基本准则。这些错误思想和认识直接导致功利主义盛行,在部分学生和家长中产生了恶劣的导向作用。学生和家长更加关注学习成绩,强调知识的实用性、强调每一门课程的有用性,有用则认真学习,无用则60分万岁,从而忽视了学习过程本身对自己成长的意义和饱读诗书有助自己的精神成熟。

(3)倡导学习"快乐化"

由于中学升学的压力造成的负面影响和部分人对大学相对宽松的学习环境的过度渲染,很多学生认为辛辛苦苦通过高考独木桥,到了大学应该好好放松一下。这种思想导致部分学生上大学后对待学习消极被动,不想再下功夫,只想走捷径一步登天。有人说,"拿出高中努力程度的1/10,你就能正常毕业;拿出高中努力程度的1/3,你的成绩就能保研。"这种错误的观点忽视了真正的进步来源于扎扎实实地付出,真正的成绩来源于一步一个脚印的前行。"书山有路勤为径,学海无涯苦作舟"。学习没有任何捷径可走,勤奋付出是唯一的途径。也许有人说:"我用高效的方法学习……剩下的时间就可以玩啦。"这种娱乐学习法听着有道理,实则不靠谱。这个世界能轻而易举、毫不费劲做到的只有贫穷、堕落和衰老,其他的都需要依靠努力才能获得。对于年轻而富有朝气的大学生,唯有不断地进取,唯有"天天向上"才

能让自己更有魅力,才有可能站在巨人的肩膀上眺望远方、实现自己心中的梦想。

3.6.2 树立正确的学习观

3.6.2.1 树立自主学习的学习观[29]

自主学习就是自己主动地学习,自己有主见地学习。自主学习具有以下特征。

(1) 主动性

主动性是自主学习的首要特征,对应于传统学习的被动性。主动性和被动性在学生的具体学习活动中分别表现为"我要学"和"要我学"。"我要学"是基于学生对学习的一种内在需要;"要我学"则是基于外在的诱因和强制。学生学习的内在需要一方面表现为学习兴趣,有了学习兴趣,学习活动对他来说就不是一种负担,而是一种享受、一种愉快的体验,就会越学越想学、越要学。有兴趣的学习事半功倍,相反,如果对学习不感兴趣,情况就大相径庭。"强扭的瓜不甜"。学生在逼迫的状态下被动地学习,学习的效果必定是事倍功半。学生学习的内在需要另一方面表现为学习责任。如果学生自己意识不到学习的责任、不能把学习跟自己的生活、成长、发展有机联系起来,这种学习就不是真正的自我学习。只有当学生意识到自己学习的责任,自觉地担负起学习的责任时,学习才是一种真正的有意义的学习。

(2) 能动性

能动性也是自主学习的重要特征。自主学习要求学生对为什么学习、能否学习、学习什么、如何学习等问题有自觉的意识和反应,它突出表现在学生对学习的自我计划、自我调整、自我指导、自我强化上。即在学习活动之前,学生能够自己确定学习目标、制订学习计划、选择学习方法、做好学习准备;在学习过程中能够对自己的学习方法、学习状态、学习行为进行自我观察、自我审视、自我调节;在学习活动之后,能够对自己的学习结果进行自我检查、自我总结、自我评价和自我补救。显然,学生自身的能动作用在学习的过程中是非常重要的。学生能动性的高低,首先取决于自身的基础和积累的经验,包括学生通过自身实践获得的直接经验和在学习中所获得的间接经验;其次还受需要、动机、兴趣、情感、意志等因素的影响。学习活动是一种艰苦的脑力劳动,它需要有坚定的信念和顽强的意志品质作为支撑,有认识事物的本质和规律的兴趣作为导向,这样才能够抵抗各种有碍于学习活动的消极因素,并以持续的自觉性和自制力维持自己的学习过程。

(3) 独立性

学习的独立性对应于学习的依赖性,是自主学习的核心特征。每个学生,除有特殊原因外,都有相当强的潜在的和现实的独立学习能力。不仅如此,每个学生也都有独立的要求,有表现自我独立学习能力的欲望。低估、漠视学生的独立学习能

力,忽视、压制学生的独立意识,从而导致学生独立性的不断丧失,正是中国传统教学的根本弊端。充分尊重学生的独立性,积极鼓励学生独立学习,创造各种机会让学生独立学习,从而让学生发挥自己潜在的独立性,培养自己独立学习的能力是教育的重要任务之一。

在传统教育理论中,教师是教育的主体,学生是教育的客体,现实中有些学生也确实把自己当作单纯接受知识、消极被动的"要我学"的客体。这些学生缺乏自觉主动学习的愿望和要求,把学习当作迫于社会、家庭和他人种种压力不得已而为之的负担,自身的学习兴趣、情感、行为也完全依靠教师、学校等外部环境触发。这些学生习惯于被动接受灌输而不善于主动探求和消化知识;习惯于让书本知识、教师和外部环境牵着自己的鼻子走,而不是主动驾取书本知识和外部环境。这种错误的学习观念应该得到纠正,应该树立自主学习的正确观念。

要树立自主学习的观念,学生就应该把自己看作主人。在学习过程中始终以积极主动的态度对待学习,发自内心地对知识有一种强烈的渴望和追求,而不是迫于外界的种种压力而学习。联合国教科文组织的报告《学会生存——教育世界的今天和明天》指出,教育"已不再是外部强加在学习者身上的东西,也不是强加在别的人身上的东西。教育必然是从学习者本人出发的"。"新的教育精神使个人成为他自己文化进步的主人和创造者。自学,尤其是在帮助下的自学,在任何教育体系中,都具有无可替代的价值。""我们应使学习者成为教育活动的中心,随着他的成熟程度允许他有越来越大的自由,由他自己决定他要学习什么、他要如何学习以及在什么地方学习与受训。这应成为一条原则。"这里所说的原则就是"自主性学习"原则,就是发自学习者内心的、自觉自愿的、积极主动的"我要学"的学习原则和学习观念。

大学生为什么一定要确立自主学习的观念?第一,从大学学习任务看,大学学习是为培养高级专门人才打基础做准备的。一个高级专门人才必须具备自学能力、独立工作能力以及分析问题和解决问题的能力,而这些能力的培养和提高必须以大学生能很好地开展自主学习为前提;第二,大学有学识渊博、知识密集的教师群体、设备先进的实验场所、藏书丰富的图书馆等,这为大学生自主学习提供了优越的学习条件;第三,目前我国大学的教学管理基本实行学分制或学年学分制,要求学生根据自身情况,有计划、主动地选读不同课程来获取知识,建构自己的知识结构。大学还允许学生跨专业、跨院系甚至跨校选修课程,使自己的知识结构由单一化向多样化方向发展。而这些要求能否实现,取决于学生是否有较高的学习自觉性,是否能主动地、有主见地学习;第四,从大学生自身的身心发展看,大学生一般是 20 岁左右的青年,生理和智力上趋于成熟,辩证思维能力达到较高水平,人生观、价值观逐步形成,这些都为大学生的自主学习准备了良好的身心基础。同时,大学生的智能只有通过自身的自主学习,才能获得较快的发展。完全靠教师传授,要想培养具有高

智商与强能力的人才是不可能的。

当然,自主学习并不贬低教师的作用。自主学习与学生想学什么就学什么的"自由学习"有着本质上的区别。大学生要善于因师而学、因用而学、因理想而学,为达到完善自我、成就人生的目的打好基础。

3.6.2.2 树立批判性思维的学习观[30]

思维方式决定着行为方式。批判性思维是一种思想的方法、态度和技能,没有学科边界。任何涉及智力或想象的论题都可从批判性思维的视角来审查。批判性思维重视培养学生树立深思熟虑的思考态度,尤其是理智的怀疑和反思。批判性思维的核心精神在于:求真、开放、公正、反思。

求真是指追求真理和寻找事物发展的客观规律,是在科学的理论与方法指导下不断地认识事物的本质、把握事物的规律。求真对于掌握知识、认识世界、去伪存真具有重要作用。一直以来人类社会与科学领域的发展都离不开思想家、科学家和研究人员对真理的探求,有无数孜孜不倦的探索者为追求真理奉献了一生甚至付出生命的代价。坚持和弘扬科学精神和人文精神,在认识和实践活动中,如实准确地按照事物的本来面目揭示其本质和规律,把追求真实、反对虚假当作是社会实践和科学研究活动的最基本要求,人类社会才能不断进步,科学事业才会不断发展。

求真必须对探索真理、寻求知识抱着真诚和质疑的态度。批判性思维的根本特征就是"大胆质疑、谨慎断言",这与胡适先生提出的"大胆假设、小心求证"有相似之处。"通往合理结论的道路往往从问题开始,并且一路都有问题相伴。"敢于质疑体现的正是求真精神,善于质疑则需要掌握科学的方法。作为有理想有志向的大学生,无论今后从事科学研究还是技术创新,无论是企业经营还是行政管理,既要有求真的精神,也要掌握质疑的方法。

开放就是对不同的意见采取宽容的态度,尽量避免个人的偏见。开放是要能够容纳和接受与自己原有的观点不相符、甚至与自己的信念背道而驰的事实和结论,即使影响到自身的利益也在所不惜。开放是给自己的心灵敞开一扇窗,让我们见多识广、博采众长、增长才干;开放能够让我们抛弃偏见、修正错误、化劣势为优势;开放会让我们更自信、更宽容,让我们拥有更多的知识,掌握更多的真理。

公正就是不带偏见,客观地对待人和事物,也包括客观地对待自己,后一点尤为重要,但往往更难做到。我们在生活中常常会遇到这样的人,他们批评这个批评那个,从来不认为自己有错误;他们不信权威不信学者,只对自己盲目地自信;他们不断质疑,却从来不在乎答案是什么……质疑与批评、提问和批判都是批判性思维的要素,但不断批判别人却从不反思自己则不符合批判的公正性,也不能被称为批判性的思维方式。

反思其实就是对自己的批判。一个公允无偏、谦虚谨慎的学习者,首先要做到的就是承认自己的无知。当我们愿意以一个无知者的身份去公平对待自己的思想和他人的思想,在批判他人的同时也反思自己,这便已经开始进入批判性思维的境界。承认这世界有自己不了解的事实和知识面,敢于突破自己的局限性,挑战自己的信念,拥抱与自己对立的观点,对自己和别人持有相同的要求和标准,才能真正成为一个学习的智者、生活的勇者、人生的强者。

批判性思维是帮助学生提高学习质量和工作效率的思想工具。大多数人先天具有批判性思维的潜质和能力,也可以通过后天的训练和培养获得。批判性思维还可以激发创新性思维。批判性思维同样可以运用到各个学科的学习中,通过深入思考学科的核心问题、基础概念、跨学科之间的链接、甚至是学习的途径和需要解决的问题,对学科学习有一个整体宏观的概念,才能够将学到的知识融合到自身的知识体系当中。

3.6.2.3 树立终身学习的学习观[29]

什么是终身学习?由欧洲终身学习促进会提出,并经 1994 年 1 月在意大利罗马举行的"首届世界终身学习会议"采纳的终身学习的定义是:"终身学习是 21 世纪的生存概念。""终身学习通过一个不断的支持过程来发挥人类的潜能,它激励并使人们有权力去获得他们终身所需要的全部知识、价值、技能与理解,并在任何任务、情况和环境中有信心、有创造性和愉快地应用它们。"把终身学习提到"生存概念"的高度,是人类对知识经济和知识社会的积极响应,也意味着知识经济时代的学习观念将发生根本性的改变,即把学习从单纯接受学校教育的学习中扩展开来,并从少数人的学习扩展到所有的人,从阶段性的学习扩展到人的终身,从被动的学习发展到主动的学习,从而使学习真正成为所有人的行为习惯和自觉行动。

终身学习是新世纪知识经济、知识社会发展和人的发展的必然要求。新世纪是科技发展日新月异,知识、信息呈爆炸式增长的时代。一个大学本科毕业生在校期间所学的知识仅占一生中所需知识的 10% 左右,而其余 90% 的知识都要在工作中不断学习和获取。国外有研究表明,在农业经济时代,人们只要在 7~14 岁接受教育,就足以应付往后 40 年工作生涯之所需;在工业经济时代,人们求学的时间扩展为 5~22 岁;而在知识经济时代,学习将成为人们的终身需要。人们只有不断学习、更新知识,才能跟上时代的步伐。新世纪也是经济结构和就业结构发生重大变化的时代。从一定意义上说,人类社会劳动的全部历史,就是一部从改造传统产业到形成新兴产业的发展历史。从国外的经验看,随着科技创新的进程而引起了就业结构变化,一是服务业对劳动力的需求越来越高于物质生产部门,二是脑力劳动者数量越来越高于体力劳动者。因此,在新世纪,劳动者不断地从低技能职位向高技能职

位迁移将成为必然趋势,知识劳动者将成为社会劳动力的主体。社会劳动力的这种结构性变化意味着绝大多数国民都必须适应知识劳动的要求。今后,知识性工作与创新必然与学习合二为一。当你在从事知识性工作时,你就是在学习;同时,你也必须终身不断地学习,才能有效地从事知识劳动。从这个意义上讲,终身学习不仅仅是一种修养,更是人生存的基本手段。新世纪还是人们的职业和岗位变动更加频繁的时代。研究表明,在工业发达国家,在过去 15 年的时间里,由于自动化技术的发展,8000 多个原有的技术工种消失了,与此同时出现了 6000 多个新的技术工种。美国人平均每人一生流动 12 次,经济合作与发展组织的国家每人平均 5 年更换一次工作。在我国,据北京航空航天大学人才交流中心对本校 58、59、60 三届毕业生的调查,目前约 70% 的人不在原专业的岗位上工作。这些情况表明,以往那种人们梦寐以求的"终身职业"已成明日黄花,一次性学校"充电"、一辈子工作中"放电"的时代已成为历史。

3.6.3 掌握大学的学习方法

学生最熟悉的教学方法就是课堂教学。课堂教学是指教师按照课程教学大纲规定的教学内容和课程表规定的授课地点、时间,运用一定的授课技能、教具、设备、手段和方法,对一个班级或几个班级的学生进行一定内容的讲授、交流、答疑、操作示范的教学组织形式。课堂教学是理论课教学中普遍使用的一种方式,是教师给学生传授知识和技能的主要过程,也是学生在校期间主要的学习途径。课堂教学是一种双向活动的过程,它既包括教师讲解,也包括师生之间的互动和学生之间的交流讨论。传统的课堂教学也有一些不足:以教为中心,以书本知识的讲授为主,忽视学生学习的主动性和创造性,学生只能跟随教师学,复制教师讲授的内容;教学方法单一、枯燥,学生缺少学习兴趣。随着教学改革和教育技术的不断发展,课堂教学的方法与手段也越来越丰富。越来越多的教师对课堂教学模式进行改革,采用启发式和讨论式的教学方法,注重发挥学生在课堂教学中的主体作用,激发学生的学习热情和探索知识的好奇心。多媒体教学设施的应用也使得课堂教学越来越精彩。教师运用电脑、投影仪、电子展台、网络等手段将预先制作的多媒体课件或实时的音视频资料呈现给学生,极大地丰富了课堂教学内容,增加了课堂教学的趣味性和信息量,提高了学生的学习兴趣,学生也能够通过课堂教学掌握更多的知识、信息和技能。

与中学生相比大学生课后的学习方式也更加多样化。学习的地点不再局限于教室,更多时间可能是在图书馆、宿舍学习。教师辅导答疑的模式也有所变化,可能是在教室面对面地辅导,也可能是通过网络、移动通信手段进行辅导答疑。与中学时一样,课后的作业对掌握课程的知识也非常重要。独立自主、不折不扣地完成教师布置的作业是大学生应有的学习态度。另外,大学期间接触最多的人就是同学,

同学之间的交流学习也非常重要。不少中学生上大学后发现学校对学生的管理不像中学那么严格,受到的约束也比中学时要少。这种变化对学生的自制力和学习的自觉性就提出了更高的要求。有些学生放松了自我管理,沉迷于网络游戏和社交活动,荒废了学业,贻误终身。适应环境变化,加强自我管理,积极主动地寻求老师的指导,热情开放地与同学相处,相互学习,才是大学生学习知识、培养能力、增长才干的正确途径。

大学期间学生既要树立正确的学习观念,掌握正确的学习方法,还应该做好学习规划,明确学习目标,主动适应大学的环境和教学模式,利用好大学的学习资源,既注重理论课学习,也要注重实践环节,并且积极参与丰富多样的学术活动,这样才能不虚度年华,实现自己的学习目标。

3.6.3.1 明确学习目标,做好学习计划[29]

做什么事情首先要有一个明确的目标和达成目标的计划。很多时候就是因为你的目标不清晰,不知道为什么去做,也不知道如何去做,导致每天浑浑噩噩、无所适从或者无所事事。明确自己的学习目标是大学生四年学习活动的出发点和落脚点,是提高学习积极性、主动性和学习效率的关键。

学习目标具有几个方面的作用:一是导向作用,二是激励作用,三是评价作用。所谓导向作用,是指学习目标能把学习活动引向学习者所预期的方向,产生所期望的学习效果。学习目标在很大限度上决定着一个人学习活动的方向,规定着学习活动的任务、内容和成效。随着时代的发展,信息"爆炸"既为大学生的学习创造了新的条件,也提出了严峻的挑战。如果一个大学生没有自己明确的学习目标,就很可能在铺天盖地的各种信息面前迷失方向,不知所措,也就不可能有意识地规划自己的学习和生活,不可能完成大学规定的学习任务,更难以取得事业的成功。有了明确的学习目标,就如同在黑夜中航行有了灯塔一样,使我们在信息的汪洋大海中,有了分析、判断和选择的标准。同时,明确的学习目标还能帮助我们树立坚定的信心,向着既定的方向前进。所谓激励作用,是指学习目标能够激发学习者的学习热情和献身精神,鼓励他们奋发上进。学习目标有远大目标和具体目标、长远目标和近期目标之分。一个人确立的学习目标越远大、越崇高,他的行为动力就越强烈、越持久。学习目标的激励作用具体表现在三个方面:一是学习目标能使人认清未来的发展前景,增强信心,形成实现目标的内在驱动力;二是学习目标能使人产生成就感,从中看到个人价值实现的方向和未来成果的价值大小,形成一种激发力量;三是学习目标要经过努力才能取得成果,在其实现过程中,会遇上各种各样的障碍和困难,这些困难和障碍是对人们意志和毅力的考验和挑战。学习目标能够把人们内在的潜力充分激发出来去战胜困难、克服障碍,达到预定的目的。所谓评价作用,是指学

习目标能够成为衡量学习活动得失和效率高低的标尺。建立明确的学习目标有助于大学生不断地对自己的学习情况进行反思和评价,以便及时总结自己的成绩,发现问题,纠正错误,调整方向,提高学习效率。

要明确学习目标,就要按照个体的条件和社会的需求设定自己的职业目标和人生目标,这样才能客观地、有意识地去构建自己的学习目标和学习计划。无视自身条件的目标将是无本之木,很难开花结果;脱离了社会需求的目标也会是空中楼阁、无法落地。

学习计划包括学习目标、学习内容、时间的安排、方法的选择等。大学生要按照自己的人生志向和职业规划设定自己的学习目标,在浩瀚的知识海洋里合理地选择自己的学习内容,使自己在有限的大学期间能够按计划掌握所需的知识,构建自己的知识体系,把自己培养成既有深厚的理论知识和科学素养又有扎实的专业知识和专业技能、学识丰富、具有创新精神和实践能力、综合素质全面的新型人才。一份好的计划既要有长远的规划也要有短期的目标。如果说长远规划主要是起导向作用的话,短期目标则更具激励作用和评价作用。在大学期间总体学习目标的指引下,学生每学年、每学期、每个月、每周都要制订该时间段内的学习计划,既要明确具体又要能操作实施,这样才能一步一步达成自己的目标。

3.6.3.2 爱上图书馆,触摸大师的灵魂

都说读大学就是要读大师,但并不是每一所学校都有那么多的大师,那么,图书馆无疑是离大师最近的地方。图书馆对学生来说不仅是读书的地方,它还是我们开阔眼界、结识朋友的好去处。大学教育的核心价值在于培养学生独立学习、独立思考、独立分析问题解决问题的能力,这也就意味着学生要学会自己去查阅资料、掌握信息。能够熟练利用图书馆各种形式的文献资源、娴熟地从中搜集资料、找到自己所需要的信息,既是大学生必备的技能,也是具有自主学习、终身学习能力的标志。一个人若学会使用图书馆,说明大学教育已经成功了一半。有些学生上大学几年感觉没有多大收获,似乎除了课堂和书本上的那点东西学得一知半解,其他方面的知识更是啥也没掌握,更谈不上掌握自主学习、终身学习的能力了。原因很简单,你没有爱上图书馆。图书馆有丰富的、各种载体的文献资料,馆际、校际乃至国内外信息资源互联互通,可以为你的学习提供极大的便利;图书馆有浓厚的学习氛围,在这里可以结识志同道合的"书友";图书馆也是距离大师最近的地方,在这里可以走近大师、认识大师、聆听大师的教诲,触摸大师的灵魂;图书馆不仅是学习之处,更是思想碰撞、激发创意、陶冶情操、洗涤心灵的圣地;图书馆还是一座"开放学习"的场所,这里经常会举办各种报告会、展览、沙龙等文化、学术活动;同时,图书馆还可以为同学们提供勤工俭学的机会,在缓解部分家庭经济压力的同时,也能培养锻炼学

生爱生活、爱劳动、独立自主的良好品质。

图书馆学习的学生

大学的学习与中学相比有很多特点,其中重要的一点就是要学会利用图书馆及其丰富的资源。课余在图书馆学习、查阅资料、了解国内外学科和专业的最新发展信息,博览群书、贯穿古今,能够激发自己学习的潜能和兴趣,逐步完善自己的知识结构。此外,通过在图书馆的学习,日积月累,可以养成良好的学习习惯,培养自主学习和独立思考、分析问题、解决问题的能力。纵观人类历史长河,那些先贤明哲、思想巨子无一不是博览群书、刻苦钻研之人。伟大的思想家马克思、毛泽东不仅在哲学、经济学方面造诣颇深,文学、历史方面也很有建树。马克思爱写诗,他的著作中语言表达不仅深刻形象,而且非常优美;毛泽东在重庆谈判期间一首《沁园春·雪》激扬文字、博古通今、指点江山,轰动了中国政坛、文坛,这与他们年轻时在图书馆的刻苦学习经历有很大关系。

3.6.3.3 一定不能忽视的别样课堂

在学校里,学生的很多时间可能都用于上课,但大学的教育方式与中学还是有较大差异,课程不像中学安排那么多,而是注重更多地发挥学生自主学习的能动性。大学期间,学生自主支配的时间要相对多一些,因此要学会利用这些"自由时间",积极参加各类"课外"的文化、体育、社会、社团、学术活动,有意识地通过各种"别样课堂"丰富自己的知识、锻炼自己的能力、提高自己的素质。

大学的"别样课堂"丰富多彩,其中最不可错过的就是学术报告和专题讲座。大学里经常举办各类学术报告和讲座,营造了大学浓厚的学术氛围。除了本校专家、教授的讲座、报告,大学也经常会邀请一些国内外的学者、名人作学术报告或专题讲座。报告和讲座的内容一般是主讲者本人所从事学科的学术前沿知识、国内外研究

进展及研究成果。此外,时事政治、人文社科、历史文化、文学艺术等方面的报告和讲座也是学生不可或缺的,对开阔学生眼界、提高综合素质极为有利。讲座或报告由于时间短、听众多而且比较专业,所以演讲者会花费较长的时间精心准备,内容丰富而精炼,凝结了演讲者多年的研究成果和经验。一场好的讲座或报告就是一顿文化盛宴,是学生难得的学习机会,因此一定不能错过。

大学听讲座的学生

与中学相比,大学会安排较多的实践教学环节,这是大学尤其是中国大学教育的特点。这些实践环节包括各类与理论教学相关的实验、工程训练、专业实习、毕业实习、课程设计、毕业设计、社会调查等,是每个专业培养方案的重要组成部分,对学生进一步巩固与加深理论知识、掌握专业技能、认识社会、锻炼自己运用理论知识分析、解决实际问题的能力有着极大的作用。有些学生受中学教育方式的影响,重理论轻实践,重课堂学习轻课外环节,这种错误的观念和行为都是不可取的。

学生社会实践

大学校园里的各类学生社团及活动与中学相比也要更加丰富多彩,对学生有着极大的吸引力。大多数学生上大学后都会根据自己的特长和兴趣加入一个或多个社团组织,这对丰富自己的课外生活、培养自己的生活情趣、提高自己的综合素质也是很有好处的。也有一些学生认为社团活动会花费一定时间,牵扯自己的精力,影响自己的学习,这种担心可以理解,但没有必要。只要不是看着哪个社团都有趣,不加选择地参加了很多个,而是根据自己的特长和职业规划有取舍地参加,社团活动就不仅是一种兴趣爱好,也是一种生活调剂,更是结识朋友、锻炼社交能力的一个很好的"别样课堂"。

学生社团活动

3.6.3.4 演绎好学习"三部曲"

课前预习、课堂听讲、课后复习,是从小到大老师都会强调的学习"三部曲",但大多数中、小学生不会做得很好。多数学生往往把较多的精力放在课堂上和课后的作业上,对预习、复习则重视不够。事实上,预习对课堂的听课效果、复习对知识的掌握非常重要。大学生一定要踏踏实实地演绎好学习"三部曲",这对提高学习效果极为有效。学习成绩好的学生往往也是"三部曲"做得比较好的学生。课前把要学习的内容浏览一遍,了解学习的大致内容,找出难点、重点,提出问题,这样上课时你就会感觉到轻松自如,而且能够有的放矢,把注意力集中到难点、重点和问题上,不至于跟不上课堂老师的节奏,被老师讲的内容搞得手忙脚乱、晕头转向,忙乎一堂课还是迷迷糊糊不知所然。这一点笔者有比较深刻的体会。作为"文革"结束后恢复高考招生的首批大学生,外语基础普遍较差,上学后大家都对学习外语感到头疼,不知道什么方法才有效。同学们不是每天忙着记单词,就是抓紧时间背课文,或者抽空就听录音,总之能用的方法都用上了,也取得了一定效果。笔者从图书馆借了一

套完整的英语教材,利用课余时间把老师尚未教过的英语语态、时态、句型、句子成分等语法内容提前学习一遍,上课时顿感清晰明了了许多,学习也轻松了,收到了很好的学习效果,很快从一个外语学习的门外汉成为班里的英语课代表。几十年前的这个学习过程至今记忆犹新。课堂上所学的知识课后也要及时复习,而不是仅限于完成作业甚至为了完成任务抄袭作业。复习的重点一是基本概念和重点内容,二是你仍然感到模糊的知识点。概念清晰了,重点掌握了,做起作业来就会倍感轻松,事半功倍。

此外,学习中要善于思考,才能透彻掌握。《论语》里讲"学而不思则罔",只学习而不思考、不总结就会导致迷惑而无所得。作为大学生,要学会思考、善于思考,把所学的理论结合自己的实践进行思考,才能更深刻地理解抽象的原理和原则,从而做到触类旁通、举一反三,也才能发挥所学知识的作用,解决现实生活中的问题。

3.6.4 现代信息技术环境下的教学模式

信息技术的快速发展,给传统的教学模式带来了很大变化。近些年,陆续出现了慕课、微课、混合式教学、翻转课堂等网络教学模式,大大拓展了传统课堂教学的空间,使得教学模式从单一模式向多样化发展,为教师提供了更多的教学方法和途径,也为学生提供了更丰富的学习资源和更灵活多样的学习途径和方法。大学生除了要适应大学的传统教学模式,更要积极调整自己,主动学习和掌握现代信息技术环境下的学习方法,养成自觉学习的良好习惯。

3.6.4.1 慕课(MOOC)

所谓"慕课"是英文 Massive Open Online Courses 首字母的缩写 MOOC 的中文音译,意思是大规模网络在线开放课程。与传统教学模式局限在教室的空间不同,MOOC 的学习在网上完成,不受时空限制;与传统课程的教授对象只有几十个或几百个学生不同,MOOC 几乎不受人数的限制,不分国籍,不分年龄大小,凡是想学习的都可以进来学;MOOC 的范围不仅涵盖自然科学,也包括社会科学和人文学科,而且绝大多数课程是免费的。

MOOC 的概念是 2008 年由加拿大学者和研究人员提出的,此后,一大批教育工作者都采用了这种课程结构,并且成功地在全球各国大学开办了他们自己的大规模网络开放课程。MOOC 在中国同样受到了很大关注,在 MOOC 平台注册学习的中国用户增长幅度远超其他国家。现在每 8 个新增的学习者中,就有一人来自中国。以 MOOC 为代表的新型在线教育模式为那些有学习欲望的学生提供了前所未有的机会和帮助。目前,我国上线 MOOC 数量已达 5000 门,学习人数突破 7000 万人次,MOOC 总量、参与开课学校数量、学习人数均处于世界领先地位。2019 年 4 月,参加

中国MOOC大会的600位代表汇聚北京,为办好更公平、更有质量的中国高等教育,就中国MOOC的更快建设、更好使用、更有效学习、更有序管理,共同发表了《中国慕课行动宣言》[31]。

MOOC是一种完全开放和自主的在线学习模式,是一种任何人都能免费注册使用的在线教育模式。它通过网络将分布于世界各地的授课者和学习者联系起来。平台是学习者进行在线学习的载体,是学习者与教师、学习资源进行交互的中介。MOOC有一套类似于线下课程的作业评估体系和考核方式。每门课程定期开课,学习过程包括多个环节:观看视频、参与讨论、提交作业、穿插课程的提问和终极考试。每门课程有老师设置的考核标准,当学生的最终成绩达到老师的考核标准,即可获得由学校发出、主讲老师签署的证书。获得证书意味着学生达到了学习要求,对这门课程内容的理解和掌握达到了对应大学的要求。

浙江大学自2016年开始推出"新生养成教育"MOOC课程。浙大新生在报到之前就可以在家里上课了。"新生养成教育"MOOC课程的内容涵盖校情总览、榜样力量、生涯规划、学习攻略、学校相关规定、成长帮扶、在浙大的衣食住行、丰富多彩的校园文化活动等,配有短视频、PPT、文字材料和自测题,帮助新生用全新的视角去认识自己、认识浙大、思考人生、规划未来。

目前国外知名的MOOC学习平台主要有以下一些:

(1) Coursera

Coursera由美国斯坦福大学两名计算机科学教授创办,是目前规模最大、最受欢迎的MOOC平台。Coursera旨在同世界顶尖大学合作,在线提供免费的网络公开课程。Coursera的合作院校包括斯坦福大学、密歇根大学、普林斯顿大学、宾夕法尼亚大学、佐治亚理工学院、杜克大学、华盛顿大学、加州理工学院、莱斯大学、爱丁堡大学、多伦多大学、洛桑联邦理工学院、约翰·霍普金斯大学公共卫生学院、加州大学旧金山分校、伊利诺伊大学厄巴纳-香槟分校以及弗吉尼亚大学等世界名校,拥有近500门来自世界各地大学的多学科在线公开课程。Coursera的用户数达400多万人,来自全球190多个国家和地区,其中来自中国的学生占40%。

(2) edX

edX由麻省理工学院和哈佛大学于2012年联手创建,是免费给公众提供大学教育水平的大规模在线开放课程平台。两校建立该平台的主要目的是配合校内教学提高教学质量和推广网络在线教育。除了在线教授相关课程以外,麻省理工学院和哈佛大学还将使用此共享平台进行教学法研究,促进现代技术在教学手段方面的应用,同时也加强学生在线对课程效果的评价。包括清华大学、北京大学、香港大学、香港科技大学在内的全球29所高水平教育机构参与了edX。

(3) Udacity

Udacity 由曾任斯坦福大学教授的 Google 无人车之父、GoogleX 缔造者 Sebastian Thrun 与计算科学家 Peter Norvig 于 2011 年联合创立。Udacity 是来自硅谷的前沿科技教育平台,它的理念是实现全球教育民主化,将稀缺、前沿的科技教育从象牙塔的高校围墙内普及全球。自创立以来,Udacity 与 Google、Facebook、Amazon、百度、腾讯等国内外技术领导企业开发了一系列人工智能、数据科学、网站开发等前沿技术课程,已成功帮助全球近千万名学员通过硅谷高质量的课程内容、实战项目与个性化教学指导,成长为行业所需的抢手人才。

Udacity 是一家营利性质的在线教育机构,目前拥有 900 万用户,教学语言为英语,以计算机类和人工智能类的课程为主。课程数量不多,但制作精良,许多细节专为在线授课而设计。Udacity 的课程免费,但学生可选择参加一些收费的认证考试。同时,Udacity 还为毕业生就业提供培训、指导和介绍并收取介绍费。

此外,斯坦福大学官方的在线课程平台 Stanford Online,英国 12 所高校联合发起、集合了全英许多优秀大学资源的 FutureLearn 以及澳洲最大 MOOC 平台 Open2Study 等也都是知名的在线开放课程教育平台,拥有比较丰富的教学资源和相当数量的参与者。

国内的主要 MOOC 学习平台有:

(1) 中国大学 MOOC

中国大学 MOOC 是由网易与高等教育出版社携手推出的在线教育平台,是目前中国最优秀的高校 MOOC 平台之一。它承接教育部国家精品开放课程任务,向大众提供国内 985、211 等 200 多所知名高校和教育机构的精品课程,在线课程超过 1600 门,视频数量将近 5 万个,报名选课人次超过 1200 万,到 2020 年要达到 3000 门精品在线开放课程的目标。中国大学 MOOC 能够为学习者提供课件、视频、测验与作业、教师答疑、课后讨论等完整的学习体验,多倍速视频、计算机在线判题系统、同伴互评等丰富的在线学习支持形式以及 Web 端体验完整学习、移动端随时随地接力的多终端随身学习支持。中国大学 MOOC 的愿景是免费将优质的高等教育资源传播得更广,进而改善中国教育资源不平等的现状,满足国家发展教育事业的需求,让每一个有自我提升愿望的人都可以在这里学习到中国最好的大学课程,实现个人价值的体现和提升。

(2) 好大学在线

好大学在线由上海交通大学自主研发,2014 年 4 月正式上线发布,面向全球提供大规模中文在线课程,是中国高水平大学 MOOC 联盟的官方网站。目前已有上海交通大学、北京大学、香港科技大学和台湾省新竹清华大学等两岸三地 110 多所一流高校和教育机构的 1100 多门高水平课程上线,让学生足不出户就能享受到高水

平的教育资源。未来还将陆续有新的课程不断推出,学生将能通过好大学在线平台选修来自两岸三地知名高校的优质课程,并有希望通过这种全新而自主的学习获得相应课程的学分,甚至通过系列课程的修读获取辅修专业学位。

上海交通大学还与百度签订了《上海交通大学－百度慕课战略合作协议》,启动中国一流高校与中国互联网巨人强强联合,支持以短视频、强交互为特点的MOOC教学模式,采用云视频服务平台,建立了基于云题库的练习和测试系统。平台具有学生的作业自评与互评功能,支持课程成绩设定及学习成绩自动统计功能,并实现了针对移动智能设备的MOOC课程学习应用。百度还将与上海交通大学合作建设一批优质MOOC课程,共建以MOOC为核心的网上学习生态环境,围绕MOOC课程学习为学生和用户提供在线电子书籍与参考资源、知识搜索、学习辅导、学习用品、电子商务、个人学习档案、就业推荐等多元化服务,服务于广大学生、造福于广大学生,为创新型国家建设,实现中华民族伟大复兴作出重要贡献。

好大学在线的目标是建设中国高水平大规模在线教育平台,实现中国高水平大学之间的教学资源共享及学分互认;向中国其他大学提供优质课程资源,提高中国高等教育整体质量;向社会公众提供在线课程教学服务,提升公民的科学素养和文化素养;向全球华人和相关需求者开放,传播与弘扬优秀中华文化。

(3)学堂在线

学堂在线是清华大学于2013年10月推出的MOOC平台,面向全球提供在线课程。学堂在线运行着包括清华大学、北京大学、复旦大学、斯坦福大学、麻省理工学院、加州大学伯克利分校等国内外多所顶尖高校的1000多门优质课程,涵盖计算机、经管、理学、工程、文学、历史、艺术等多个学科领域,在线注册用户数超过500万,选课人次近700万。在2016年发布的"全球MOOC排行"中,学堂在线被评为"拥有最多精品好课"的三甲平台之一。

学堂在线平台一直坚持教育资源的精品化和多元化。平台的国内课程来自清华大学、北京大学、复旦大学、西安交通大学、中国科技大学、台湾省新竹清华大学、台湾省新竹交通大学等著名高校;国外课程则来自麻省理工学院、加州大学伯克利分校、斯坦福大学、荷兰代尔夫特理工等世界一流大学。所有课程均严格遵循MOOC的教学特点和规律进行设计和制作,以保证课程品质和教学效果。此外,学堂在线积极利用在线教育资源促进混合式教学模式创新,旨在通过更有效率、更为弹性的学习方式,充分利用并结合线上与线下学习的不同特点,提升学习效果。

(4)智慧树

智慧树隶属于上海卓越睿新数码科技有限公司,是中国最大的MOOC在线教育平台。智慧树拥有海量的大学高品质课程,合作的学校有2800多所,近2000万大学生通过智慧树跨校修读并获得学分。智慧树致力于成为中国领先的教育信息化

制造商与互联网教育运营商,独特的"平台+内容+服务"三位一体的业务模式帮助高等院校完成优质课程的引进和服务配套落地,实现跨校选课修读、跨校课程共享和跨校学分互认。智慧树的特色在于高品质的应用体验、高品质的教学质量和高品质的修读证明。它由优秀的大学教师团队设计、制作高品质的课程内容;以短小精悍的课堂视频、知识卡支持学生碎片化、个性化的学习需求;采用线上、线下相结合的多种教学过程互动,让学生在积极参与中沟通、协作、批判、表达,培养学生素质、提升学生能力。智慧树能够提供从课程开发、课程管理、选课缴费、课堂教学、在线学习到修读证明全过程一体化的服务。

(5)超星慕课

超星慕课是超星集团旗下的网络教育服务平台,号称拥有13万集学术视频,合作教师超过5000人,电子图书近150万种。超星慕课的优势在于拥有750人的强大MOOC制作团队和40个MOOC编辑部,能够提供专业的MOOC制作服务。

有学者对以上5个国内主要的MOOC平台进行了分析比较[32],对使用者有一定的参考价值。教学资源方面,学堂在线、中国大学MOOC和好大学在线三个平台在课程指导资源上比较全面。学习者能通过先导视频、课程简介、课程大纲等内容判断自己对此门课程是否有兴趣、是否适合自己对相关知识的需求。参考资料、教师介绍、证书要求等内容则满足学习者加入课程后对课程信息的需求。视频资源则是中国大学MOOC、好大学在线、学堂在线和智慧树比较丰富;关于线下交互,几个平台中只有好大学在线和智慧树有线下交互的形式。其中好大学在线是以翻转课堂的形式,在线上完成课程的学习后,在线下就疑难问题与教师或其他学习者现场讨论交流。智慧树则以线下见面课的形式互动;MOOC学习的成绩评定主要由平时成绩、考试成绩和论坛活跃程度三方面组成,其中平时成绩通常由课堂测验、单元作业和同学互评作业等组成。几个平台中,学堂在线主要设置了客观测验题和主观题作业,中国大学MOOC和好大学在线两个平台设置了独立的测验和作业单元,其中测验主要为选择题、判断题,以系统自动评分为主要评分方式;作业则更多的是主观题,以同伴互评的方式为主;考试方面,好大学在线以线下考试为主,其他几个平台均为线上考试。此外好大学在线平台针对翻转课堂中表现优异的学员给予额外加分的奖励;MOOC学习的结业认证分为证书和学分两种认证方式。证书认证方面,学堂在线、中国大学MOOC、好大学在线、智慧树4个平台均提供电子版结业证书,证明课程修读完毕且成绩合格。好大学在线和中国大学MOOC同时提供付费的纸质证书,学堂在线则以邀请好友的方式兑换纸质证书;学分认证方面,好大学在线因其主要面向西南联盟高校学生的特性,联盟高校学生对全部课程均可申请学分认证(学生需参加翻转课堂和线下考试)。学堂在线仅为清华大学学生提供部分课程的学分认证,且需在该校选课系统进行选课并参加线下考试。智慧树为合作高校学生提

供学分认证,需与合作院校选课数据进行同步,学生需在本校教务系统进行选课,并进入"新学期跨校共享课报到"。中国大学 MOOC、超星慕课不提供学分认证。

3.6.4.2 微课(Microlecture)[33]

微课是指运用信息技术,按照认知规律,呈现碎片化学习内容、过程及扩展素材的数字化教学资源。微课围绕课程中某个知识点或教学环节,以教学视频(课例片段)为核心,结合与该教学主题相关的教学设计、素材课件、教学反思、练习测试及学生反馈、教师点评等辅助性教学资源,以一定的组织关系和呈现方式构建了一个主题式数字化的教学资源单元。微课的作用是经验的交流或对一些上课没听懂的同学进行课后的解惑辅导,而不是代替课堂教学。

微课具有以下主要特点:

一、教学时间较短。教学视频是微课的核心组成内容。微课的时长一般为5分钟左右,最长不超过10分钟。这样的时长足够将一个知识点讲透,否则就不是一个合格的微课。因此,相对于传统的40~50分钟一节课的教学课例来说,微课可以称之为课例片段或微课例。

二、教学内容较少。微课主要是为了突出课程中某个知识点(如重点、难点、疑点等内容)的教学,或是反映课堂中某个教学环节、教学主题的教与学活动。相对于传统一节课要完成的众多复杂的教学内容,微课问题聚焦、内容精简,因此又可以称为微课堂。

三、资源容量较小。从大小上来说,微课视频及配套辅助资源的总容量一般在几十兆左右,视频格式是支持网络在线播放的流媒体格式,师生可以流畅地在线观摩课例、查看教案、课件等辅助资源,也可灵活方便地将其下载保存到终端设备(如笔记本电脑、Pad、手机等)上实现移动学习。

四、资源组成结构化。微课选取的教学内容主题突出、指向明确、相对完整。它以教学视频片段为主线整合教学设计、课堂教学素材、教师课后的教学反思、学生的反馈意见以及学科专家的文字点评等相关教学资源,构成了一个主题鲜明、类型多样、结构紧凑的"主题单元资源包",营造了一个真实的"微教学资源环境"。

五、主题突出、内容具体。微课聚焦于教育教学实践中的具体问题,或是生活思考,或是教学反思,或是难点突破,或是重点强调,或是学习策略、教学方法、教育教学观点等真实的、自己或与同伴可以解决的问题,一个课程一个主题。

六、成果简化、多样传播。由于微课的内容具体、主题突出,所以思想容易表达、成果容易转化、传播形式可以多样化(网上视频、手机传播、微博讨论)。

虽然微课只讲授一两个知识点,没有复杂的课程体系,也没有众多的教学目标与教学对象,看似没有系统性和全面性,因此许多人称之为"碎片化"。但是微课是

针对特定的目标人群、传递特定的知识内容。一个微课自身仍然有系统性,一组微课所表达的知识仍然有其全面性。

微课按照教学方法可以分为讲授类、问答类、启发类、讨论类、演示类、练习类、实验类、表演类、自主学习类、合作学习类、探究学习类等类型;按照教学进程可以分为课前复习类、新课导入类、知识理解类、练习巩固类、小结拓展类等类型。一节微课作品可以对应某一种微课类型,也可以是两种或两种以上类型的组合。同时,由于现代教育教学理论的不断发展、教学方法和手段的不断创新,微课类型也不是一成不变的,需要在教学实践中不断发展和完善。

3.6.4.3 混合式教学(Blending learning)[34]

混合式教学,即将传统教学模式和在线教学模式结合起来的一种"线上"+"线下"的新的教学模式。混合式教学既具有传统教学模式面对面、易交流、易控制、效果好的优点,又具有在线学习时间灵活、方式多样、资源丰富、学习成本低的优势;既发挥了教师在教学中的主导作用,又激发了学生学习的积极性。两种教学模式的有机结合,使学习者的学习由面到点、由简到难、由浅入深。国际教育界的共识是只有将传统教学与在线学习结合起来,使二者优势互补,才能获得更好的学习效果。

混合式教学采用的"线上"和"线下"两种教学途径不是简单的混合,从时间上讲有着先后关系,从逻辑关系上讲"线上"学习是"线下"教学的必备活动,"线下"的教学是基于"线上"的学习成果而开展的更加深入的教学活动。混合式教学就是要充分发挥"线上"和"线下"两种教学模式的优势,改变传统课堂教学模式下教师单方面灌输导致学生学习主动性不高、认知参与度不足、学习结果差异过大等问题。混合式教学的最终目的不在于开发数字化的教学资源或使用在线平台,而是能有效提升绝大部分学生学习的深度。但是,实现混合式教学也需要有一定的条件:

一、学生要有线上自主学习的意识和主动性。如果学生课前没有在线认真学习课程的有关内容,就不会有混合式教学的良好效果。

二、线上要有与教学对象的知识水平和学习能力相适应的学习资源。混合式教学是把传统的课堂讲授通过数字资源上线的形式前移,课前给予学生充分的学习时间,尽可能让学生带着对课程内容较好的了解与一定限度的掌握走进教室,从而充分保障课堂教学的质量。因此,适当的线上学习资源是开展混合式教学的前提。

三、要有内容丰富、针对性强又有一定深度的线下活动。通过线上学习学生能够掌握基本的知识点,能够找出问题、把握要点,课堂上则主要是针对重点、难点和学生在线学习过程中反馈出来的共性问题进行答疑、解惑、交流、讨论、巩固、提高。因此,精心设计的内容丰富又有针对性的课堂教学活动对加深学生对知识的理解和掌握也很重要。师生之间、同学之间的面对面交流能够实现更高层次的教学目标。

四、要对线上和线下的教学过程和结果进行评估。无论是线上还是线下的学习情况学生都要给予及时的反馈,才能让教学活动更加具有针对性,让学生学得明明白白,也让教师教得明明白白。经常性的小测试也是进行评估的重要方法,测试的结果是评估的重要依据,也是对学生学习的一种激励。

3.6.4.4 翻转课堂(Flipped classroom)[35]

翻转课堂又称反转课堂或者颠倒课堂,就是教师创建视频,学生在家中或课外观看视频中教师的讲解,回到课堂上师生面对面交流和完成作业这样一种新型的教学模式。翻转课堂重新调整了课堂内外的时间,将学习的主动权从教师转移给学生。在这种教学模式下,教师不再占用课堂的时间来讲授信息,而是由学生在课前通过看视频讲座、听播客、阅读电子书等方式自主学习。学生能在任何时候去查阅需要的材料,也能在网络上与别的同学讨论,课堂内则通过讨论、交流和教师的答疑、解惑获得对知识更深层次的理解。课后,学生自主规划学习内容、学习节奏和呈现知识的方式,教师则采用讲授法和协作法来满足学生的需要和促成他们的个性化学习,其目标是为了让学生通过实践获得更真实的学习。

翻转课堂和混合式教学的含义及实际操作都比较相似,都是学生课下通过网络观看视频及其他学习素材,完成对课程基本内容的了解和对要点的总体把握,课堂上在教师的指导、点拨下通过讨论、交流、答疑等方式完成对知识的进一步理解和重点、难点内容的解惑。这两种模式都是对学习过程的重构,都是将传统教学模式下知识的传递从课堂前移到课前,将知识的消化吸收从课后前移到了课堂,目的都是为了改变传统教学模式下课堂上教师一言堂、学生被动接受、课后做作业时困惑或抄袭的现象,调动学生的积极性,发挥学生在教学过程中的主体作用,提高学生的学习兴趣,让学生更加灵活、主动地学习。但是两者又有一定差异,两个概念的范畴不同,混合式教学既是一种教学模式,也是一种含义更丰富的教学理念,是翻转课堂的指导思想;而翻转课堂则是混合式教学理念的具体实施方案之一,是一种具体的、可实施的、可评价的教学模式。与混合式教学一样,没有了课堂上老师的监管和紧张有序的课堂气氛,自律性较差的学生就很容易放松自己,不能按照要求完成课下(线上)自学的环节,就会导致课堂(线下)的教学效果大打折扣。因此,翻转课堂同样对学生的自律性和意志力提出了很高的要求。

3.7 大学生的学业考核

3.7.1 学业考核的目的

学业考核的目的是对预期的教学效果进行评估。因此,考核既是对学生学习成

效的测试,也是对教师教学效果的检验。作为学生,应该把考核作为检验自己和鞭策自己的一种方式,通过考核发现自己在学习中存在的问题和不足,以后更加努力或采取更加有效的学习方法加以改进,不断完善自我,达到更好的学习效果。但是,有些学生由于受一些错误思想影响,没有树立正确的学习观念,学习态度不端正,满足于60分及格,甚至采取作弊手段弄虚作假,败坏学风;还有些学生片面地对待考核及其结果,让考试牵着自己的鼻子走,把考核结果和自己的能力、面子、荣誉、前途等联系起来,成绩不理想就茶不思、饭不想、萎靡不振、消极沉闷,这就背离了考试的初衷和意义。这些思想和情绪都是要不得的。

3.7.2 学业考核的方式

大学生的学业考核与中小学的考试有所不同。基础教育除了承担人的基本素质教育的责任以外,还要承受升学的压力,中学生的学习成绩与升学息息相关,而大学教育则没有这样的压力。我国大学教育的基本体制是按照苏联的模式构建的,大学教育是专业导向型的发展性学习,大学的学业考核也主要是为了检查学生以专业为载体的、面向职场的基本理论和基本技能的掌握情况。随着教育体制的改革和人才培养目标的逐步明确,更加注重学生以人生发展为目标的综合素养的教育,与之相适应的学业考核也日臻完善。对大学生的学业考核不仅要考核理论知识的掌握程度,还要考察理论素养的达成情况;不仅要考核书本知识的学习水准,还要考察综合运用知识、解决实际问题的基本能力;不仅要考核传统知识的继承情况,还要考察新知识的发展意识与能力;不仅要考核思维水平、学习能力,还要考察创新素质、实际操作能力;不仅要考核课内、校内的学习情况,还要考察课外、校外的实习观察、实践锻炼、文化体验、学术研究和创业意识;不仅要考核对当前知识的掌握程度,还要考察终身学习能力以及未来可持续发展的预期。

大学生学业考核方式主要有两种,一种是学生比较熟悉的考试方式,另一种是中学期间较少采用的考查方式。

一、考试

考试是最常采用的一种对知识水平和应用能力的评价方式。通过考试可以检查学生的学习能力和学习效果。闭卷笔试仍然是大学最常用的考试形式。为了保证考试结果的公平,从出题、试卷印刷、密封、保管到考试、判卷都有一套严格的程序,考场则有严肃的纪律约束,并且设有主考、监考、巡考等人员监督考试过程,防止发生作弊行为。考试作弊者需要承担校纪、法律甚至刑事责任。考试的方式一般适用于培养方案中设置的主要理论课程,如公共基础课、专业基础课和主要专业课等。除闭卷笔试外,有些教师也会采取一些更具开放性、综合性、实践性的考试形式,如

口试、面试、论文、设计、答辩等,更能考核学生的综合素质。考试课程每学期一般安排4~5门,要求有试卷或其他书面资料作为考核记录以备核查。考试一般是在学期末进行,成绩以百分制计分。有些课程分别在几个学期连续开设,每个学期的考试成绩都会记入学生的成绩档案。

二、考查

考查也是大学检查学生学业成绩和教师教学效果的一种方式。考查一般包括日常考查和总结性考查,考查的方式多种多样。考查通常用于辅助课程、选修课和实践教学环节的考核,但大多数考试课的最终成绩评定一般也包含日常考查的结果。

(一)日常考查

日常考查的目的在于检查学生掌握知识、技能的数量和质量,及时督促学生复习、巩固和加深所学的知识和掌握所学的技能,培养学生正确的学习态度。日常考查常用的方式有考勤、口头提问、检查作业、小测验和实践性作业等。考勤就是大家常说的点名,是对学生按时上课或参加其他教学环节活动的一种强制性措施,对个别懒惰的学生也是一种比较有效的约束手段;口头提问的特点是便于教师直接了解学生的反应和回答问题的质量,可以根据学生回答的情况进行适当的启发或追问。学生应当把教师的提问当作锻炼自己在公众面前表达能力和强化知识点的机会,要沉着冷静地回答问题,不懂的问题可以直接与老师交流;检查作业包括课内作业和课外作业,可以使教师确切了解每个学生掌握知识和技能的情况,及时发现学生在学习中存在的共性问题并及时进行指导;小测验也是教师在课堂上经常采用的一种考查方式。小测验的特点是方便灵活、占用时间少、结果真实可靠、效果明显;实践性作业的形式比较多样,如论文、设计、实物、总结、报告等,主要考查学生能否把所学知识和科学原理运用于实践,是否掌握了相应的技能和技巧。

(二)总结性考查

总结性考查一般在一个教学环节完成后或一个学期结束时进行。对学生的学业成绩进行总结性考查可以了解他们掌握教学大纲规定内容的广度和深度,有助于学生知识的系统化。总结性考查除了采用试卷方式以外,还可以采用提交实习报告、调查报告、论文、设计图纸、实物、说明书、学习体会等多种形式。

把日常考查与总结性考查结合起来,更能比较全面地反映学生的学业成绩和教师的教学效果。

相对于考查而言,学校、教师和学生对于考试一般都比较重视。考试有一套更加严格的程序和更精确细致的量化评价标准,但这并不意味着考查不重要。考查性质的课程或教学环节不合格,学生同样达不到学业要求,不能获得该课程或教学环节的学分,也拿不到毕业证书和学位证书。

3.7.3 成绩评定及其作用

3.7.3.1 成绩评定

学生的学业成绩评定一般采用百分制或等级分制。百分制主要用于考试课程的成绩评定,以 100 分为满分,60 分为及格;等级分制一般多用于辅助课程、选修课和实践教学环节的考查,成绩一般以优秀、良好、中等、及格、不及格或 A、B、C、D、E 五级分制评定,也可采用合格与不合格两级分制评定。每门课程取得百分制 60 分及以上、五级分制及格(D)及以上或两级分制合格,方可获得该课程或教学环节的学分。

大多数学校理论课或实践教学环节的最终成绩是日常考查结果与期末考试或总结性考查成绩综合的结果,日常考查的成绩所占比例从 20%～60% 不等,要根据课程的性质和教学大纲规定的考核方式确定。一般考试课日常考查成绩占比较低,考查课日常考查成绩占比较高。

成绩评定的标准是回答问题的完整性和正确性、语言表达的准确性和逻辑性、方法与成果的创新性、运用知识的能力以及在回答问题或实际操作中出现错误的性质和数量等。分数是对学生掌握知识和能力状况的一种定量的评价方式,等级是对学生掌握知识和能力状况的一种定性的评价方式。两种方式虽然都不一定能够完全反映学生的学习情况,但仍是目前国内外大学采用较多、较为客观的评定学生学业成绩的方式。有些教师在对学生的学业成绩进行评定的同时还辅之以评语,对学生的学习态度、努力程度、进步状况等进行评价,指出其学习上的主要优缺点及努力方向等。

绩点是衡量学生学习成绩优劣的指标,不同的考核成绩对应不同的绩点,成绩越好绩点越高。绩点与考核成绩的对应关系各个学校可能有所不同,但含义基本一致。学生单门课程或教学环节的学分绩点是由该课程或教学环节的绩点与学分的乘积构成。学生的平均学分绩点按所修各门课程或教学环节学分绩点之和除以教学计划安排的各门课程或教学环节学分之和进行计算,即:

$$课程学分绩点 = 课程绩点 \times 课程学分$$
$$平均学分绩点 = \sum 课程学分绩点 / \sum 课程计划学分$$

平均学分绩点是学生能否获得学位的重要标准。

3.7.3.2 学业成绩的作用

学业成绩是按照一定的标准对学生的学习状况进行评定的结果,是对教学效果作出判断的主要依据,也是反馈教学过程的重要信息,具有诊断、调节和激励的作用。对教师来说,通过学生的成绩可以判断教学的效果与质量水平,发现存在的问

题并采取相应的措施进行调整改进,帮助学生达到预期的学习目的;对学生来讲,通过学业成绩能够了解自己掌握知识和技能的水平、目标达成的状况,可以进一步激发学习的积极性,取得更好的成绩。

除此之外,学生的学业成绩还有很多其他方面的作用。

一、评先选优。学业成绩是学生参加评选各种先进个人、先进集体和争取入党的重要依据。虽然各个学校的规定有所不同,但学业成绩始终是评先选优的重要因素。一般都是根据综合素质测评的结果再参照有关规定从学业成绩优异的学生中选拔。

二、奖学金评定。大学里的各种奖学金既是对学生学业成绩的认可与奖励,也是对贫困学生的一种资助。对家庭经济困难的学生来说,数额较高的奖学金对减轻其家庭负担、帮助其完成大学学业是很重要的。优良的学业成绩无疑是获得奖学金的主要因素。

三、考研。考研需要好成绩这是人所共知的事实。考研不仅要考数学、英语、政治等公共课,也要考专业课。学好各门课程并取得良好的学业成绩对有志考研的同学是很重要的。即使考研成绩达到了国家和学校划定的分数线,在报考人数较多、竞争比较激烈时,大学的学业成绩就是重要的筹码。

四、保研。出于就业的需要和自身发展的需求,现在很多大学生都会选择继续攻读研究生学位。但是备考的过程很漫长,考生每天都要起早贪黑地学习,压力很大。有些学生承受不了,临近考试就又放弃了。而保研则是读研的一条捷径。但是保研的前提条件是大学期间的学业成绩要好,而且不能挂科。

五、就业。学业成绩是用人单位选择学生的重要依据。优良的学业成绩会给学生很大的加分,会被用人单位优先考虑。而且大学的成绩单要伴随你一生,对你一生的职业生涯都会产生很大影响。

第四章 大学的党团组织及社团活动

人才培养是大学的第一职能,也是大学之所以是大学的根本职能。习近平总书记指出:"只有培养出一流人才的高校,才能够成为世界一流大学。办好我国高校,办出世界一流大学,必须牢牢抓住全面提高人才培养能力这个核心点,并以此来带动高校其他工作。"[36]高等学校应以此为根本宗旨,始终把人才培养作为学校的中心工作,确保立德树人的"主心骨"不变,同时要坚持全面的人才观。"才者,德之资也;德者,才之帅也。"人才培养是育人和育才相统一的过程,而育人是根本。大学的党团组织和学生社团正是围绕"立德树人"这一根本任务而设立并开展活动的。

4.1 大学的党组织

我国的大学均设置党的委员会(或党总支委员会),包括经批准设立的纪律检查委员会。根据学校规模及党员人数的多少,大学下设的学院(系)通常设置分党委(或党总支委员会),与学校管理机构的基层党组织共同构成学校的党组织系统。各学院(系、部、处)根据党员人数的多少下设若干党支部(党小组),包括教师党支部(党小组)和学生党支部(党小组)。

围绕"立德树人"的根本目标,大学的各级基层党组织带领各级团组织、学生会和学生社团以及辅导员、班主任,共同构建起了党政齐抓共管的"大学工"系统。这个系统的任务是了解学生的思想动态,掌握学生思想特点和规律,做好大学生思想政治教育、党团组织建设、学风建设、心理健康教育、就业创业教育、素质拓展和第二课堂教育、奖助学贷、评先选优以及学生日常管理等各项工作,为青年学生的茁壮成长承担起领导和保障的责任。

4.1.1 大学基层党组织的地位与职责

1996年,以中共中央名义颁布的《中国共产党普通高等学校基层组织工作条例》,对高等学校内部领导体制作出了明确和权威的规定。1999年开始实施的《中华人民共和国高等教育法》,将党委领导下校长负责制以法律的形式确定下来,并对

党委和校长的职责、权限作出明确划分。这种制度设计更加强化了党委的政治核心和领导地位,确保高校的各项工作沿着正确的轨道前行。

2010年新修订的《中国共产党普通高等学校基层组织工作条例》规定了高等学校的党委、二级单位党组织、教职工和学生党支部分别担负的职责和任务。

4.1.1.1 大学党委会的职责

我国大学实行党委领导下的校长负责制。大学党委的主要职责是:

一、宣传和执行党的路线方针政策,宣传和执行党中央、上级组织和本级组织的决议,坚持社会主义办学方向,依法治校,依靠全校师生员工推动学校科学发展,培养德智体美全面发展的中国特色社会主义事业合格建设者和可靠接班人。

二、讨论决定学校办学指导思想和目标定位、学校基本管理制度、涉及学校改革发展稳定和师生员工切身利益的重大问题、发展规划和年度工作计划、基础设施建设和教学科研等方面的重要项目安排、年度经费预决算与大额度资金使用等重要事项。

三、讨论决定学校内部组织机构的设置及其负责人的人选,按照干部管理权限,负责干部的选拔、教育、培养、考核和监督。加强领导班子建设、干部队伍建设和人才队伍建设。

四、按照党要管党、从严治党的方针,加强学校党组织的思想建设、组织建设、作风建设、制度建设和反腐倡廉建设。落实党建工作责任制。发挥学校基层党组织的战斗堡垒作用和党员的先锋模范作用。

五、按照建设学习型党组织的要求,组织党员认真学习马克思列宁主义、毛泽东思想、邓小平理论、"三个代表"重要思想以及科学发展观,坚持用中国特色社会主义理论体系武装头脑,坚定走中国特色社会主义道路的信念。组织党员学习党的路线方针政策和决议,学习党的基本知识,学习科学、文化、法律和业务知识。

六、领导学校的思想政治工作和德育工作,促进和谐校园建设。

七、领导学校的工会、共青团、学生会等群众组织和教职工代表大会,注意发挥教职工代表大会在民主管理中的作用。

八、做好统一战线工作。对学校内民主党派的基层组织实行政治领导,支持他们依照各自的章程开展活动。支持无党派人士等统一战线成员参加统一战线相关活动,发挥积极作用。

4.1.1.2 大学院(系)级单位党组织的职责

大学院(系)级单位党组织处于承上启下的关键位置,是教育和团结广大师生员工的政治核心。其主要职责是:

一、宣传、执行党的路线方针政策及学校各项决定,并为其贯彻落实发挥保证监

督作用。

二、通过党政联席会议,讨论和决定本单位重要事项,支持本单位行政领导班子和负责人在其职责范围内独立负责地开展工作。重要事项主要包括:本单位的发展规划和年度计划、年度总结,重要规章制度和改革措施,学科和师资队伍建设,人事调配和专业技术职务评聘,各类奖惩,招生就业,年度经费预决算、大额度资金使用、收入分配等。

三、加强党组织的思想建设、组织建设、作风建设、制度建设和反腐倡廉建设,具体指导党支部开展工作,不断优化党支部设置,扩大覆盖面,改进和创新党支部的工作和活动方式。

四、领导本单位的思想政治工作。

五、做好本单位党员干部的教育和管理工作。

六、领导本单位工会、共青团、学生会等群众组织和教职工代表大会。

4.1.1.3 学生党支部的职责

学生党支部是引领大学生刻苦学习、团结进步、健康成长的核心。其主要职责是:

一、宣传、执行党的路线方针政策和上级党组织的决议,推动学生班级进步。

二、加强对学生党员的教育、管理、监督和服务,定期召开组织生活会,开展批评和自我批评。发挥学生党员的先锋模范作用,影响、带动广大学生明确学习目的,完成学习任务。

三、组织学生党员参与班(年)级事务管理,努力维护学校的稳定。支持、指导和帮助团支部、班委会及学生社团根据学生特点开展工作,促进学生全面发展。

四、培养教育学生中的入党积极分子,按照标准和程序发展学生党员,不断扩大学生党员队伍。

五、积极了解学生的思想状况,经常听取他们的意见和建议,并向有关部门反映。根据青年学生的特点,有针对性地做好思想政治教育工作。

从以上规定可以看出,大学基层党组织作为学校党的工作和战斗力的基础,领导、保障着高等学校的学科建设、人才培养、师资队伍建设、科学研究、社会服务等各项事业的发展。

4.1.2 大学生要树立远大的理想

漫漫人生,唯有激流勇进,不畏艰难,奋力拼搏,方能中流击水,浪遏飞舟,最终到达成功的彼岸。理想信念是人的精神世界的核心。有无理想和有什么样的理想,决定了人的一生是充实还是空寂,是丰富还是贫瘠。对大学生来说,追求远大理想

并为之不懈奋斗才能带来无限的动力;树立坚定的理想信念,才能激励我们为一定的社会理想和生活目标而不断努力;也才能激励同学们奋力前进,开创属于自己的未来。

理想对大学生成长、成才具有十分重要的意义。理想指引着我们人生的奋斗目标,人生只有奋斗才有意义。正如习近平总书记在2018年新年贺词中所言:"幸福都是奋斗出来的","奋斗本身就是一种幸福。只有奋斗的人生才称得上幸福的人生。"有了理想,有了奋斗目标,我们的精神生活便有了内容,我们的内心才会充实而安宁。小到一个人、一个集体,大到一个政党、一个民族、一个国家,只要有信仰、信念、信心,就会愈挫愈奋、愈战愈勇,否则就会不战自败、不打自垮。

那么,大学生如何树立正确的理想信念呢?

第一,要确立马克思主义的科学信仰。马克思主义是科学的是崇高的,它深刻地揭示了人类历史的发展规律,反映了无产阶级的革命本质和博大胸怀,以解放全人类为己任,为人类的进步和解放指明了正确的方向。所以,马克思主义有着持久的生命力。

第二,要树立中国特色社会主义共同理想。中国特色社会主义共同理想是社会主义核心价值体系的主题。树立中国特色社会主义共同理想不要以为这是国家的事,其实这是我们每个中国公民的事,更是每个有文化有理想的大学生的事。那么我们要怎么做呢?就是要坚定对中国共产党的信任,坚定走中国特色社会主义道路,坚定中华民族伟大复兴的信心。改革开放40多年来,我国社会主义建设取得了举世瞩目的成就,民族复兴大业呈现出灿烂辉煌的美好前景。推进社会主义现代化,实现中华民族伟大复兴需要一代又一代中华儿女前仆后继共同奋斗。大学生作为祖国未来的希望,更应该树立为祖国繁荣富强而贡献青春力量的远大志向,在为实现中华民族伟大复兴的奋斗中谱写壮美的青春之歌。

第三,要自觉地把实现自己的远大理想与实现中华民族伟大复兴的强国梦融为一体。理想信念是一个思想认识问题,更是一个实践问题。如果说,现实是此岸,理想是彼岸,那么唯有实践才是联系二者之间的桥梁。理想不等于现实,理想的实现需要我们付出努力,有赖于脚踏实地地奋斗、持之以恒地追求。人们常说,理想很丰满,现实很骨感,这也揭示了理想与现实之间的矛盾关系。青年大学生要善于学习,善于思考,要学会辩证地看待理想与现实之间的矛盾,既要树立远大的理想,又要认识到实现理想的艰辛;既不能用理想来否定现实,也不可用现实来否定理想。理想的实现是一个过程,理想越是远大,实现的过程也就越是艰难。大学生不仅要认识到理想与现实之间的辩证关系,还要将个人奋斗目标与国家、民族的奋斗目标相统一,把个人理想融于社会理想之中。个人理想与社会理想的关系实质上是个人与社会在理想层面上的反映,追求个人理想的实践活动从来都是在社会活动中进行的,

个人理想的确立要以社会理想为引导,个人理想的实现依赖于社会理想的实现。而社会理想则是建立在众多的个人理想基础之上的,社会理想的实现归根到底要靠全体社会成员的共同努力来实现。因而,大学生要把个人理想融入社会理想中,在实现社会理想的过程中实现自己的个人理想,这是大学生成长成才的必由之路。

4.1.3 大学生如何才能加入党组织

大学生不仅要树立远大的理想,还要将实现自己的个人理想与实现中华民族伟大复兴的历史使命结合起来。拥护党的领导,坚持党的领导,坚持中国特色社会主义的共同理想,愿意把自己的青春奉献给祖国和人民,在实现自己人生价值的同时服务于社会、服务于国家。基于这样的人生理想,当代大学生应该积极创造条件争取加入中国共产党,成为社会主义建设事业的合格接班人。

但是,伴随着信息技术的发展和互联网的普及,大学生成为新媒体的主要受众和参与者,新媒体自由开放、兼容并包的特点,深刻地影响着大学生的思想观念和行为模式;其内容芜杂多样,正确与谬误并存,对大学生思想观念有正面影响,也有负面影响。因而,要不要加入共产党? 如何才能加入党组织? 这些问题常常成为大学生入学后非常困惑的一个问题。那么,应该如何正确认识和对待这些问题呢?

4.1.3.1 树立正确的入党动机

是否加入中国共产党,是一个非常严肃的问题,需要每一个申请者认真思考后作出选择。加入党组织,不仅要在组织上入党,更重要的是从思想上入党。加入党组织,首先要端正入党动机。动机是一个人行动的精神力量,从根本上影响和支配着人的思想观念和行为方式。正确的入党动机是激励青年学生入党的主观原因,它从根本上决定了每个申请者在入党问题上的态度和追求,也是共产党员的世界观、人生观的集中反映。因而,树立正确的入党动机是十分重要的问题,可以解决思想上的入党问题。

(1)入党动机是入党的首要问题

入党动机正确与否,关系到党的纯洁性和党组织的战斗力。对于党组织来说,如果党员的奋斗目标不正确,就意味着他要谋取其个人的目标,从而损害党的纯洁性,影响党的统一和行动,破坏党的战斗力。党员的目标正确,但意志不坚定,在考验面前有可能动摇目标,甚至最终背离目标,同样也会损害党的战斗力。对于个人来说,如果入党的动机不正确,即使入了党也难免会在严峻的考验面前迷失方向,甚至走上错误的道路,不仅给党的事业带来损失,而且也毁了自己。所以,入党动机便成为个人争取入党的首要问题,而党组织也把从思想上入党作为对每一个党员的必然要求。

(2) 什么是正确的入党动机

有人认为"入党可以为自己今后找工作打好基础",也有人认为"如果自己不是党员,将来会在使用、提拔上受影响",这些都是入党动机不正确的表现。诚然,入党的确是个人追求进步的途径,但是这种进步不能是以为了狭隘的个人利益为目的,而应该是为了党和国家的事业,为了个人能在历史进程中发挥正能量,实现最大的人生目标和人生价值。正确的入党动机应该是:对社会主义祖国和人民充满热爱,信仰和坚持马克思主义科学真理,坚持中国特色社会主义的共同理想,有为共产主义奋斗的坚定信念。愿意在实现中华民族的伟大复兴、服务祖国的过程中实现自己的人生价值和人生理想,积极学习科学文化知识,掌握服务国家和社会的本领,并愿意为建设社会主义现代化国家贡献自己的全部才能。

(3) 如何树立正确的入党动机

青年大学生在争取入党的过程中,其思想进步需要一个一个过程,正确的入党动机需要通过学习逐步确立。这就要求我们主动靠拢党组织,通过接受党的教育,学习党的基本理论和基本知识,了解党的历史,不断提高自己对党的认识;同时要积极参加党团活动,在实践中锻炼自己,向优秀党员看齐,严格要求自己,加强自我改造,逐步端正入党动机。树立正确的入党动机,我们还必须加强马克思主义理论修养,主动学习党的方针政策,宣传党的主张,主动践行社会主义核心价值观,主动投身于社会实践活动并积极工作,做到知行合一,树立正确的世界观、人生观和价值观。不断加强党性修养,增强组织观念,提高批评与自我批评的自觉性,严于律己,逐步端正入党动机。

4.1.3.2 以党员标准严格要求自己

要加入共产党,就要时刻用党员的标准来衡量自己,以党员的条件来要求自己,这样才有资格加入这个光荣的组织。

(1) 正确认识和对待党员标准

党章指出:"中国共产党党员是中国工人阶级的有共产主义觉悟的先锋战士,中国共产党党员必须全心全意为人民服务,不惜牺牲个人的一切,为实现共产主义奋斗终生。共产党员永远是劳动人民的普通一员,除了法律和政策规定的个人利益和工作权利外,所有共产党员不得谋取任何私利和特权。"党的性质和宗旨决定了中国共产党党员必须有共产主义理想,必须牢记为人民服务的宗旨,保持普通劳动人民的本色。这是党员最基本的标准,也是党和国家对党员最基本的要求。

党员的标准也是与时俱进和具体的,它体现了党的时代性和先进性。以共产主义理想指导自己的行动,认同并坚持中国特色社会主义共同理想,及时学习中央的新文件、新精神,用中国特色社会主义理论武装自己的头脑。保持政治上的坚定与

清醒，时刻在思想上、行动上与党中央保持高度一致。认真学好专业知识和专业技能，紧跟时代的步伐，争创一流业绩，做广大同学的楷模，这是现阶段对大学生党员的要求。

(2)自觉接受组织的培养、教育和考察

一、主动向党组织汇报自己思想、工作、学习情况，加深对党的了解，针对性地改正自身的缺点与不足；

二、积极参加党组织安排的活动；

三、努力完成党组织分配的任务；

四、认真参加党组织的培训，认真接受党校培训，自觉遵守党章的要求；

五、自觉接受党组织的考察。

(3)加强自我修养，力争成为品学兼优的好学生

每一个要求入党的同学在思想上一定要严格要求自己，平时多学习党的历史和党的理论知识，关心国家大事，时刻与党中央保持一致，用党员的标准来要求自己，有服务同学、服务社会的奉献精神，争取思想早于组织先入党。明确自身修养的基本内容和要求，经过持之以恒地努力，凭借诚恳的态度和真诚地努力加入党组织。

(4)用实际行动争取早日加入党组织

入党不能停留在思想上，更不能停留在口头上，而是要付诸实际行动，要通过方方面面的实际行动去争取早日加入党组织。

第一，要有鲜明的政治立场，坚定的共产主义信念。在思想上、行动上与党中央保持一致，树立崇高的革命理想，自觉抵制一切非无产阶级思想的侵扰。尤其在信息化时代，国际政治风云变幻，各种思潮不断地涤荡着大学校园，如果立场不坚定，就容易被迷惑、被腐蚀。对于突发事件要有自己的立场，在大是大非面前保持清醒的头脑，时刻以党员的标准要求自己，争取早日加入中国共产党。

第二，要有刻苦学习政治理论的精神，用马克思主义武装自己。努力学习习近平新时代中国特色社会主义思想，不断提高政治理论水平。每个入党积极分子只有用马克思主义的科学理论武装自己，才能掌握社会发展的规律，树立明确的方向和奋斗目标。

第三，努力学习专业知识，提高自己的综合素质和先进性素质。"打铁还需自身硬""担重任先得强自身，讲先进须有高素质"。当代大学生是未来先进生产力的主要缔造者。随着经济和社会发展对知识的依赖性越来越强，励志勤学、敏于求知、勇于实践、知行合一要成为当代大学生的自觉追求。不断提高与时代发展和事业要求相适应的素质和能力，做到德智体美劳全面发展。爱岗敬业，脚踏实地，履职尽责，立足岗位，争先创优。大学生只有不断学习当代最先进、最前沿的科学文化知识，才

能使自己跟得上时代步伐,为社会作出贡献。

第四,要有高尚的共产主义道德品质。共产主义道德要求每个党员都要树立全心全意为人民服务的崇高品质,以大公无私、先人后己、先公后私的精神处理好个人与社会的关系。一切谋取个人和小集团私利的行为,都是与这种道德要求不相容的。集体主义的基本原则和全心全意为人民服务的要求是共产主义道德的核心内容,是人类历史上最进步、最高尚的道德。入党积极分子应当把它当作自己的行为准则,自觉践行社会主义核心价值观,自觉弘扬爱国主义、集体主义、社会主义精神,积极传承中华优秀传统文化,带头倡导良好社会风气,正确处理好个人与个人、个人与集体、个人与社会之间的关系,努力培养自己高尚的道德情操,做一个道德文明的共产主义者。

第五,要有严格的组织纪律性,模范地遵纪守法。不以规矩,不能成方圆,严格的纪律是党的重要武器。任何历史时期,如果没有严格的纪律,我们的党就不可能成为集中、统一、有坚强战斗力的整体,就不可能领导人民群众完成自己的历史使命。一个人的健康成长,是在一定的纪律约束下进行的。没有纪律的约束,人就会变得肆无忌惮,不可能成为对社会、对人民有用的人。作为要求入党的当代大学生,应该更注重加强这方面的锻炼,具有严格的组织纪律性,自觉遵守校纪校规,模范遵守国家法律法令,在同学中起到表率作用。

只有树立正确的入党动机,加强学习,不断提高自己的政治理论水平,不断提高自己的思想觉悟,时常对照党员标准严格要求自己并付诸行动,经过不懈的努力,才能早日加入中国共产党。

4.2 大学的共青团组织

中国共产主义青年团,简称中国共青团,是中国共产党领导的先进青年的群团组织。中国共青团受中国共产党中央委员会管辖,同时受中国共产党的委托领导中国少年先锋队的工作,并指导中华全国学生联合会开展工作。中国共青团的前身上海社会主义青年团于1920年8月成立,其全国性组织中国社会主义青年团则于1922年成立,1925年,正式更名为中国共产主义青年团。

中国共青团《团章》第二十二条规定:企业、农村、机关、学校、科研院所、街道社区、社会组织、人民解放军连队、人民武装警察部队中队和其他基层单位,凡是有团员三人以上的,都应当建立团的基层组织。根据工作需要和团员人数,经上级共青团的委员会批准,分别设立共青团的基层委员会、总支部委员会、支部委员会。

我国的高等学校是青年团员相对集中的地方,每个学校均设有共青团的基层组织,即校团委和学院(系)分团委,每个学生班级则设有团支部。共青团的基层组织

受上级团组织和学校基层党组织的领导,是团结教育学校广大青年的核心力量。

4.2.1 共青团的性质及大学团组织的职责

(1)共青团的性质

共青团的性质是共青团的内在规定性,它体现了共青团组织的本质特征。中国共产主义青年团十八大通过的《中国共产主义青年团章程》作了明确规定:中国共产主义青年团是中国共产党领导的先进青年的群团组织,是广大青年在实践中学习中国特色社会主义和共产主义的学校,是中国共产党的助手和后备军。

(2)大学团组织的基本职责

一、学习党的理论、学习习近平新时代中国特色社会主义思想,宣传和执行党的路线、方针、政策,学习团的政策和重要会议精神,执行同级党组织、上级团组织的决议、指示等。

二、加强思想政治引领和价值引领,引导青年学生树立和践行社会主义核心价值观。实施"青年马克思主义者培养工程",改进创新思想引领方式,引导团员牢固树立政治意识、大局意识、核心意识、看齐意识。

三、定期组织召开团员大会或团的代表大会,充分发挥团组织在校园治理中的重要作用。

四、落实从严治团要求,制度化、常态化开展"一学一做"教育实践,加强发展团员和团员管理工作;落实以"三会两制一课"(是指支部大会、支部委员会、团小组会、团员教育评议制度、团员年度团籍注册制度和团课)为主要内容的组织生活制度;开展团干部教育培训,推进团干部改进作风。

五、做好团员学生骨干的培养,推荐优秀团员作为入党积极分子人选;推动团员参与志愿服务,开展评选表彰工作。

六、加强对学生会的指导管理,支持学生会依法依章程开展工作;加强对学生社团的管理、引导、服务和联系;会同班委会研究决定涉及本班学习、生活、建设等需要学生自主决定的重要事项。

七、围绕学生在就业创业、创新实践、心理情感、志愿公益和社会参与等方面的需求组织开展活动,促进学生成长与发展;了解学生思想、学习、生活状况,反映学生诉求,维护学生合法权益,做好困难学生帮助;协助做好校园稳定工作。

4.2.2 共青团在大学中的地位和作用

高等学校共青团作为中国共产主义青年团的组成部分,作为党联系青年的桥梁纽带,其工作任务受到党在各个历史时期的中心任务以及高等学校工作任务的制

约。高等学校共青团的工作内容是工作任务的具体化，主要是围绕高等学校的性质、任务和高等学校的育人目标而开展各项活动。它在服务学校中心工作、服务青年学生成长成才方面发挥着重要作用。

4.2.2.1 共青团在大学中的地位

(1) 共青团是大学人才培养的一支重要力量

大学的共青团作为学校党组织的助手，在人才培养过程中起着不可替代的作用。

首先，大学共青团组织在学校思想政治教育工作中发挥着重要作用。共青团的性质决定了思想政治工作是共青团组织的首要职责。共青团既不是一个经济组织，也不是一个文化组织或行政组织，而是党用来培养教育青年一代的群众组织，是青年在实践中学习中国特色社会主义和共产主义的学校。加强青年的思想政治工作，把青年培养成为有理想、有道德、有文化、有纪律的一代新人，是共青团工作的出发点和归宿。所以，大学共青团无论在什么时候，无论开展什么活动，都必须将思想教育宗旨贯穿始终。

其次，在高校教育改革实践中，共青团组织通过开展丰富多彩的第二课堂活动使广大青年学生在良好的文化氛围中接受潜移默化的感染和教育。大学团组织经常组织开展深受大学生喜爱的艺术节、文化节、科技节和社会实践活动，帮助青年大学生全面提高综合素质，增强了共青团组织的吸引力和感染力。团组织通过开展大量的课外科学文化艺术活动，帮助青年学生全面提高综合素质，培养创新精神。团组织从学校实际出发开展的社会实践活动，沟通了高校和社会的关系，加深了学生对社会的了解，促进了大学生同工农相结合以及理论知识在实践中的应用，检验了学生的学习效果，既为振兴经济作出了贡献，又促进了青年学生投身实践，锻炼成才。

(2) 共青团是大学党组织联系青年学生的纽带和桥梁

高校党组织的任务，是保证党的教育方针的贯彻执行，通过思想政治工作，把青年学生培养成为适应社会主义现代化建设需要的合格人才。高校党组织同青年学生的联系，主要是通过其助手——共青团组织来实现的。大学生是青年群体中最为优秀的群体，目前高校学生中团员占绝大多数，是全国各条战线、各行各业中团员青年所占比例最高的。一方面，高校团组织有非常健全的组织系统，工作涉及学生学习、生活、工作的各个方面，可以成为学校党政领导同青年学生之间进行协商对话的一条重要渠道。高校共青团组织既可以代表广大青年学生向院校领导反映其意见和呼声，又可以构建学校领导与青年学生对话的平台，沟通上下之间的交流，加强互相理解。同时，共青团还可以发挥民主监督作用，组织广大青年学生参与学校的

管理,合力办好学校。

4.2.2.2 共青团在大学中的作用

(1)政治思想上的教育引导作用

共青团是先进青年组成的政治群体组织,是青年在实践中学习中国特色社会主义和共产主义的学校。这种政治因素决定了高校共青团组织必须把大学生的思想教育作为一项主要任务,坚持用爱国主义、集体主义、社会主义和党的基本理论、基本路线、基本方针来教育引导青年学生,通过组织丰富多彩、生动活泼的思想教育活动以及严格的组织生活,努力帮助大学生树立正确的世界观、人生观、价值观,培养良好的社会公德、职业道德和家庭美德,从而提高大学生团员的思想政治素质。

(2)专业学习上的激励推动作用

大学生在校的主要任务是学习,学习专业知识以及相关科学知识是大学生成长成才的必要条件。因此,在大学生的学习上给予帮助、提供精神动力与环境支持,是高校共青团组织的一项重要工作。实践证明,高校共青团组织在为广大青年学生学习成才方面做了大量卓有成效的工作,受到了广大青年学生的肯定,起到了其他部门或组织所不可替代的作用。共青团组织服务学生学习的主要做法是:组织多种课外学术科技活动和多学科知识竞赛,帮助大学生端正学习态度,增强学习动力,激发学习兴趣,倡导良好的校风学风,为广大同学创造良好的学习、生活环境。

(3)学生骨干队伍的培养指导作用

高校的主要任务是培养社会主义合格建设者和可靠接班人。也就是说,学校不仅要把学生培养成为爱祖国、爱人民、爱劳动、爱科学、爱社会主义,有理想、有道德、有文化、有纪律,掌握各类专门知识和技能的合格建设者,还要把优秀分子培养成为政治坚定、精通业务、具有共产主义远大理想和坚实的马克思主义理论功底的青年马克思主义者和共产主义者。因此,加强学生骨干队伍建设,既是学校学生工作的一项重要内容,也是高校共青团组织的一项经常性的工作。高校共青团要通过开办团校,举办学生干部培训班,引导大学生学习马克思主义基本原理和中国特色社会主义理论,不断培养壮大"青年马克思主义工程",加强学生团干部、学生会干部及社团骨干、入党积极分子队伍建设,为党组织储备人才。

高校共青团组织的这些重要作用,是建立在它的三大优势基础之上的。第一,政治优势。高校共青团组织是由大学生中优秀分子组成的先进青年的群众组织;第二,组织优势。高校共青团具有从校、学院(系)到班级的系统组织结构,并有严格的组织要求;第三,人才优势。高校学生中,团员青年比例较大,文化层次、综合素质较高;另外,高校团组织拥有一支专兼职相结合的高素质的干部队伍,能在学生中形成一个骨干层,对广大学生能够起到带动、导向、影响的作用。

4.3 大学的学生会

大学学生会是由中国共产党领导并在共青团指导下进行工作的高等院校学生的群众组织。学生会坚持以"为学生服务"为宗旨,依照学校有关规章制度和学生会章程,通过"自我管理、自我教育、自我服务"来履行各项职能。

中华全国学生联合会是全国各高校学生会的联合组织,简称全国学联。各省自治区、直辖市均设有相应的学生联合会,作为该地区高校学生会的联合体。高等院校学生会作为党组织领导下、团组织指导下的大学生自治组织,在领导学生、沟通师生、丰富校园文化活动、促进校园文化建设等方面发挥着重要的作用。依照《中华全国学生联合会章程》规定,各高校在校学生均为其会员,有研究生的高校还设有研究生会,各高校均设置校、学院(系)两级学生会。

4.3.1 学生会的性质与作用

学生会是高校中最具代表性的学生自治组织,具有规模大、机构全和影响广的特点,是大学治理中发挥学生主观能动性的主要抓手,是学校了解学生、与学生沟通的桥梁,是学生参与学校建设和管理、保障自身权益的重要途径,也是建设良好校风、教风、学风的重要力量。学生会的各种活动是服务全校学生、促进大学生全面成长的重要载体。

大学学生会的基本任务包括:

一、遵循和贯彻党的教育方针,组织同学开展学习、文体、社会实践、志愿服务、创新、创业、创优等多种活动,促进大学生全面发展;

二、维护校规校纪,倡导良好的校风、学风,促进同学之间、学生与教职员工之间的团结,协助学校建设良好的教学秩序和学习、生活环境;

三、组织同学开展有益于成长成才的自我服务活动,协助学校解决同学在学习和生活中遇到的实际问题;

四、沟通学校党政与广大同学的联系,通过学校各种正常渠道,反映同学的建议、意见和要求,参与涉及学生的学校事务的民主管理,维护同学的正当权益;

五、引导和支持学生社团健康发展,配合团组织加强对学生社团的管理和服务;

六、规范学生干部的产生和配备,强化学生干部的群众意识、责任意识和奉献意识,以实际行动作广大同学的表率。

4.3.2 学生会的机构及职责

大学的学生会组织一般包括校级学生会和学院(系)级学生会,分别负责全校和

本学院(系)范围内的学生会工作。学院(系)学生会的工作受校学生会指导。学生会一般以主席团为领导核心,设主席一人,副主席若干人。学生会的组织机构并不固定,各校根据实际情况在主席团以下设若干个职能部门,一般包括办公室、组织部、宣传部、外联部、财务部、学习部、文体部、生活部、社团部等,各部门设部长一名,副部长及秘书、干事若干名。学生会主席团及主要部门的职责如下:

(1) 主席团

主席团是学生会领导决策机构,全面负责学生会各项工作。具体包括:规划学生会未来发展目标,制订并实施学生会年度工作计划;监督和检查各部门的工作并予以指导和帮助,对部门干部工作实施考核评定并对成绩显著的部门和个人进行表彰;配合学校开展各项工作;代表学生表达心声;增强学校及各学院(系)学生会凝聚力。

(2) 办公室

办公室是学生会的中枢部门,负责落实各项行政工作:会议通知、会议组织、会议记录,文件起草、发放,文书档案管理,办公室布置、整理,日常值班联络,制度建设及监管,撰写年度工作计划、总结等,推进学生会工作的制度化与多元化发展。

(3) 组织部

组织部是学生会内部干部管理的核心机构,主要负责学生会内部干部技能培训、考核评比、人员调配、内部表彰以及各部门人员信息的调查收集和统计分析。

(4) 宣传部

宣传部是学生会的宣传职能部门,主要负责宣传并推广学生会的对外形象。主要工作包含:负责学生会各种新媒体平台(包括微信、微博等)的管理与运行,为学生会举办的活动做好策划、宣传、推广工作。

(5) 外联部

外联部是学生会的"窗口"部门,肩负着对外宣传、交流,对内组织、协调的重要职责。外联部对外负责与各高校学生会的联络,建立高校间的交流平台;负责与企业接洽合作,获得活动赞助和支持,保障学生会活动经费来源;对内负责加强学院(系)、校两级学生会及校内其他组织之间的联系,全心全意为同学们服务。

(6) 财务部

财务部主要负责学生会经费的管理,包括建立财务管理制度并监督落实;负责经费的预算、结算、报账以及记录、汇总、统计、分析并向主席团报告。

(7) 学习部

学习部的主要职责是营造校园的学习氛围并协助学校作好学风建设工作,组织开展各类学术讨论、讲座、学术报告等;了解并反馈广大同学在学习方面的意见和要求,在师生之间起到桥梁作用,促进师生的相互交流;制订学习计划并组织开展,

抓好学生干部的学习成绩。

（8）文体部

文体部主要负责组织开展或协助学校有关部门开展各种大型文艺活动与体育活动；定期举办各种小型文体活动，丰富同学们的业余文化生活。

（9）生活部

生活部主要负责与校内后勤管理及物业部门进行沟通，解决同学们在生活中遇到的问题；组织开展同学间互帮互助活动，协助生活困难同学解决问题；组织学生开展宿舍文化活动等。

（10）社团部

社团部主要负责学生社团的管理工作，指导学生组建社团组织，受理新社团成立申请和有关登记工作并报请学校有关部门备案；指导学生社团组织不断完善自身建设和制度建设，逐步实现学生社团规范化管理；定期召开社团负责人例会，传达有关文件和决定，了解和掌握各社团执行有关决议和开展活动的情况；指导学生社团开展健康向上、丰富多彩的校园文化和社会服务活动；规范社团管理，定期进行社团年度登记注册工作；定期对各社团进行考核评估和评比。

很多学生上大学后纠结是不是要参加学生会的工作，担心因此影响自己的学习。另外，近年来不断爆出关于大学学生会"官场化""等级制"等不少负面新闻，对学生会的形象大打折扣。的确，大学不是世外桃源，学生也不是生活在真空中，难免受到社会上很多不良风气的影响，但个体的行为最终还是取决于个人的思想认识和道德品质。客观上说学生会的工作的确要占用一定的时间，会不会影响到学习要看个人的处理方式。从整体上看，由于参与学生会工作而影响到自身学业的很少，反而大多数学生干部在各方面均有不俗的表现：思想积极要求进步、工作能力得到提高、学习成绩也很不错。参加学生会工作，最大的好处就是能够全面锻炼自己，通过开展工作和组织各种活动，不断提高自己的组织协调能力和沟通能力，积累一定的工作经验和工作方法，尤其是有机会结识一批志同道合的朋友，积累了自己的人脉资源，这无疑对你今后的工作、学习将会有很大帮助；另外，在学生会工作期间会接触到来自学校不同专业、不同年级、具有不同特点和素质的学生干部，能够从他们身上学到很多好的作风和工作方法，虚心学习、博采众长，有利于提高自己的工作能力和水平。面对学生会中存在的一些负面问题，大学生要有明辨是非的能力，要能够正确认识，把控自己，坚守底线，积极向上。学生会的工作非常锻炼人，只要能够在思想品德和专业文化学习方面高标准、严要求，不降低标准，不持有特权思想，一定会成为品学兼优的优秀学生干部。

4.4 大学的学生社团

4.4.1 学生社团的性质与作用

大学的学生社团是学生在自愿的前提下,按照团体成员共同的愿望组成的文化、艺术、体育、学术团体,是一种自发性、非营利性的群众组织。社团成员不分性别、年级、专业甚至学校的界限,由兴趣爱好相近的同学组成。学生社团在不影响学生完成规定的学习任务、不影响学校正常教学秩序的前提下开展活动,目的是丰富课余生活、培养兴趣爱好;增长知识才干、活跃学校氛围;增进同学友谊、锻炼社交能力;参与社会实践、提供爱心服务。每个学生社团一般都有自己的章程以规范社团的活动。学生社团必须自觉接受学校团委、各学院(系)团委的领导,必须遵守宪法、法律以及学校各项规章制度。社团的活动一般都是利用学生的课余时间开展,以保证完成学生的学习任务和不影响学校正常的教学秩序和工作秩序为前提,以有益于学生的健康成长和有利于学校各项工作的进行为原则。学生社团的会员应当是具有正式学籍的在校学生,学生社团不得从事以营利为目的的经营性活动。

在大学的校园中,大多数学生都参加了学生社团。学生社团不仅是高校一道亮丽的风景线,也是高校校园文化建设不可或缺的一部分。丰富多彩的社团活动不仅为学生之间交流思想、启迪智慧、切磋技艺、增进友谊架起了桥梁,还为大学与校外各行各业各组织机构间的交流沟通提供了平台,为学生提供了锻炼的机会,为社会各界了解高校提供了窗口。为了更好地服务学生的成长,服务学校的各项工作,各高校间的学生社团也会进行各种交流。大学生社团还会定期进行纳新,通过宣传和自我展示,吸收新鲜血液补充到社团里,以保持学生社团蓬勃的生机与活力。

4.4.2 学生社团的种类

根据目前我国大学学生社团组织状况,按照"社团成员兴趣爱好的统一性和社团活动的主要形式"两方面的原则,可以将我国高校的学生社团大致分类如下:

思想理论类。该类学生社团成员喜欢共同研究讨论一些理论问题或社会问题,关注国际形势、关心国家大事,有共同的政治诉求和表达,或者对某一事物有共同的看法,通过一起座谈、沙龙和论文写作等方式开展活动,以探求人生哲理、砥砺人格。这类社团组织包括各类政治性研究会、社会问题研究会、时事政策研究会等。

学术科研类。这类学生社团主要围绕专业学习而组建,以加强学科学习和科学研究为目的。活动形式主要以开展学术研讨和交流、学术实践和咨询为主。诸如英语口语协会、数学建模协会、机器人协会、电脑爱好者协会等。这类社团具有一定的专业性,社团成员是来自相关专业的学生及其他专业的爱好者。

就业创业类。这类学生社团是基于目前大学生就业形势的要求,根据社会对人才的需求而进行就业创业设计、职业生涯规划或者素质拓展等活动,将有共同需求的同学组织在一起进行培训或其他相关活动,以提升自身素质、加强职业素质培养。这类社团如公务员培训协会、职业规划协会等。

公益服务类:公益服务活动可以培养学生的社会责任感。学生通过参加此类社团活动丰富自己的生活,充实自己的人生经历,在服务他人的过程中获得快乐,为大学生活增添光彩。此类社团如爱心协会、助学会、法律服务协会、青年志愿者协会等。

文艺体育类。这类学生社团是成员基于文体方面的共同兴趣爱好而组建的,如美术社、话剧社、艺术团、摄影协会、棋艺社、自行车协会、武术协会、乒乓球协会、篮球协会、足球协会、健美操协会等。这类社团没有专业的限制因而广受学生的欢迎,是目前高校学生社团的主要类型。

学生社团从层次上又可分为校级社团和学院(系)级社团。

学生摄影协会

4.4.3 大学生为什么要加入社团

随着我国大学校园文化氛围越来越浓,高校的学生社团组织也在蓬勃发展,一所大学少则数十个多则上百个社团。据统计,60%以上的学生参加过一个或多个社团活动,90%的学生参加过由社团举办的某种活动。多姿多彩的大学生社团活动引领着校园文化的潮流,大学生社团因而也被称为大学的"第二基层组织"。正因为学生社团的普遍存在与无穷的活力,它不仅成为大学生提高自身综合素质和能力水平的重要途径,还成为各行各业各种专门"人才"的摇篮。每一个新学年开始,大学里

的各类社团就活跃起来,纷纷伸出橄榄枝,邀请新同学加入其中;每到一个毕业季,那些社团活动的积极分子和优秀的团学干部,也往往会被各大公司、企业争相揽入旗下。由此可见,学生社团是一方沃土,它不仅可以帮助你把专业学得更好,还可以帮助你把业余爱好提升为一个亮点。

学生社团之所以具有吸引力,是因为这些社团打破了年级、专业、院系甚至学校的界限,团结兴趣爱好相近的同学,发挥他们在某方面的特长,开展有益于学生身心健康的活动,使同学们得到了各方面的锻炼。学生社团形式多种多样,既可以研究高深的学术和专业问题,也可以培养自己兴趣爱好;既可以在一起探讨社会问题,也可以共同参与公益活动。积极参加社团活动,不仅可以服务同学、服务学校、服务社会,最重要的是锻炼了自己。

近年来,大学生社团成为我国大学校园文化建设的主力军,社团活动是校园文化建设的重要载体;同时社团活动还成为我国高校"第二课堂"的引领者,是学生素质拓展的重要渠道。每年各社团以其具有的思想性、专业性、艺术性、知识性、趣味性、多样性的特点,吸引广大的学生积极参与其中。

大学生应该积极参加学生社团,参与适合自己的社团活动。根据自己的兴趣爱好合理地选择参加一两个社团,不仅可以展现自己的才华,结识很多志同道合的朋友,还可以锻炼提高自己的沟通能力、组织能力和工作能力。适当的社团活动可以缓解学习压力、丰富课外生活、拓展知识面、完善知识结构,又可以锻炼自己、增长知识才干,还能结交朋友、增进同学情谊,留下大学里最美好的时光。学生社团还是学生自我管理、自我完善的第二课堂。但大学生的时间和精力是有限的,因此要有选择地参加社团活动。参与社团活动,关键不在于数量的多少,而在于质量的高低。大学新生应该通过辅导员、班主任、学长、老乡等多种渠道了解学生社团的基本情况,根据自己的兴趣和爱好积极选择参与社团活动,不要盲目跟风。

4.5 大学共青团组织与其他学生组织的关系

大学的共青团和学生会以及学生社团统称为团学组织,团学组织为大学生提高综合能力、全面发展提供了广阔的平台。团学组织通过组织丰富多彩而又贴近学生的团学活动和第二课堂活动,引导学生树立正确的人生观、价值观,促进学风建设,极大地提升了学生的组织协调能力、语言表达能力、工作能力、创新能力及实干和应变能力,成为高校培养合格人才的有力抓手。这些团学组织从性质、任务和活动内容等方面既有区别又有联系。

4.5.1 大学共青团组织和学生会的关系

大学的共青团组织和学生会组织,是学校学生工作的主要力量。二者既有区别又有联系。

4.5.1.1 共青团与学生会的区别

尽管大学里的共青团与学生会都是学生组织,但两者还是有所区别的。

第一,政治性质上属于不同的层次。共青团是先进青年的群众组织,是广大青年在实践中学习中国特色社会主义和共产主义的学校,是中国共产党的助手和后备军。共青团在政治上具有更大的先进性,它要自觉接受党的领导,听从党的安排,服从党的指挥;而高校学生会则是全体学生的群众组织,所有大学生不分民族、性别、宗教信仰都可成为本校学生会的成员,所以学生会具有更广泛的群众性。

第二,组织形式不同。共青团有严密的组织形式、健全的组织制度,通过严密的组织系统和组织纪律开展工作,力图以广大团员的模范作用带动全体同学奋发向上;学生会则没有那样严密的组织系统和组织制度。

第三,思想基础不同。共青团具有牢固的思想基础,经过长期的思想建设,团组织集中了大批的先进青年,对每个团员有严格的纪律约束;学生会则集中了全体在校生,不具有共青团那样严格的思想建设和纪律约束。

第四,工作方法与工作途径不同。共青团主要通过团的思想建设和组织建设对团员青年进行教育引导,通过团组织的核心作用和团员的先锋模范作用,团结教育和带领广大学生全面发展,成长成才;学生会则针对不同层次的大学生根据他们不同的兴趣、爱好,通过各种丰富多彩的活动,对学生进行思想、知识和能力的教育和锻炼。

第五,工作任务的不同,共青团坚持以共产主义教育青年学生,帮助学生树立正确的政治方向,树立远大的革命理想,勤奋学习、勇于实践、立志成才;学生会则围绕专业学习,开辟"第二课堂"加强自身建设,发挥大学生的桥梁与纽带作用,在"自我教育、自我管理、自我服务、自我监督"的各项活动中,培养和锻炼实际工作能力。

4.5.1.2 共青团与学生会的联系

大学的团委与学生会从组织层面是没有隶属关系的,但管理对象有交叉,即团员、青年暨是团的工作对象又是学生会的工作对象。因此,团委与学生会有着紧密的联系。但这种联系不是领导与被领导关系,而是协助与支持的关系。也就是说团委对学生会有指导的义务和责任。全国学联章程明确规定:"学生会、研究生会在党组织的领导和团组织的指导帮助下,依照法律、学校规章制度和各自的章程,独立自主地开展工作。"这个规定清晰地界定了学生组织与党组织和团组织的关系,也给

共青团指导学生会工作划定了责任领域。

第一,共青团要引导学生组织自觉接受党的领导,认真履行《章程》规定的任务,遵循和贯彻党的教育方针,促进同学全面发展;维护校纪校规,倡导良好校风;开展有益于成长成才的自我服务;通过正当渠道参与学校的民主管理,维护学生的正当权益;引导支持学生社团健康发展,始终保持正确的政治方向。

第二,共青团对学生会负有"指导"和"帮助"的双重责任。指导意味着把握方向,使学生会的工作不偏离党政工作大局和学生健康成长的需要;帮助则意味着学生会工作遇到困难时共青团组织须给予必要的支持。

第三,学校团组织在党组织的领导下指导学生会依法、依章程独立自主地开展工作,其中包含着许多具体工作。例如:指导学生会开好学代会、选举学生会委员会;及时传达党组织和上级团组织的工作要求,对学生会的工作提出意见和建议;积极支持学生会开展有利于学生健康成长的各项活动;组织大学生入党积极分子培训、青年马克思主义培养工程,组织学生参加社会实践和志愿者服务、开辟"第二课堂"等等。通过共青团组织的传、帮、带,形成学生会自觉围绕学校的党政工作大局积极开展工作的局面。

学生是学校的主体,配合学校做好各项工作是学生会义不容辞的责任。学生会要发挥好桥梁与纽带的作用,团结、引导学生增强建设中国特色社会主义的"道路自信、理论自信、制度自信和文化自信",自觉树立和践行社会主义核心价值观,为实现中华民族伟大复兴的中国梦而努力奋斗。

4.5.2 大学共青团组织和学生社团的关系

大学共青团组织与学生社团的关系主要体现在三个方面:

第一、学生社团的成立须经过学校共青团组织审批。共青团要全面审查学生社团成立的宗旨、目的、工作内容、组织机构建制等,确保学生社团须有严格的政治标准和组织制度,有坚定正确的政治方向,在重大问题上与党和政府保持一致,并听从上级组织和主管单位的安排,否则就不能成立。

第二、共青团要指导青年学生社团工作。学生社团工作,既要适合社团的性质和青年学生的要求,激发青年学生的兴趣、爱好,又要顺应时代潮流和社会需要,围绕学校的中心工作展开。团组织要从人力、物力上支持和帮助社团工作,大胆使用有能力和有创新精神的社团干部,培养社团活动积极分子,提供活动场所为社团工作创造条件。

第三、共青团要监督学生社团的工作。团组织要定期召开学生社团的工作会议,抽查社团的活动情况,了解社团干部的工作表现;要严格把关,不符合社团章程规定的活动坚决制止,以便从政治上保证社团活动的正确方向,从组织上保证社团

工作的顺利开展。

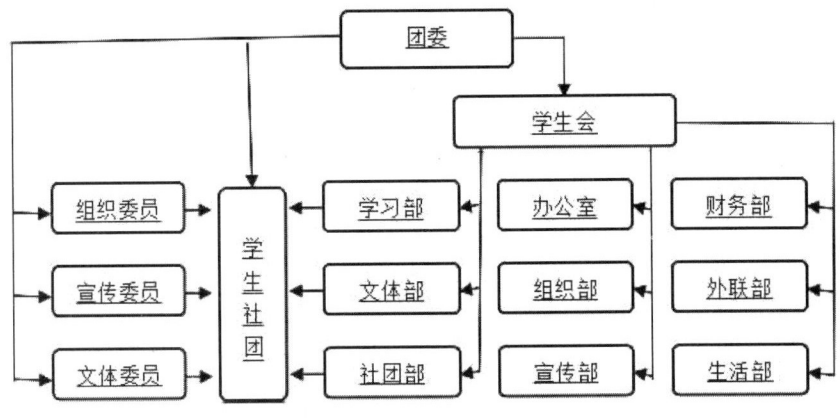

团委、学生会、学生社团组织的关系

4.5.3 大学的班级、团支部与班委会

班级是学校依据一定编班原则(如专业、年级等)将一定数量的学生编成的组织,是大学最基本的教学单元和大学生活动的主要载体,班级建设始终是大学建设的基础也是重点。班级不是简单的人员组合,而是相互间的融合并在此基础上形成的紧密联系的整体。

班级作为学校党团建设、学风建设、教学活动、团学活动、学生日常事务管理工作的最终执行者,在高校育人工作中发挥着基石性的作用,这一作用体现在三个方面:作为管理的载体,班级是学生日常思想政治教育工作的抓手,政治理论学习、党团建设、奖助学贷、评先选优、学风建设、班风建设等工作都要由班级来完成;作为互助性的组织,班级体现的集体性让作为个体的学生有归属感,尤其对刚刚入学的大一新生而言,编入某个班级是他们开启大学生活的起点,班级同学可以从中体会到集体的力量和个体的存在感;作为最基层的学生集体,班级通过全体成员的努力,形成自己的班风、学风以至于独特的风格,具有凝聚人心、团结向上的力量,在点滴之间甚至于无声处发挥着成风化人的作用。

每个班级都设有共青团的最基层组织——团支部和班级委员会(简称班委会)。团支部、班委会的职能各有不同。

团支部是团的基础组织,它与青年学生有着最广泛、最直接的联系,担负着直接教育团员、管理团员、监督团员和组织青年、宣传青年、凝聚青年、服务青年的职责。团支部的作用主要在于思想引领功能,引导青年学生坚定中国特色社会主义道路、理论、制度、文化自信,树立正确的世界观、人生观和价值观,务实上进,为建设富强、民主、文明、和谐的社会主义现代化国家而奋斗。《中国共产主义青年团支部工作条例(试行)》明确规定了团支部的基本任务,包括组织团员理论学习,宣传并执行团组

织的指示和决议,培育践行社会主义核心价值观,对团员进行教育、管理、监督和服务,做好经常性发展团员工作和推优入党工作,密切联系服务青年,开展文体活动和实事求是地对团的建设和工作提出意见建议等;对于普通高等学校的团支部,明确其肩负的重要任务是巩固马克思主义在高校意识形态领域的指导地位,落实"第二课堂成绩单"制度,做好"推优"入党工作,把团员中的优秀分子输送给党组织,做好党的后备军。

班委会是大学班级各类日常事务的直接执行者,是辅导员、班主任开展班级管理工作的有力助手,是学生在团支部的指导与监督下,独立开展自我管理、自我教育和自我服务的组织。班委会主要负责班级管理方面的具体事务和执行工作,制定班级规章制度,加强班风、学风和班级文化建设;关注班级学生的思想动态;维护班级学生的权益,反映大家的合理建议和正当诉求;处理涉及同学们切身利益的奖学金、助学金、助学贷款、贫困补助、评优评先、班级管理等班级行政事务,同时协助任课教师和教学秘书组织教学活动。

总之,在大学班级的教育和管理工作中,团支部是主导力量,班委会是具体执行机构,二者相互促进,相互补充,发挥各自的优势,共同参与班级的管理与建设。在班级的管理过程中,学校注重强化学生的自我教育,自我管理,自我服务意识,将传统的学校责任转变为学生的自身责任;以学生为中心,确立学生在班级管理中的主导地位,提高学生自我监督与自我管理的能力,进而把学生培养成德才兼备、综合发展的符合社会需要的合格人才。

第五章 大学生职业规划与就业

5.1 职业规划

大学生职业规划是指学生在大学期间经过学习、咨询、分析、讨论等活动对自己的职业生涯进行系统规划的过程。事实上,有些学生在中学期间就确立了自己的兴趣爱好,树立了自己的人生理想。那个时候虽然还谈不上职业规划,但个人的兴趣爱好及人生志向对今后的职业生涯是有很大影响的。高考时的志愿填报、学校和专业的选择其实就是人生第一次职业选择。尽管大学毕业时还会再次进行职业选择,但第一次选择无疑也是非常重要的。大学期间是职业生涯的准备期,在这个阶段对自己的职业生涯进行认真的规划,不仅对大学期间的学习安排、课外活动、知识拓展、能力培养有很大影响,更是会直接影响到毕业后的求职就业甚至一生职业生涯的成败。

5.1.1 职业规划的意义[37]

职业生涯是伴随我们大半生的活动,做好职业规划具有非常重要的意义。

一、通过职业规划可以认识自己、找出不足、发掘潜能、增强实力。一份理性的、实事求是的职业规划能够让学生正确地认识自身的特质和潜能,对自己的综合优势与劣势进行对比分析,对自己的价值和能力进行科学定位,进而明确自己的职业定位,并引导评估个人目标与能力之间的差距,运用科学的方法、采取可行的步骤与措施不断增强个人的职业竞争力,弥补自身的短板,实现自己的职业目标与人生理想。

二、通过职业规划可以使个人的发展更具目的性与计划性,可以增大成功的可能性。做任何事情都有目的,也都应该有计划。按照计划踏踏实实地朝着既定的目标去努力,才是达成目的的正确方式。大学生的职业规划既包含明确的职业发展目标与理想,也包括实现目标的具体计划。有了职业规划,就有了努力的方向,就能够有计划、有步骤地去实现自己的目标。

三、职业规划既是未雨绸缪,也是合理应对。通过职业规划能够显著提升自己

的职业竞争力。当今社会处在变革的时代,到处充满着激烈的竞争。尤其是大学生的职业选择和就业更是竞争非常突出。要想在激烈的竞争中脱颖而出并保持一定优势,就需要提前做好自己的职业规划,这样才能做到心中有数,不打无准备之仗。避免毕业时拿着简历与求职书到处撞运气,结果是浪费了大量的时间、精力与金钱,还很难找到理想的职业。

四、职业规划是大学生适应社会发展的需要。随着人类社会经济、技术和文明的不断发展,对人力资源的要求也更具综合性:不仅需要人才具有合理的知识结构,还要求具备较强的逻辑思维能力、社会活动能力和创新能力等综合素质。现代大学生是我国青年一代中的佼佼者,也是新时代中国特色社会主义事业的建设者和中流砥柱。为适应社会和时代的要求,把握好每一个可能成功的机遇,必然要借助科学、合理的职业规划,认识自我、发展自我、完善自我,提升个人的素质和修养,为国家和全人类的文明进步作出贡献。

5.1.2 职业规划的步骤[38,39]

要做好职业规划就要按照职业规划的步骤认真做好每个环节。

5.1.2.1 确定人生志向,设定职业目标

前面说过,有些学生从小就有自己的兴趣爱好和人生理想,但随着年龄的增长兴趣爱好有可能会发生变化,儿时的理想也不一定切合实际。上大学后就需要根据所学的知识和积累的经验对这些问题进行深入的思考、作出明确的选择。自己人生的志向究竟是什么,想要成为一个什么样的人,希望从事什么职业,担任什么样的角色,在所选择行业内的奋斗目标是什么,这些问题都是职业规划时首先要考虑的问题。一个事业的成功者,必定是一个奋斗目标明确和志向远大的人。

人生的志向可能比较宏观抽象,但职业目标应该明确具体。做什么,做到什么程度,要有明确具体的规划。目标要切合实际,要在自己的能力和环境允许的范围内有可能实现,否则就是空中楼阁水中月。另外,职业目标要与生活目标相结合,既要考虑事业的发展,也要兼顾婚姻、健康、收入等生活中的基本问题。人生立志创一番事业,物质基础是必要的。没有一定的物质基础,事业也很难得到发展。这些问题都直接影响着今后生活的质量和事业的成败。作为一名大学生还要摸准时代的脉搏,将自己的职业目标和人生志向与时代发展的脚步相同步,在实现自我价值的同时也为国家、社会和人类文明的进步作出自己的贡献,才能真正实现自己人生的理想。

5.1.2.2 客观认识自我,明确职业定位

要做好职业规划就要认识自我,了解自己的性格、能力、兴趣、特长等,搞清自己

适合干什么、能干什么;必须明确自己的职业价值观,即确定自己在职业生涯中看重的是什么。对自己有了恰当的认知和定位,才会有一个相对明确的职业定位和求职方向。为此,需要做好自我评估。

自我评估就是对自己做全面分析,认识自己、了解自己,抓住自己的特点,发挥自己的优势,避开自己的不足,对自己的职业目标作出正确的选择,并确定适合自己发展的职业生涯路线。自我评估包括对自己的兴趣、特长、性格、学识、技能、价值观等进行评估。

一、了解自己的兴趣。有些学生考大学时填报的志愿并非出于自己的理想和兴趣,而是出于父母的要求或他人的期望。如果能够在大学期间发现自己真正感兴趣的领域,那么职业规划的目标将会明确很多。

二、明确自己的价值观。价值观是影响人一生的核心信念。价值观决定一个人的是非观念、为人处事方式、思维方式及兴趣取向。价值观的形成是一个漫长的过程,主要与自己的知识水平、经验积累以及认知能力有关。大学生相对来说比较单纯,价值观的取向还处于不稳定状态。独立自主地、选择性地接受某些核心的价值观,对确定自己的未来人生之路会起到很大作用,对自己的职业规划无疑也有很大影响。了解自己的价值观,既有助于自己大学阶段的学习和生活,也是为自己的职业生涯规划做前期准备。

三、认清自己的个性特征。正如每个人的价值观不同一样,每个人的个性也不尽相同,由此导致对外界的认识和看法也有很大差异。个性对人一生的发展会起到非常重要的作用。一般来说不同的个性特征适合不同的工作环境。比如说热情外向的人适合营销公关,沉静专注的人适合科学研究。认清自己的个性特征有助于自己确定职业发展方向。

四、评估自己的素质。无论何种职业都希望求职者具有较高的素质,但不同的职业对素质又有一些特殊的要求。因此,了解不同职业对素质的要求,分析认识自身的素质缺陷,有计划地通过学习、锻炼来提高自己的素质是很重要的。

对自己的特点、能力和基本素质有了客观的认识,就比较容易给自己一个相对清晰的职业定位,知道自己在未来的职业生涯中最适合从事什么工作,也最有可能做好什么工作。

5.1.2.3 评估就业机会,锁定职业目标

有了明确的职业目标和职业定位,还需要对就业的机会进行评估,看看有多大可能性实现自己的就业理想。就业机会评估包括几个方面:一是要对自己想从事的职业要进行深入分析,了解该职业对求职者的专业素质、能力、年龄、性格特点等方面的要求,看看自己是否能够满足要求;二是要了解职业的性质、工作环境、薪酬福

利以及发展空间是不是与自己的就业理想一致;三是要了解该职业的竞争性有多强,自己有多大的成功机会;除此之外,还要清楚公司文化和人文环境是不是与自己的品位吻合。在对上述几个方面进行理性的分析之后,就能够比较客观地评估就业的机会,就能够避免费尽心思与人力物力找到工作后,由于与自己的条件和期望相差甚远而不得不放弃。

5.1.2.4 制订行动计划,选择职业路径

在确定职业生涯的目标后,行动便是成功的关键。这里的行动指为实现目标所做的准备和采取的具体措施,包括努力学习相关理论,完善自己的知识结构;积极参与各种教育培训,提高自己的业务素质;在实践中锻炼自己,积累经验,不断增长工作才干。只有通过这样的努力才能使自己在未来的职业生涯中得心应手、游刃有余,并不断取得进步,实现自己的人生理想。

5.1.3 职业方向规划

5.1.3.1 深造

所谓深造就是指进一步学习和钻研,在学业上或专业上达到更加精深的程度。对大学生来说,深造一般就是指考研继续学习,以提高自身的学历层次,增强就业后的竞争能力,拓展职业发展空间;或者通过深造在某一学科领域学有所长,掌握更多的基础理论、专业知识和科研技能,在学术研究和技术创新方面有所成就。

继续深造除了要求学生对本专业有强烈的兴趣和爱好,还要有勤奋耐劳、刻苦钻研、不畏艰险的精神和毅力,需要有良好的身体和心理素质,而且家庭没有太大的经济负担,能够负担继续深造期间的学习和生活费用。

深造有在国内深造或国外留学深造之分。国内深造的优点是学习和生活环境熟悉,容易适应,对外语尤其是口语和听力的要求没有出国那么高,与导师沟通容易,而且学习和生活费用低,经济负担小。家庭经济困难、外语水平不是很高的学生可以优先考虑在国内深造。国外留学深造的优点是能够改变从小就熟悉的学习和生活环境,锻炼自己的适应能力;能够接触到不同类型的文化、思想和人物,有利于自己形成多元化的知识结构;而且有可能到世界顶尖的大学和学术机构深造,受到良好的教育和学术熏陶,使自己成长为具有深厚文化底蕴、良好学术素养和宽阔国际视野的学术精英。但是,出国留学要远离亲人、远离祖国,经济负担重,对外语水平也要求高,还要与不同文化背景的人打交道,有些学生还需要边学习边打工,学习和生活压力可能超出你的想象。因此,出国留学要求学生具有独立生活的能力、吃苦耐劳的精神、良好的身体素质和强大的心理承受能力。从留学回国人员的发展情况看,大多数留学人员的知识底蕴深厚、结构合理、学术素养好、综合素质高、就业情

况和职业发展都比较好。老一代的钱学森、李四光、华罗庚等科学家,新一代的施一公、饶毅、李彦宏等归国人员就是其中的杰出代表。他们为祖国的建设和科学技术的发展作出杰出的贡献,成为留学生的楷模。但也并非所有的留学生都是这样。有些留学生不适应国外的生活和学习环境,或者没有很强的进取心,出国的目的就是为了拿一张国外的文凭,留学期间不能刻苦学习,没能掌握必要的知识和技能,回国后也不具有很强的竞争力,有些甚至还不如在国内深造的学生有作为。还有些留学生出国后不约束自己的行为,不仅不好好学习,反而贪图奢靡的生活,放任自流,荒废了学业也荒废了人生。所以,出国留学也不一定适合每个人,关键在于你要有明晰的职业生涯规划和职业发展目标。

5.1.3.2 就业

据麦可思 2018 年就业蓝皮书发布,2017 届大学生毕业半年后"受雇全职工作"的比例为 77.1%,与 2016 届、2015 届(分别为 77.3%、77.4%)基本持平[40]。可见,毕业后直接参加工作是大学生实现初次就业的主要选择路径。如果你不打算继续深造,也不打算自主创业,而是选择就业,那就要做好求职的充分准备,将自己的择业与社会需要、个人优势、自我成长、未来发展目标等相结合,密切关注就业信息,积极参加各类招聘会,不要错过理想的就业机会,实现自己的就业意愿。

5.1.3.3 自主创业

自主创业是大学毕业生除继续深造和到企事业单位、政府机关就业以外的一种自主择业的途径。随着我国经济和社会的转型发展以及就业压力的不断加大,自主创业逐渐成为大学毕业生一种重要的择业方式。大学生自主创业不仅解决了自身的就业问题,还能为他人创造更多的就业机会。国家和地方政府相关部门都大力提倡与鼓励大学生自主创业,建立大学生创业实习基地,设立大学生创业基金,为大学生自主创业提供各种帮扶举措。

为支持大学生创业,国家和地方各级政府出台了很多优惠政策,涉及融资、开业、税收、创业培训、创业指导等诸多方面。按照《国务院关于进一步做好新形势下就业创业工作的意见》[41]《国务院办公厅关于深化高等学校创新创业教育改革的实施意见》[42]等文件规定,高校毕业生自主创业优惠政策主要包括:

一、税收优惠。持人社部门核发的《就业创业证》(注明"毕业年度内自主创业税收政策")的高校毕业生在毕业年度内(指毕业所在自然年,即从 1 月 1 日至 12 月 31 日)创办个体工商户、个人独资企业的,3 年内按每户每年 8000 元为限额依次扣减其当年实际应缴纳的营业税、城市维护建设税、教育费附加和个人所得税。对高校毕业生创办的小型微利企业,按国家规定享受相关税收支持政策。

二、创业担保贷款和贴息支持。符合条件的高校毕业生自主创业者可在创业地

按规定申请创业担保贷款,贷款额度为10万元。鼓励金融机构参照贷款基础利率,结合风险分担情况,合理确定贷款利率水平,对个人发放的创业担保贷款,在贷款基础利率基础上上浮3个百分点以内的,由财政给予贴息。

三、免收有关行政事业性收费。毕业2年以内的普通高校毕业生从事个体经营(除国家限制的行业外)的,自其在工商部门首次注册登记之日起3年内,免收管理类、登记类和证照类等有关行政事业性收费。

四、享受培训补贴。对高校毕业生在毕业学年(即从毕业前一年7月1日起的12个月)内参加创业培训的,根据其获得创业培训合格证书或就业、创业情况,按规定给予培训补贴。

五、免费创业服务。有创业意愿的高校毕业生,可免费获得公共就业和人才服务机构提供的创业指导服务,包括政策咨询、信息服务、项目开发、风险评估、开业指导、融资服务、跟踪扶持等创业服务。各地在充分发挥各类创业孵化基地作用的基础上,因地制宜建设一批大学生创业孵化基地,并给予相关政策扶持。对基地内大学生创业企业要提供培训和指导服务,落实扶持政策,努力提高创业成功率,延长企业存活期。

六、取消高校毕业生落户限制,允许高校毕业生在创业地办理落户手续(直辖市按有关规定执行)。

大学生朝气蓬勃、富有激情和创业精神,在学校里掌握了比较丰富的理论知识和专业知识,在高科技、高技术领域进行创业具有一定的技术优势。通过自主创业也能够锻炼自己的能力,增长社会实践经验,可以将自己的兴趣爱好与创业理想相结合,实现自己的人生价值。但是,大学生社会经验不足,缺乏市场意识及管理经验,常常将创业的思路和过程理想化,往往急于求成,对于创业过程中可能遭遇的困难缺少足够的心理准备,一旦遇到挫折就会感到痛苦茫然,甚至消极沮丧、一蹶不振。要知道任何成功的背后都会有很多艰辛和失败。既能够享受成功的喜悦,也能够承受失败的打击,才是创业者必须具备的心理素质,也才能最终获得创业的成功。

尽管大学生自主创业有一定的优势和优惠政策,但创业过程中必然会遇到很多困难和风险。创业前一定要认真分析可能遇到的风险,对自己的风险承受能力要有客观的估计,对风险的应对要有一定的准备,这样才能做到心中有数,不打无把握之战。大学生创业的风险主要有以下几个方面。

一、项目选择的风险。大学生创业时如果缺乏前期市场调研和论证,只是凭自己的兴趣和想象来决定投资方向,甚至仅凭一时心血来潮作决定,就会有很大的风险。所以,创业者在前期一定要做好市场调研,在了解市场的基础上再行创业。

二、缺乏创业技能的风险。很多大学生创业者眼高手低,真正进入创业的实际操作时,才发现自己根本不具备相应的技能和解决问题的能力,这样的创业很难成

功。创业前最好先参加创业培训,积累创业知识,接受专业指导;或者先就业,在实际工作中积累与创业相关的经验,锻炼自己的创业技能,这样才能提高创业的成功率。大学期间学校会开展很多针对大学生创新创业的活动,经常举行全国性或地区性各类大学生创新创业大赛,学生应积极参加这些活动和竞赛,一方面通过锻炼提高自己的创业能力,规避由于创业技能缺失可能产生的风险;另一方面也可以在实践中发现创业的机遇,为今后的自主创业做好铺垫。

三、资金风险。资金是创业的基本物质条件。创业时首先要考虑有无足够的启动资金和支持企业在无盈利状态下一段时期内日常运作的资金。很多企业在创办初期由于资金紧缺而严重影响业务的拓展,甚至错失商机而不得不关门大吉。创业者要有可靠的融资渠道,除了自筹资金、银行贷款、民间借贷等方式外,还可以利用风险投资、创业基金等融资渠道。

四、资源缺乏风险。创业除了资金、设施、场所,还需要技术、人才、产品、市场等多种资源。大学生刚从学校毕业,创业初期一定会面临资源缺乏的风险。有志于自主创业的大学生在校期间就应该多参加各种社会实践活动,尽量扩大自己交往的范围;或者创业前先到相关行业领域工作一段时间,为日后自主创业积累人脉等社会资源。

五、管理风险。有些大学生创业者虽然在校期间学习成绩优秀,专业技能突出,但经营管理方面的能力不足,也会带来很大风险。要想创业成功,必须掌握一定的管理知识,并且在实践中尽快积累经验,提高自己的管理能力;或者聘用具有管理经验的合伙人一起创业,也可以减少由于管理能力不足带来的风险。

创业虽有风险但并非不可管控。面对可能遇到的风险,保持稳定的心态,多学习,多汲取优秀经验,发挥大学生自身的优势,沉着应对,创业的步伐一定会越走越稳,越走越远。

5.2 就业

5.2.1 行业与职业

行业是指国民经济和社会活动中生产同类产品或具有相似生产过程或提供同类劳动服务的经济、社会组织结构体系。职业是个人参与社会分工,利用专门的知识和技能服务于社会,创造物质财富或精神财富,并获得相应报酬以满足自身物质生活和精神生活需求的工作。

行业是按工作对象来划分,比如工业、金融业、农牧业等;职业是按工作职能来划分,比如企业家、教师、公务员等。

按照我国《国民经济行业分类和代码》，将国民经济行业划分为13个门类：

一、农、林、牧、渔、水利业；

二、工业；

三、地质普查和勘探业；

四、建筑业；

五、交通运输业、邮电通信业；

六、商业、公共饮食业、物资供应和仓储业；

七、房地产管理、公用事业、居民服务和咨询服务业；

八、卫生、体育和社会福利事业；

九、教育、文化艺术和广播电视业；

十、科学研究和综合技术服务业；

十一、金融、保险业；

十二、国家机关、党政机关和社会团体；

十三、其他行业。

根据《中华人民共和国职业分类大典》，将我国职业归为8个大类，分别是：

一、国家机关、党群组织、企业、事业单位负责人；

二、专业技术人员；

三、办事人员和有关人员；

四、商业、服务业人员；

五、农、林、牧、渔、水利业生产人员；

六、生产、运输设备操作人员及有关人员；

七、军人；

八、不便分类的其他从业人员。

这种分类方法与国际标准职业分类法基本类似。

5.2.2 职场对人才素质的要求

素质包括职业素质和非职业素质两个方面。职业素质是指为适应不同专业的特殊要求而应该具备的素质条件，非职业素质是指不论学什么专业或从事什么工作所必须具备的基本素质。

大学生的非职业素质主要包括：

一、良好的思想道德素质和心理素质。思想道德素质是人的综合素质的灵魂，也是专业素质的基础，是用人单位挑选和考察毕业生的首要条件。大学生要首先学会做人，做人是做事的基础。大学生要学会关心他人、关心集体、关心社会、关心人类，要有社会责任感；要能够正确处理自己和他人的关系，要具有良好的合作精神和

拼搏精神；要有竞争意识和进取精神，有吃苦耐劳的精神和坚韧不拔的精神；要有自信心、自制力、自立能力和承受挫折的能力。

二、浓厚的职业兴趣。无论从事什么职业都需要有浓厚的职业兴趣。职业兴趣将增加个人的工作满意度、职业的稳定性和成就感，否则就不可能发挥个人的潜能，做好本职工作。职业兴趣是以个人的需求和品位为前提的。人的需求包括物质需求和精神需求。物质需求一般来说是暂时的、容易满足的，靠物质追求很难维持职业兴趣的长久性；而精神需求则是持久的、稳定的、不断增长的，有精神追求的人才能保持长久的职业兴趣。人的品位也有高低之分，品位高雅的人会更多地关注精神需求。作为一个有志向有追求的大学生，应该不断提升自己的品位，注重精神层面的追求，并将精神追求转化为职业兴趣，在满足自己物质需求的基础上更多地追求对社会的贡献，这样才能保持自己长久的职业兴趣，也才能在职场上有更大的成就。

三、完善的现代知识结构。未来人才所需要的知识结构体现出这些基本特点：基础厚、专业精、横向知识广博；知识结构具有系统性和动态性，而不是僵化的、静止的、封闭的和教条的。这就需要大学生具备不断学习的能力和扩展知识的能力，不断调整自己的知识结构，增强就业后的适应性和未来发展的后劲。

四、创造性素质和创新能力。创造性素质和创新能力需要在综合各种基本能力基础上才能形成。因此，对大学生创造性素质的要求具体体现在自学能力、观察能力、独立思维能力、科学研究能力、表达能力、鉴别审美能力、自我调控能力、社会交往能力、实际操作能力、组织管理能力等基本能力方面。

大学生除了应该具备基本的非专业素质以外，还应该了解不同岗位对职业素质的要求。

一、企业管理人员的素质要求

（一）具有较强的决策能力和组织能力，善于组织人力、物力和财力，发挥资源的优势，做到人尽其才、物尽其用；

（二）勇于负责，善于应变，大权独揽，小权分散，不墨守成规，积极进取；

（三）爱学习、懂专业，善于捕捉行业信息，引领企业发展方向；

（四）尊重他人，善于合作，不武断，不狂妄，善于听取不同意见；

（五）对新事物、新环境、新观念具有敏锐的感知能力；

（六）品行端正，廉洁奉公；

（七）具有承担风险的勇气和心理素质，有改变企业面貌、创造新局面的雄心和信心。

二、科技管理人员的素质要求

（一）精通某一学科，有较深厚的专业知识和管理知识；

（二）有较强的政策观念；

（三）对科学技术有较强的鉴别力，具有判断和预测学科发展的能力；

（四）具有较强的管理能力、沟通能力和社会活动能力；

（五）知人善任，有服务意识；

（六）有较强的组织、协调能力。

三、商业经营人员的素质要求

（一）思维敏捷、头脑灵活，对市场的变化比较灵敏，并在短时间内能做出反应；

（二）善于对从市场获得的信息，鉴别其真伪和价值并及时反馈；

（三）善于控制自己的情绪，喜怒不形于色；

（四）具有较强的表达能力，能够通过语言和商业文书完整、准确地表达自己的意愿；

（五）能及时对经营作出正确的决策，对各种商业活动组织、协调得当；

（六）性格外向，善解人意，具有亲和力，与人沟通能力强；

（七）时间观念强，诚实，守信用。

四、自然科学研究人员的素质要求

（一）具有独立思考能力，能够坚持真理，实事求是；

（二）具有扎实的专业知识和宽广的知识面；

（三）具有好奇心和进取心，对新事物敏感，具有创新思维和创新能力；

（四）有较强的表达能力和沟通能力；

（五）逻辑思维能力和判断能力强；

（六）吃苦耐劳、坚忍不拔并具有合作精神。

五、社会科学研究人员的素质要求

(一)具有较强的社会责任感和为真理献身的精神；

(二)具有较高的政策水平、深厚的理论知识和宽广的知识面；

(三)具有从事科学研究的热情，耐得住清贫、守得住寂寞；

(四)观察力和预测力强，对社会问题敏感，善于发现问题、分析问题和解决问题；

(五)善于调查研究、收集、处理信息，具有较强的逻辑思维能力和分析、综合能力；

(六)具有合作精神，善于处理与他人的关系。

六、工程技术人员的素质要求

（一）具有扎实的专业知识和宽广的知识面；

（二）有较强的求知欲望，爱学习、肯钻研，富有创新精神；

（三）具有严肃认真、实事求是的工作态度和吃苦耐劳的精神；

（四）有一定的组织能力、实际操作能力和解决问题的能力；

（五）对科技发展和新技术具有敏锐的洞察力和预测能力。

七、司法工作者的素质要求

（一）有正义感和同情心，能够不畏权势、坚持真理、坚守法律底线；

（二）具备法学、心理学、社会学、经济学、逻辑学等方面的知识；

（三）具有较强的理解国内外有关法律和准确断案的能力；

（四）具有较强的书面和口头表达能力；

（五）情绪稳定，有较强的自我控制能力；

（六）具有敏锐的观察力和较强的抽象思维能力。

八、教师的素质要求

（一）热爱教育事业，有献身精神；

（二）有爱心，对学生态度和蔼，有耐心，平易近人；

（三）专业知识扎实，知识面宽广；

（四）有较强的组织管理能力；

（五）观察能力强，善于从学生的言行举止洞穿心理；

（六）有较强的记忆力和理解能力；

（七）具有较强的表达能力，口齿清楚，发音准确，文字能力强；

（八）作风正派；

（九）兴趣广泛；

（十）注重仪表。

九、金融财会人员的素质要求

（一）法律意识和是非观念强，能坚持原则，坚守底线，清正廉洁，抵制各种诱惑；

（二）责任心强，认真、慎重、细致；

（三）具有扎实的专业知识和宽广的知识面，具备与金融财务相关业务方面的知识；

（四）有较强的数字反应能力和汇总、规划能力；

（五）具备较强的理解、分析、综合、判断和推理的能力。

十、公务员的素质要求

（一）具有较高的政治素质，能够贯彻执行党的路线、方针、政策，全心全意为人民服务，遵纪守法，保守国家秘密，清正廉洁；

（二）具有高度的责任心和强烈的事业心；

（三）具有较高的理论水平，扎实的基础知识、专业知识、管理知识和宽广的知识面；

（四）具有较强的组织管理能力、协调能力、决策能力和应变能力；

（五）具有较强的调研能力和较高的政策水平；

（六）具备良好的思维能力和分析、综合、比较、抽象概括的能力；

（七）具有较强的语言和文字表达能力；

（八）具有一定的亲和力和社会交往能力，既能坚持原则性又具有一定的灵活性。

以上仅列举了部分职业岗位对从业者的素质要求，其他职业对求职者也有针对岗位特点的特殊要求。学生可以根据自己的优势和特点，比对不同岗位的职业素质要求去选择最适合自己的职业。

无论是职业素质还是非职业素质都主要通过不断学习与锻炼养成和提高。为了适应未来职场变化的要求，大学生在校期间就要努力学习新知识、掌握新技能，积极参加各类科技、文化、社团活动，在实践中锻炼自己，努力提高自己的综合素质，这样才能保证自己将来不被时代淘汰。

5.2.3 就业与择业

就业，指的是寻找到一份工作，获得物质上的报酬，从而解决自己的生活经济来源问题。而择业，不光是找到工作，而是要在众多的就业机会里选择某个适合自己的、长远看更有可能获得成功的职业。择业意在选择，是主动的、自主的就业，而非被动的就业。

作为大学毕业生究竟应该是先就业还是先择业，大多数人都说应该先就业再择业。但是，先就业后择业很可能导致盲目地为了找一份工作而找工作，缺乏理性的思考和选择，更谈不上长远的规划。这样做的后果很有可能是人职不匹配，从事了自己不喜欢或无法胜任的职业，就业后又频繁跳槽，无法稳定工作，几年后仍然业绩平平，一事无成，耽误了职业发展的宝贵时间。所以，最好的选择是择业与就业同步进行。也就是说，在就业之前首先通过理性的职业规划，对自己可能和可以从事的职业进行比较、筛选，在充分准备的基础上去择业和就业。这样，就能避免就业的盲目性，也能保证就业后有相对持续稳定的发展，在事业上取得成就。

影响择业的因素有很多，决策时重点要从以下几个方面来考虑。

一、家庭经济状况。家庭经济状况可能是很多毕业生择业时不得不考虑的一个重要因素，甚至有可能是左右最终就业的主要因素。有些学生上学时家里就借钱欠下了债，还有的是依靠贷款上学，毕业后就面临着还债还贷的压力，又不想再依赖父母，这种情况下很有可能就选择了收入比较高的职业或岗位。这种选择也无可厚非。如果经济压力不是很大，选择一个比较有发展潜力的单位和自己感兴趣的职业岗位，对后续的发展则会更加有利。

二、环境的影响。环境的影响包括社会环境、竞争环境和人文环境、舆论环境对

择业决策的影响。在经济全球化和一体化的大趋势下,就业环境已经不是完全取决于一个行业、一个地区甚至一个国家的经济和社会发展状况,而是要受到国内外政治、经济和社会方方面面因素的影响。例如我国"一带一路"的发展战略和近期中美之间的贸易摩擦对就业环境将会产生巨大的影响。市场对你所学专业人才的需求以及人才之间的竞争也会对就业产生影响。还有亲戚朋友对你的期望、社会舆论对职业的评价等,都有可能影响你就业时的抉择。既要考虑环境的影响,又不能完全受环境因素的左右,理性地选择一个与个人志向比较吻合的职业才是正确的决策。

三、个人志向与发展的前景。志向远大者,一般都会有明确的发展目标及职业生涯规划,都会始终关注自己该走什么样的职业发展道路,什么样的选择会对自己更加有利。对于他们来说,经济压力与环境影响只是暂时的问题,实现自己的人生理想才是唯一正确的选择。正所谓"有志者,事竟成,破釜沉舟,百二秦关终属楚;苦心人,天不负,卧薪尝胆,三千越甲可吞吴。"

上面这些影响择业的因素其实也都是在进行职业规划时就要考虑的因素。有了前期充分的职业规划,就有了明确的职业目标和定位,就有了择业的标准和实施的途径,也就会有更理性的择业和更满意的就业。

5.2.4　就业指导

对大学生来说,就业是人生道路上的一个重要节点。就业意味着身份的转变、生活环境的变化和生活方式的改变。就业是大学生必须面对的问题,也是一个从未有过经验的新课题。很多学生很善于学习,很适应学校的生活,当毕业面临就业时就显得很迷茫、很紧张,有些不知所措。这个时候积极寻求贴心的就业指导,帮助自己树立正确的就业观和择业观,选择一个最适合自己的职业,实现人生转折期的平稳过渡无疑是非常重要的。

大学生获得就业指导的途径有很多,包括从家长、老师、朋友、社会人士、就业指导书刊、网络等渠道都能够得到相关的信息和指导,但在校期间最方便的渠道就是学校的毕业生就业指导中心。毕业生就业指导中心是学校内部专门为帮助指导毕业生就业而设置的机构,一般设在学校的学生处或招生就业处。毕业生就业指导中心的主要职能与职责是:

一、根据国家、地方政府及上级管理部门颁布的有关大学生就业的法规政策,拟定本校毕业生的就业工作指导意见和具体实施办法,安排毕业生就业工作日程;

二、为学生开设《大学生就业指导》课程,组织就业专题讲座,对毕业生进行就业辅导和就业培训;

三、为毕业生提供政策咨询、就业信息;

四、组织学校和用人单位供需见面洽谈活动并提供推荐等服务;

五、负责办理毕业推荐表的发放、盖章,就业协议书的鉴证登记,调整改派及其他相关手续,并负责毕业生报到证的申请与发放工作。

就业指导课是学校为指导学生树立正确的就业观、培养良好的心理素质、科学地进行职业规划和理性地选择职业并实现顺利就业而专门开设的课程,一般列入正常的教学计划之中。很多学校从大一开始一直到学生毕业,每学年都会根据学生不同时期的特点和需求有针对性地进行有关职业规划和就业指导的教育。低年级时注重对学生成才观和职业志向的培养,指导学生进行职业兴趣、职业能力、职业倾向的测试,了解自己的兴趣爱好、心理素质、性格特征以及与之相对应的职业范围,初步定位今后的职业发展方向;指导学生树立社会服务意识、增强社会适应能力、提高心理素质。高年级时注重培养学生树立正确的就业观和择业观,指导学生根据自己的个性特点、专业特长,努力拓宽知识面,提高能力,增强就业的自主性和决策的能力;同时宣传就业政策,并为学生提供就业信息、择业指导及就业服务。学生应该认真上好就业指导课,掌握更多就业信息和知识,为自己进行科学的职业规划和找到理想的职业奠定基础。

辅导员、班主任和专业教师在指导学生就业方面能够发挥很大的作用。辅导员和班主任是学生在校期间接触最多的老师,对每个学生的个性、特点、兴趣爱好、专业特长都有比较多的了解。主动寻求辅导员和班主任的指导,认真听取他们对自己的分析、评价和就业指导意见,对做好职业规划和今后就业是很有益处的。专业教师一般对行业发展状况有较多的了解,与行业内的企事业单位有着广泛的联系。本专业的往届毕业生工作以后有些已经成为单位的负责人,有些就直接负责招聘工作,或者了解本单位是否需要人、要招什么样的人、需要哪个专业、具有什么特长的人等信息,他们一般和专业老师都保持着紧密的联系。学生从专业老师那里可以得到很多与就业相关的信息,找工作时就可以有的放矢,提高就业的成功率。此外,教师见多识广,经验丰富,能够对招聘信息进行鉴别、筛选,避免学生浪费时间和金钱。

由各级人力资源社会保障部门举办的公共就业和人才服务机构,为高校毕业生免费提供政策咨询、就业信息、职业指导、职业介绍、就业援助、就业与失业登记或求职登记等各项公共服务,按规定为登记失业的高校毕业生免费提供人事档案管理等服务。此外,还定期开展面向高校毕业生的公共就业和人才服务专项活动,比如每年5月举办的"民营企业招聘周"、每年9月举办的"高校毕业生就业服务月"和每年11月举办的"高校毕业生就业服务周"等,为高校毕业生和用人单位搭建供需对接平台。

网络是目前获得就业指导和就业信息的最重要的途径。大学的校园网上一般都设有专门为学生提供就业政策、就业指导、招聘信息和就业服务的网站;互联网上也有大量的由政府有关部门、社会中介服务机构和用人单位发布的就业指导信息和

招聘信息。通过网络学生可以及时了解到大量与就业相关的信息。

5.2.5 就业途径

军事院校的大学生毕业后会由学校直接分配到部队或其他军事单位就业,一般不得自主择业;定向生毕业后将依据招生时确定的地区或部门实行"双向选择"就业。如定向地区或部门因情况变化不再需要,定向生可按普通招生计划招收的大学生就业。

大学生的就业途径主要有企业、事业和政府机关。这些单位的性质和特点有很大区别,对从业者的素质要求也有所不同,学生择业时要充分予以考虑。

5.2.5.1 企业

企业一般是指各种独立的、以营利为目的、运用各种生产要素(土地、劳动力、资本、技术和企业家才能等)、向市场提供商品或服务、实行自主经营、自负盈亏、独立核算的法人或其他社会经济组织。根据企业的定义可以看到企业具有以下特征:企业是以特定利益为目的的经济组织;企业是一个独立的法人;企业是社会经济的组成部分;企业是一个经济运行系统。

我国境内的企业有很多种类型,不同类型的企业具有各自的特点。多了解一些不同企业的特点对学生今后的择业和就业是很有必要的。

(1)国企、央企、全民所有制企业

国企即国有企业,是指国务院和地方人民政府分别代表国家履行出资人职责的国有独资企业、国有独资公司以及国有资本控股公司,包括中央和地方国有资产监督管理机构和其他部门所监管的企业本级及其逐级投资形成的企业。国有企业是我国国民经济发展的中坚力量,是中国特色社会主义的支柱。国有企业作为一种生产经营组织形式,同时具有商业类和公益类的特点。其商业性体现为追求国有资产的保值和增值,其公益性体现为国有企业的设立通常是为了实现国家调节经济的目标,起着调和国民经济各个方面发展的作用。

所谓全民所有制企业,实质就是企业生产资料归全体人民共同所有的企业。国企属于全民所有制企业,所以,国企的性质实质就是生产资料属于全体人民共同所有的企业所具有的性质。

按照国有资本在企业中所占比例的多少,企业可以分为国有独资公司、国有控股公司和国有参股公司或国家参股公司。国有独资公司由政府全额出资,受公司法规范。这类企业以社会公共目标为主,经济目标居次。这类企业主要是典型的自然垄断企业和资源类企业,如铁路、自来水、天然气、电力、机场等。国有控股公司由政府出资控股,受公司法规范。这类企业兼具社会公共目标和经济目标,以经济目标

支撑社会公共目标。这类企业主要是准自然垄断企业和国民经济发展的支柱产业，如电子、汽车、医药、机场等。这类企业不直接提供公共服务，而是通过向国家财政上交股息和红利，间接提供公共服务。国有参股公司不是国有企业，政府只是普通参股者，受公司法规范。这类企业与一般竞争性企业无异，没有强制性社会公共目标，经济目标居主导。

按照国有资产管理权限划分，国企可以分为中央企业（由中央政府监督管理的国有企业）和地方企业（由地方政府监督管理的国有企业）。地方国有企业太多无法一一列出，这里只把中央企业即我们常说的央企列出。央企按其在国家社会经济发展过程中所承担的责任又分为国务院直属中央企业和国务院国资委管理的中央企业。

国务院直属中央企业共有两家，即中国国家铁路集团有限公司和中国投资有限责任公司。截至2018年6月，国务院国资委管理的中央企业共有96家[43]，名单如下。

表12　国务院国资委管理的中央企业

序号	名　　称
1	中国核工业集团有限公司
2	中国航天科技集团有限公司
3	中国航天科工集团有限公司
4	中国航空工业集团有限公司
5	中国船舶工业集团有限公司
6	中国船舶重工集团有限公司
7	中国兵器工业集团有限公司
8	中国兵器装备集团有限公司
9	中国电子科技集团有限公司
10	中国航空发动机集团有限公司
11	中国石油天然气集团有限公司
12	中国石油化工集团有限公司
13	中国海洋石油集团有限公司
14	国家电网有限公司
15	中国南方电网有限责任公司
16	中国华能集团有限公司
17	中国大唐集团有限公司
18	中国华电集团有限公司

续表

序号	名　称
19	国家电力投资集团有限公司
20	中国长江三峡集团有限公司
21	国家能源投资集团有限责任公司
22	中国电信集团有限公司
23	中国联合网络通信集团有限公司
24	中国移动通信集团有限公司
25	中国电子信息产业集团有限公司
26	中国第一汽车集团有限公司
27	东风汽车集团有限公司
28	中国一重集团有限公司
29	中国机械工业集团有限公司
30	哈尔滨电气集团有限公司
31	中国东方电气集团有限公司
32	鞍钢集团有限公司
33	中国宝武钢铁集团有限公司
34	中国铝业集团有限公司
35	中国远洋海运集团有限公司
36	中国航空集团有限公司
37	中国东方航空集团有限公司
38	中国南方航空集团有限公司
39	中国中化集团有限公司
40	中粮集团有限公司
41	中国五矿集团有限公司
42	中国通用技术(集团)控股有限责任公司
43	中国建筑集团有限公司
44	中国储备粮管理集团有限公司
45	国家开发投资集团有限公司
46	招商局集团有限公司
47	华润(集团)有限公司
48	中国旅游集团有限公司[香港中旅(集团)有限公司]
49	中国商用飞机有限责任公司
50	中国节能环保集团有限公司

续表

序号	名　　称
51	中国国际工程咨询有限公司
52	中国诚通控股集团有限公司
53	中国中煤能源集团有限公司
54	中国煤炭科工集团有限公司
55	机械科学研究总院集团有限公司
56	中国中钢集团有限公司
57	中国钢研科技集团有限公司
58	中国化工集团有限公司
59	中国化学工程集团有限公司
60	中国盐业集团有限公司
61	中国建材集团有限公司
62	中国有色矿业集团有限公司
63	有研科技集团有限公司
64	北京矿冶科技集团有限公司
65	中国国际技术智力合作有限公司
66	中国建筑科学研究院有限公司
67	中国中车集团有限公司
68	中国铁路通信信号集团有限公司
69	中国铁路工程集团有限公司
70	中国铁道建筑有限公司
71	中国交通建设集团有限公司
72	中国普天信息产业集团有限公司
73	中国信息通信科技集团有限公司
74	中国农业发展集团有限公司
75	中国中丝集团有限公司
76	中国林业集团有限公司
77	中国医药集团有限公司
78	中国保利集团有限公司
79	中国建设科技有限公司
80	中国冶金地质总局
81	中国煤炭地质总局
82	新兴际华集团有限公司

续表

序号	名　　称
83	中国民航信息集团有限公司
84	中国航空油料集团有限公司
85	中国航空器材集团有限公司
86	中国电力建设集团有限公司
87	中国能源建设集团有限公司
88	中国黄金集团有限公司
89	中国广核集团有限公司
90	中国华录集团有限公司
91	上海诺基亚贝尔股份有限公司
92	华侨城集团有限公司
93	南光(集团)有限公司[中国南光集团有限公司]
94	中国西电集团有限公司
95	中国铁路物资集团有限公司
96	中国国新控股有限责任公司

此外还有8家由国家(财政部、中央汇金公司)直接管控的、具有国有企业性质的银行,分别是国家开发银行、中国进出口银行、中国农业发展银行、中国工商银行、中国农业银行、中国银行、中国建设银行和交通银行。

(2)民营企业、私营企业、独资企业、合伙企业

按照企业的资本组织形式,民营企业是指我国境内除国有企业、国有资产控股企业和外商投资企业以外的所有企业,包括个人独资企业、合伙制企业、有限责任公司和股份有限公司。从企业的经营权和控制权的角度看,含一小部分国有资产和(或)外商投资资产,但不具有企业经营权和控制权的有限责任公司和股份有限公司亦可称之为"民营企业"。

私营企业是指由自然人投资设立或由自然人控股,以雇佣劳动为基础的营利性经济组织。私营企业有三种类型:独资企业、合伙企业和有限责任公司。

独资企业是指由一个自然人投资,财产为投资人个人所有,投资人以其个人财产对企业债务承担无限责任的经营实体。

合伙企业是指二个以上自然人、法人和其他组织按照协议投资设立、共同经营、共负盈亏的企业。合伙人对企业债务负连带无限责任。

我国大多数民营企业在生存与发展环境、管理水平和科技含量方面与国有企业相比存在一定差距,人才吸引力似乎不如国企大,但民营企业在经营管理的灵活性、

对市场变化的敏感性和科技创新能力等方面也有其一定的优势。有些民营企业在科技水平、管理水平、市场竞争力和人才发展空间等方面并不逊色于国有企业。华为、苏宁、美的、吉利、沙钢等民营企业不仅在行业内有很高的知名度,也具有很强的人才吸引力,已经成为大学生就业时优先选择的对象。

(3)有限责任公司,股份有限企业

有限责任公司和股份有限企业是我国法定的两种公司形式。

有限责任公司是指股东以其出资额为限对公司承担责任,公司以其全部资产对公司的债务承担责任的经济组织。有限责任公司(有限公司)是我国企业实行公司制最重要的一种组织形式。其优点是设立程序比较简单,不必发布公告,也不必公布账目,尤其是公司的资产负债表一般不予公开,公司内部机构设置灵活。其缺点是由于不能公开发行股票,筹集资金范围和规模一般都比较小,难以适应大规模生产经营活动的需要。因此,有限责任公司这种形式一般适于中小型非股份制公司,是一种比较适合创业的企业类型。

股份有限公司是指公司资本为股份所组成的公司,股东以其认购的股份为限对公司承担责任的企业法人。按照《公司法》[44]规定,设立股份有限公司,应当有2人以上200人以下为发起人,注册资本的最低限额为人民币500万元。由于所有股份公司均须是负担有限责任的有限公司(但并非所有有限公司都是股份公司),所以一般称为股份有限公司。

股份有限公司有以下特征:

一、股份有限公司是独立的经济法人;

二、股份有限公司的股东人数不得少于法律规定的数目;

三、股份有限公司的股东对公司债务负有限责任,其限度是股东应交付的股金额;

四、股份有限公司的全部资本划分为等额的股份,通过向社会公开发行的办法筹集资金,任何人在缴纳了股款之后,都可以成为公司股东,没有资格限制;

五、公司股份可以自由转让,但不能退股;

六、公司账目须向社会公开,以便于投资人了解公司情况,进行选择;

七、公司设立和解散有严格的法律程序,手续复杂。

(4)外资企业,中外合资经营企业、中外合作经营企业

外资企业包括所有含有外资成分的企业,主要有外国独资企业、中外合资经营企业和中外合作经营企业三种类型。

外国独资企业是指依照中国有关法律在中国境内设立的全部资本由外国投资者投资的企业,不包括外国的企业和其他经济组织在中国境内的分支机构。外国独资企业的优势在于能够独立自由地开展母公司的全球战略,不需要考虑中方投资者

的因素,不需要与其他方分享利润,而且有能力正式开展业务,无须像代表处一样有诸多限制,操作上、管理上和未来的发展上都更有效率。

中外合资经营企业是外商同中国的公司、企业或其他经济组织在中国境内共同投资举办的企业。其特点是合营各方共同投资、共同经营、按各自的出资比例共担风险、共负盈亏。合资各方可以用货币出资,也可用建筑物、设备或其他物料、产权、技术、场地使用权等折算成一定的比例出资,外国合营者的出资比例一般不低于25%。合营各方在合营期间不得收回其投资本金。企业采用有限责任公司的组织形式。中外合资经营企业的优势是可以资源共享、优势互补,充分利用各方拥有的资源,在技术上、管理上和营销上取得优势,降低经营成本。

中外合作经营企业是以确立和完成一个项目而签订契约进行合作生产经营的企业,是一种可以有股权也可以无股权的合约式的经济组织。合作方的权利和义务,包括投资或者合作条件、收益或者产品分配、风险和亏损的分担、经营管理的方式和合作企业终止时财产的归属等事项,均由合作者共同协商并在合作合同中加以约定。合作双方签署的合同,经审批机关批准后。受国家法律保护,双方均应按合同的约定履行义务。

与中外合资经营企业相比,中外合作经营企业除了具有资源共享、优势互补的特点外,还具有以下特征:

一、合作者的投资、收益分配、风险债务的分担,以及企业终止时剩余财产的分配等,均由合作方在合作合同中约定,一般不与各方的出资比例直接相联系,不采取股权的方式计算各方合作者的投资、收益分配及风险债务的分担。合作者享受的权利和承担的义务均与出资无关;

二、合作方以实物出资或者提供场地使用权、工业产权等合作条件的,一般不折价,不计算合作各方的出资比例。法律对中外合作经营企业的合作外方没有出资比例的法定要求;

三、中外合资经营企业合资各方的收益分配,是在企业税后利润中根据各方的出资比例进行分配;而中外合作企业的收益分配是由合作方通过协商确定,最后落实到合同文本上;

四、中外合资经营企业在合营期间不得擅自减少注册资本,合资各方可以从企业清偿债务后剩余的财产中收回投资本金;中外合作经营企业则不同,如果合同约定合作期满时合作企业的全部固定资产归中国合作者所有,外国合作者在合作期限内可以通过分得较多的利润、产品或者抽取固定资产折旧费的形式先行收回投资;

五、中外合资经营企业采取有限责任组织形式,需要依照法律的规定成立董事会;中外合作经营企业按法律规定可以不设董事会而设联合管理机构,由联合管理机构的组成人员决定企业的重大事宜。

5.2.5.2 事业单位

事业单位是指由国家设置的带有一定公益性质的机构,主要提供教育、科技、文化、卫生、城市公用事业等非物质生产和劳务服务的社会公共组织。根据国家事业单位分类改革精神,事业单位不再分为全额拨款事业单位、差额拨款事业单位,而分为公益一类事业单位、公益二类事业单位[45]。公益一类事业单位是承担不能或不宜由市场配置资源的义务教育、基础性科研、公共文化、公共卫生及基层的基本医疗服务等基本公益服务的单位;公益二类事业单位是可部分由市场配置资源的承担高等教育、非营利医疗等公益服务的单位。

根据《事业单位人事管理条例》[46],事业单位用人实行公开招聘制度和聘用合同制度。事业单位公开招聘工作人员按照下列程序进行:

一、制定公开招聘方案;

二、公布招聘岗位、资格条件等招聘信息;

三、审查应聘人员资格条件;

四、考试、考察;

五、体检;

六、公示拟聘人员名单;

七、订立聘用合同,办理聘用手续。

与企业单位相比,事业单位具有公益性质,不以营利为目的。事业单位绩效工资和企业绩效工资最主要不同点在于经费的来源和保障。企业绩效工资完全取决于企业盈利情况,而事业单位则不同。义务教育阶段中小学绩效工资经费主要由县级财政保障,省级财政统筹;其他事业单位绩效工资所需经费则分别由财政和事业单位负担。

5.2.5.3 公务员

公务员,即国家公务员,是依法履行统筹管理经济、社会秩序和国家公共资源,维护国家法律规定贯彻执行等相关义务的公职人员。公务员纳入国家行政编制,由国家财政负担其工资福利。按职位的性质、特点和管理需要,公务员被划分为综合管理类、专业技术类和行政执法类等类别。

根据《中华人民共和国公务员法》[47],录用担任一级主任科员以下及其他相当职级层次的公务员,采取公开考试、严格考察、平等竞争、择优录取的办法。中央机关及其直属机构公务员的录用,由中央公务员主管部门负责组织;地方各级机关公务员的录用,由省级公务员主管部门负责组织,必要时省级公务员主管部门可以授权设区的市级公务员主管部门组织。

报考公务员应当具备下列条件:

一、具有中华人民共和国国籍；

二、年满十八周岁；

三、拥护中华人民共和国宪法，拥护中国共产党领导和社会主义制度；

四、具有良好的政治素质和道德品行；

五、具有正常履行职责的身体条件和心理素质；

六、具有符合职位要求的文化程度和工作能力；

七、法律规定的其他条件。

除上述条件以外，还应当具备省级以上公务员主管部门规定的拟任职位所要求的资格条件。

下列人员不得录用为公务员：

一、因犯罪受过刑事处罚的；

二、被开除中国共产党党籍的；

三、被开除公职的；

四、被依法列为失信联合惩戒对象的；

五、有法律规定不得录用为公务员的其他情形的。

公务员录用考试采取笔试和面试等方式进行，考试内容根据公务员应当具备的基本能力和不同职位类别、不同层级机关分别设置。

公务员与事业单位人员存在较大区别，具体体现在：

一、工作性质方面。公务员从事的主要是国家行政事务性工作；事业单位人员从事的主要是社会公益性工作，或者说是非营利性的工作。

二、工资收入方面。公务员的工资收入是按照《国家公务员管理条例》的规定发放，并根据国家财政状况进行调资；事业单位人员的工资收入一般不受国家约定，由各事业单位根据市场情况而定。一般来说，事业单位人员的工资收入比公务员高。

三、保险福利方面。公务员享受的保险福利是按照《国家公务员管理条例》的规定执行；事业单位人员享受的保险福利是按照国家有关的社会保障规定执行，并且逐步实行社会化。一般来说，公务员享受的福利待遇比事业单位的人员要好一些。

四、用人方面。公务员的录用、提升、退休、辞退、辞职等是按照《国家公务员管理条例》的规定执行；而事业单位人员的录用、提升、退休、辞退等是按照国家《事业单位人事管理条例》的有关规定执行。

大学生如果有志于公务员事业，还有一个选项叫作选调生。选调生也属于公务员系统，但与普通公务员有一定区别。选调生是各省、区、市党委组织部门有计划地从高等院校选调的品学兼优的应届大学本科及以上毕业生。这些毕业生将直接进入地方基层党政部门工作，作为党政领导干部后备人选和县级以上党政机关高素质的工作人员人选进行重点培养，是一种具有中国特色的特殊公务员群体[48]。

选调生与普通公务员存在以下区别：

一、报名条件不同。选调生的报名条件除符合一般国家公务员的报名条件外，还要求是政治素质好，有志于从事党政工作并有发展潜力的优秀学生。主要选调本科生、研究生中的共产党员、优秀学生干部。本科生大部分省份要求是应届毕业生、中共党员、学生干部，三者缺一不可；研究生条件可酌情放宽，一般只要求中共党员、应届毕业生；

二、培养目标不同。选调生的培养方向主要是党政领导干部后备人选和县级以上党政机关高素质的工作人员人选；公务员一般招考的是非领导职务的国家机关工作人员。选调生提拔速度比公务员快得多。我国干部队伍中，许多年轻有为的领导干部和相当一部分高级党政干部都是选调生出身。所以，组织部门一直把选调生工作视为优秀年轻干部的"源头工程"；

三、选拔程序不同。选调生的选拔采取本人自愿报名，院校党组织推荐，组织（人事）部门考试、考核相结合的办法；而公务员录用考试采取笔试和面试的方式进行，不需要院校党组织推荐。选调生的面试由各市委组织部组织，公务员面试由当地人事局负责；

四、培养管理的措施不同。选调生到基层工作采取岗位培训、脱产轮训等多种形式。选调生在基层工作期间，至少要脱产培训一次，时间一般不少于3个月；而公务员主要采取岗位培训的形式，在工作初期一般不安排脱产培训；

五、管理使用有所差别。选调生是省委组织部的后备干部，放到基层锻炼，人事权归省委组织部管辖，委托接收单位考评。调动范围是全省建有党组织的各级党政机关、事业单位、人民社团，可以理解成一种特殊的干部身份；公务员是针对具体职能的职位，人事权一般归该单位人事机构或上级单位人事机构或人事厅管辖。一般只要有人事权的单位都有管辖权。调动范围取决于人事归属单位，在该单位人事管理范围内调动。

需要清楚的是就业是一个双向选择的过程。学生在根据自己的志向和优势选择单位，单位也在按照自己用人的要求选择学生。所以，在做职业选择时，既要知道自己的优势在哪，还要了解用人单位的需求是什么，这样才能相互配对成功。一味地强调自己的志愿和特长而忽视用人单位的要求是不可能找到有利于自己长远发展的职业的。

第六章 与大学相关的几个概念

6.1 普通高等学校，普通高等教育

普通高等学校，简称普通高校，是由国家教育行政部门批准设立或备案、国家教育部或省级教育行政部门（含自治区、直辖市等）主管、以实施普通全日制高等学历教育为主的高等学校，分为本科层次和专科层次。普通高等学校包括大学、学院／独立学院、职业技术学院／职业学院、高等专科学校／专科学校等。其中大学、学院／独立学院主要实施本科层次教育；职业技术学院／职业学院、高等专科学校／专科学校主要实施专科（高职高专）层次教育。普通高等学校的招生方式主要有：国家教育部和省级教育行政部门组织的普通高等学校招生全国统一考试、部分省市的普通高等学校春季招生考试、对口单独招生考试、普通高等学校专升本考试等。

普通高等学校指的是一种学历教育机构，而普通高等教育指的是教育类别和层次。普通高等教育是与成人高等教育形式相对而言的。普通高等教育主要招收高中毕业生进行"全日制"学历教育，学生通过普通高等学校招生全国统一考试入学；成人高等教育是招收在职职工边工作、边学习的函授、夜大、职工大学所进行的"在职"教育，学生通过成人高考入学。

6.2 大学章程

大学章程即高等学校章程，是大学依法自主办学、实施管理和履行公共职能的基本准则，也是大学制定内部管理制度及规范性文件、实施办学和管理活动、开展社会合作的依据[49]。大学章程由大学的管理机构根据国家或地方政府教育法律法规，按照一定的程序起草、审议、修订以及核准、备案，具有一定法律效力。

大学章程主要包含以下内容：

一、学校的登记名称、简称、英文译名等，学校办学地点、住所地；

二、学校的机构性质、发展定位、培养目标、办学方向；

三、经审批机关核定的办学层次、规模；

四、学校的主要学科门类以及设置和调整的原则、程序;

五、学校实施的全日制与非全日制、学历教育与非学历教育、远程教育、中外合作办学等不同教育形式的性质、目的、要求;

六、学校的领导体制、法定代表人、组织结构、决策机制、民主管理和监督机制、内设机构的组成、职责、管理体制;

七、学校经费的来源渠道、财产属性、使用原则和管理制度,接受捐赠的规则与办法;

八、学校的举办者,举办者对学校进行管理或考核的方式、标准等,学校负责人的产生与任命机制,举办者的投入与保障义务;

九、章程修改的启动、审议程序,以及章程解释权的归属;

十、学校的分立、合并及终止事由,校徽、校歌等学校标志物,学校与相关社会组织关系等学校认为必要的事项,以及其他需要在章程中规定的重大事项。

大学章程的建立与实施在国内外都经过了很长的历程。按照党中央在中国建设法治社会的目标和要求,教育部2011年通过了关于制定大学章程的有关办法,以此推进现代大学制度的建立,将大学的办学权利规范化、制度化和法律化。

6.3 校徽、校训

校徽就是学校徽章,是一所学校的象征与标志,也是一名学生的标志。佩戴校徽不仅是学生形象的一部分,也是一种行为规范,同时还体现了佩戴者对学校的认同感和归属感。佩戴校徽在无形中增加了纪律的约束,能够规范学生的行为,提高学校的知名度。

校徽的形状一般为圆形、长方形或椭圆形。校徽用图案或文字介绍学校的性质、学科和办学的理念、秉承的精神等,体现出学校的特征。如鲁迅先生设计的北大校徽,其图案以篆体的"北大"二字构成一个圆形,便于制作圆形的徽章。图案下面的"大"字像一个人,上面的"北"字又像两个人,这样就构成了"三人成众"的意象,突出"以人为本"的理念。北大校徽又如一人背负二人,给人以"北大人肩负重任"的想象。也有人说,上面的是学生,下面的是老师,教师就是要甘为人梯;学生站在巨人的肩膀上,就是要青出于蓝而胜于蓝。多年以前毕业的北大学生回想起来都不约而

北京大学校徽

同地提到,北大给学子们最宝贵的是"独立自由,兼容并蓄"的精神。

校训是一所学校师生共同遵守的基本行为准则与道德规范,是学校办学理念、治校精神的反映;校训是一所学校的灵魂,反映了一所学校的办学宗旨和历史传统,是学校历史和文化的积淀,最能反映一所大学的传统和特色;校训也是校园文化建设的重要内容,是一所学校教风、学风、校风的集中表现,体现学校文化精神的核心内容。校训对激励师生弘扬传统,增强荣誉感、责任感,奋发向上,具有重要的意义。

不同国家、地区思想文化的差异也造成办学理念的差异,这种差异也体现在校训上。美国斯坦福大学的校训是"the Wind of Freedom Blows",中文意思是"让自由之风吹拂"。我国清华大学的校训是"自强不息,厚德载物",也是当代大学生应该具备的品质和道德素养。它概括了中国文化对人与自然、人与社会、人与人的关系的认识与辩证处理方法,是中华民族的民族精神与民族性格的重要表征。作为一个高尚的人,在气节、操守、品德、治学等方面都应不屈不挠、战胜自我,永远向上,力争在事业与品行两个方面都达到最高境界。南开大学的校训"允公允能,日新月异",提倡的是"公能"教育,一方面是培养青年"公而忘私、舍己为人"的道德观念,另一方面则是训练青年"文武双全、智勇兼备"为国效劳的能力。

6.4 专业化教育、通识教育、素质教育

专业化属性是高等教育与基础教育的根本差别,这点已是共识。高等教育的专业性是指高等教育必须面向特定的职业,按学科门类和专业实施教育和教学。专业化教育与早期大学的综合性教育相比也使得大学教育更加有了深度。大学的专业化教育源于社会分工的专业化,尤其是在行业分工高度专业化的现代社会,高等教育必须以专门化的形式来实施。专业化教育也是我国高等教育普遍采用的模式,这是在特定历史时期、特定社会背景下的选择。这种选择在当时有其合理性,对我国经济建设和社会发展发挥了积极的作用。但是,专业化教育过分强调专业划分,把学生的学习限制在一个比较狭窄的知识领域,不利于学生全面发展。

通识教育是英文 general education 或 liberal education 的中译名,也有学者把它译为"普通教育""通才教育"或"自由教育""博雅教育"等。通识教育的目标是在现代多元化的社会中,为受教育者提供通行于不同人群之间的知识和价值观[50]。通识教育源于 19 世纪,当时有不少欧美学者有感于现代大学的学术分科太过专门、知识被严重割裂,于是提出了通识教育,目的是培养学生独立思考的能力,让学生对不同的学科有所认识,能将不同的知识融会贯通,能够成为全面发展的人。

通识教育是相对于专业化教育而言的,看似是教育模式的不同,本质上却是对"教育"的不同理解。梅贻琦先生说过:"通识,一般生活之准备也;专识,特殊事业之

准备也。通识为本,专识为末。"社会生产的发展日新月异,专业的交叉、学科的融合、全球化的协作已经成为趋势,专业化教育培养的学生已经无法适应新形势的要求。哈佛大学发表的《自由社会中的通识教育报告》(即哈佛"红皮书")提出:教育可分为通识教育与专业教育两部分,前者作为大学教育的一部分,主要关注学生作为一个有责任感的人和公民的生活需要,后者则给予学生某种职业能力训练。通识教育没有专业的硬性划分,它提供的选择是多样化的。学生们通过多样化的选择,得到了自由的、顺其自然的成长。可以说,通识教育是一种人文教育,是素质教育最有效的实现方式。它超越功利性与实用性,培养具有独立人格与独立思考能力的学生。通识教育的思想已被广泛接受,这种教育亦已在许多国家实施。

下面是哈佛大学给新生开出的部分通识教育课程,包括了从天文到历史、从政治到宗教、从文学到艺术、从语言到法律、从生物到医学等多方面的内容,由此可以看出哈佛通识教育的广度。

(1)人的进化

(2)翅膀的进化

(3)细菌的历史

(4)银河与宇宙

(5)象棋与数学

(6)疾病的话语

(7)DNA简史

(8)美国的儿童医疗卫生政策

(9)道德判断的本质

(10)火星上的水

(11)医药公司与全球健康

(12)传染病对历史的影响

(13)非洲的艾滋病

(14)关于意识的科学研究

(15)什么是大学,它的目的是什么?

(16)俄罗斯小说中的爱情

(17)怀疑主义与知识

(18)一个社区的研究

(19)基督教与美

(20)怎样欣赏画

(21)浮士德

(22)黑人作家笔下的白人

(23) 香蕉的文化历史

(24) 乌托邦与反乌托邦

(25) 苏格拉底及其批评者

(26) 怎样读中国的诗歌

(27) 互联网与法律

(28) 美国的70年代

(29) 美国信条例外主义和民族主义

(30) 语言与政治

(31) 信任与民主

(32) 美国的总统选举

(33) 60年代的青春文化

(34) 盗版

(35) 全球变暖与公共政策

(36) 当代印度

(37) 公共健康与不平等

(38) 公墓的历史

(39) 人权

(40) 政治演讲与美国的民主

(41) "犯罪"的概念

(42) 现代欧洲国家的民族主义

(43) 烟草的历史

(44) 酷刑与现代法律

(45) 大脑的测量：心理学实验的兴起

哈佛通识教育课程的内容虽然丰富但仍不可能包罗万象，也不可能达到足够的深度，所以说通识教育的学习不仅限于课堂。尤其是在我国目前的条件下，很多大学开出的通识教育课程相当有限，学生还需要通过自学和其他方式学习和掌握。

素质教育是以全面提高人的基本素质为目标，以尊重人的主体性和主动性为基础，以开发人的智慧潜能、形成人的健全人格为特征的教育。素质教育是一种着眼于发展、着力于打基础的教育，其根本任务是为每一个学生今后的发展和成长奠定包括思想品德素质、科学文化素质、身体心理素质、劳动技能素质、审美素质在内的广泛而全面的基础。如果说通识教育重视的是知识面的广度，素质教育则更加注重知识的深度。因此，素质教育主要是对学生进行世界观教育、人生观教育、终身学习教育、社会公德教育、劳动观念教育、创造性能力的培养、自学能力的培养、审美观念与能力的培养等。可以这么说：素质教育是一种教育理念，通识教育和专业化教育

则是教育方式。素质教育与通识教育的相同之处是都注重学生整体素质的培养和提高,区别在于通识教育主要指高等教育阶段有别于专业化教育的对学生综合能力的培养,而素质教育则应该贯穿于从基础教育到高等教育整个教育阶段甚至人的一生。现在大学教育里有一种误区,片面地把通识教育等同于素质教育,而忽视专业教育过程中的素质教育。素质教育不仅体现在通识教育的课程中,而且应该把专业教育和素质教育有机地结合起来,在专业教育的过程中大力倡导和注重素质教育,以此纠正专业教育背后所隐含的功利主义的教育观,包括在培养目标上只强调职业与岗位的适应性,在教育过程与方法上过分注重特定教育与特定能力的对应性。

素质教育绝不仅仅限于开设几门通识教育或素质教育的课程,这远远不够。大学生除了要尽可能多选多修有关课程之外,还要通过各种课外活动、学术活动和社会实践有意识地培养自己,提高自己包括知识、修养、能力等在内各方面的素质,使自己成长为一个全面发展的高素质人才。

6.5 智力、智商、智慧

智力是指人认识、理解客观事物并运用知识、经验等解决问题的能力,包括理解、判断、解决问题、抽象思维、表达意念以及语言和学习的能力。智力也可以概括为:通过改变自身、改变环境或找到一个新的环境去有效地适应环境的能力。智力包括多个方面,如观察力、记忆力、想象力、分析判断能力、思维能力、应变能力等,是个体的各种认知能力的综合,其中特别强调解决新问题的能力、抽象思维、学习能力以及对环境的适应能力。

智商,即智力商数(Intelligence Quotient),是个人智力测验成绩和同年龄段正常人智力测验成绩的平均值之比,是衡量个人智力高低的标准。影响智商的因素有遗传、母乳、饮食、体重、环境、药物等。一般说父母智商高,孩子的智商也不会低。这种遗传因素还表现在血缘关系上,父母同是本地人,孩子平均智商为102,而异省结婚的父母所生的孩子智商达109;母乳中含有多种促进儿童智力发育的活性物质,特别是对智力发育有重要影响的牛磺酸比牛奶要高出10倍之多。据调查,吃母乳长大的儿童比吃代乳品长大的儿童智商要高出3~10分左右;饮食单调导致某些微量元素不足,或者饮食量过少,蛋白质等营养严重缺乏的情况下会导致智商发育受阻。摄入过多重金属元素如铅、铜等也会影响智商;体重超过正常儿童20%的孩子,其视觉、听力、接受知识的能力都会处于较低的水平。这是因为肥胖儿过多的脂肪进入脑内,会妨碍神经细胞的发育和神经纤维增生;生活在枯燥环境里的儿童,如弃婴,得不到母爱及良好的教育,智商会较低。据研究调查表明,这

类孩子3岁时平均智商仅为60.5,反之,处于良好环境的3岁儿童智商平均为91.8;此外,某些药物会影响儿童的智力,如长期服用抗癫痫药物可使智商偏低,当停药若干年后,智商便会有所提高。

智慧是分析判断、发明创造、解决问题的能力,是生命所具有的基于生理和心理的一种创造性思维能力,包含对自然与人文的感知、记忆、理解、分析、判断、升华等能力。心理学家把智慧定义为"明智的推理",包括这么几个方面:第一,智识上的谦逊,就是知道自己的知识是有限的,不冲动,不乱决策;第二,超越自我,能从别人的角度考虑问题;第三,善于达成妥协,不光想着自己的利益最大化,还要考虑别人的利益[51]。智慧与智力有所不同,智慧是运用智力的能力。智慧是由智力系统、知识系统、方法与技能系统、非智力系统、观念与思想系统、审美与评价系统等多个子系统构成的复杂体系孕育出的能力。智慧包括遗传智慧与获得智慧、生理机能与心理机能、直观与思维、意向与认识、情感与理性、道德与美感、智力与非智力、显意识与潜意识、已具有的智慧与智慧潜能等等众多要素。智慧使我们做出导致成功的决策,有智慧的人称为智者。从下面几条关于智慧的名言我们也可以体会智慧的含义:

智慧的可靠标志就是能够在平凡中发现奇迹(爱默生);

智慧的标志是审时度势之后再择机行事(荷马);

智慧首先教人们辨别是非(玉外纳);

真正的智慧不仅在于能明察眼前,而且还能预见未来(忒壬斯);

智慧不是天公的恩赐,而是经验的结晶(阿富汗)。

6.6 知识、技术、技能、文化

知识是人类在实践中对物质世界及精神世界探索和认识的成果总和,是人类从各个途径中获得的经过提升总结与凝练的系统的认识,是构成人类智慧的根本要素。知识反映客观事物的属性和联系,一般以经验和理论的形式存在于人脑中,也可以通过物化存在于书本和其他媒体中。人们迄今对知识没有统一的定义,但有一个经典的定义来自于柏拉图:一条陈述能称得上是知识必须满足三个条件:它一定是被验证过的、正确的、而且是被人们相信的。

世界经济合作与发展组织(OECD)将知识分为四大类[52]:

知道是什么的知识(Know - what),主要是叙述事实方面的知识;

知道为什么的知识(Know - why),主要是自然原理和规律方面的知识;

知道怎么做的知识(Know - how),主要是指对某些事物的技能和能力;

知道是谁的知识(Know - who),涉及谁知道和谁知道如何做某些事的知识。

按照目前教育和研究领域的划分,知识可以分为人文社会科学知识和自然科学知识。人文社会科学是人文科学和社会科学的总称。人文科学是以人类的精神世界及其文化为研究对象的科学,主要研究人的观念、精神、情感和价值,即人的主观精神世界及其所积淀下来的精神文化。人文科学涵盖的学科包括文、史、哲及其衍生出来的美学、宗教学、伦理学、文化学、艺术学等。社会科学则是以人类社会为研究对象的科学,是关于客观社会事物的本质及其规律的科学。社会科学涵盖的学科主要有经济学、社会学、政治学、法学等。然而,由于"人"与"社会"在本质上的一致性和不可分割性,尽管在理论上可以将人文科学与社会科学区别开来,而在实际中"不可能对它们作出任何本质上的分别"。所谓的社会现象,主要"取决于人的一切特征",而人文科学在这方面或那方面又都是社会性的,因而人们往往把两者作为一个整体加以研究。

自然科学是研究自然界包括人的生物属性在内的各门科学的总称,是研究大自然中有机或无机的事物和现象的科学。自然科学涵盖的学科包括天文学、物理学、化学、地球科学、生物学等。自然科学认识的对象是整个自然界,即自然界物质的各种类型、状态、属性及运动形式,认识的任务在于揭示自然界发生的现象以及自然现象发生过程的实质,进而把握这些现象和过程的规律性,以便解读它们,并预见新的现象和过程,为在社会实践中合理而有目的地利用自然界的规律开辟各种可能的途径。

随着人类对物质世界及精神世界探索和认识的不断深入,人类积累和获得的知识也在不断增加,需要人们不断地努力学习和掌握。

"技术是制造一种产品的系统知识,所采用的一种工艺或提供的一项服务。"[53] 根据生产行业的不同,技术可分为工业技术、农业技术、通信技术、交通运输技术等。根据生产内容的不同,技术可分为电子信息技术、生物技术、医药技术、材料技术、先进制造与自动化技术、能源与节能技术、环境保护技术、农业技术等。根据不同的功能,技术可分为生产技术和非生产技术。生产技术是技术中最基本的部分;非生产技术如科学实验技术、公用技术、军事技术、文化教育技术、医疗技术等,是为满足社会生活的多种需要的技术。

技术与科学知识之间是一种互相联系、相互促进的关系。科学知识是回答"是什么"和"为什么"的问题;技术则回答"做什么"和"怎么做"的问题。技术是科学知识经过转化后的成果,它将理论和知识转变成现实产品。技术的发展离不开科学知识的指导,同时又为科学研究和知识的形成提供了必要的技术手段。

技能可以认为是运用知识和技术的能力,这种能力主要是通过后天学习和演练得到的。认识到这一点非常重要,有助于学生消除自卑心理和畏难情绪,树立信心、鼓起勇气,努力通过学习和实践掌握各项技能。

按照应用的领域,技能可分为技术技能、管理技能和人际交流技能。技术技能是指人们运用与所从事职业相关的知识、方法与工具的能力;管理技能是指运用知识、技术和方法监督与管理他人的能力;人际交流技能则是指与他人有效沟通及互动的能力。技能与知识有着紧密的联系。技能是知识的应用能力,所以技能需要知识的支撑;知识来源于认识与实践过程,技能在应用过程中经过不断提炼就形成了新的知识。

作为具有专业化教育属性的大学,不仅教给学生系统的科学知识,也要培养学生掌握一定的技能。大学专业培养方案中理论课与实践教学环节的设置就体现了这样的教育宗旨。

文化是一个非常宽泛和具有人文气息的概念,很难给它下一个准确的定义。但东西方对文化有一个较为共同的解释:文化是相对于政治、经济而言的人类全部精神活动及其产品。

文化是人类社会特有的现象。文化是由人所创造、为人所特有的。人类文化既包括世界观、人生观、价值观等具有意识形态性质的哲学思想和制度文化,又包括自然科学和技术、语言和文字等非意识形态的物质文化和非物质文化。它涵括人类从过去到未来的历史,是人类所有物质表象与精神内在的整体,包括人类的历史、地理、风土人情、传统习俗、工具、附属物、生活方式、宗教信仰、文学艺术、规范、律法、制度、思维方式、价值观念、审美情趣、精神图腾等等。其中中国文化是既有中华民族传统烙印又有新时代发展特征的精神文明与物质文明的综合。

知识属于文化,文化是感性与知识上的升华,这是知识与文化之间的关系。

附录1:普通高等学校学生管理规定

(教育部2016年第49次部长办公会议通过,自2017年9月1日起施行)

第一章 总 则

第一条 为规范普通高等学校学生管理行为,维护普通高等学校正常的教育教学秩序和生活秩序,保障学生合法权益,培养德、智、体、美等方面全面发展的社会主义建设者和接班人,依据教育法、高等教育法以及有关法律、法规,制定本规定。

第二条 本规定适用于普通高等学校、承担研究生教育任务的科学研究机构(以下称学校)对接受普通高等学历教育的研究生和本科、专科(高职)学生(以下称学生)的管理。

第三条 学校要坚持社会主义办学方向,坚持马克思主义的指导地位,全面贯彻国家教育方针;要坚持以立德树人为根本,以理想信念教育为核心,培育和践行社会主义核心价值观,弘扬中华优秀传统文化和革命文化、社会主义先进文化,培养学生的社会责任感、创新精神和实践能力;要坚持依法治校,科学管理,健全和完善管理制度,规范管理行为,将管理与育人相结合,不断提高管理和服务水平。

第四条 学生应当拥护中国共产党领导,努力学习马克思列宁主义、毛泽东思想、中国特色社会主义理论体系,深入学习习近平总书记系列重要讲话精神和治国理政新理念新思想新战略,坚定中国特色社会主义道路自信、理论自信、制度自信、文化自信,树立中国特色社会主义共同理想;应当树立爱国主义思想,具有团结统一、爱好和平、勤劳勇敢、自强不息的精神;应当增强法治观念,遵守宪法、法律、法规,遵守公民道德规范,遵守学校管理制度,具有良好的道德品质和行为习惯;应当刻苦学习,勇于探索,积极实践,努力掌握现代科学文化知识和专业技能;应当积极锻炼身体,增进身心健康,提高个人修养,培养审美情趣。

第五条 实施学生管理,应当尊重和保护学生的合法权利,教育和引导学生承担应尽的义务与责任,鼓励和支持学生实行自我管理、自我服务、自我教育、自我监督。

第二章　学生的权利与义务

第六条　学生在校期间依法享有下列权利：

（一）参加学校教育教学计划安排的各项活动，使用学校提供的教育教学资源；

（二）参加社会实践、志愿服务、勤工助学、文娱体育及科技文化创新等活动，获得就业创业指导和服务；

（三）申请奖学金、助学金及助学贷款；

（四）在思想品德、学业成绩等方面获得科学、公正评价，完成学校规定学业后获得相应的学历证书、学位证书；

（五）在校内组织、参加学生团体，以适当方式参与学校管理，对学校与学生权益相关事务享有知情权、参与权、表达权和监督权；

（六）对学校给予的处理或者处分有异议，向学校、教育行政部门提出申诉，对学校、教职员工侵犯其人身权、财产权等合法权益的行为，提出申诉或者依法提起诉讼；

（七）法律、法规及学校章程规定的其他权利。

第七条　学生在校期间依法履行下列义务：

（一）遵守宪法和法律、法规；

（二）遵守学校章程和规章制度；

（三）恪守学术道德，完成规定学业；

（四）按规定缴纳学费及有关费用，履行获得贷学金及助学金的相应义务；

（五）遵守学生行为规范，尊敬师长，养成良好的思想品德和行为习惯；

（六）法律、法规及学校章程规定的其他义务。

第三章　学籍管理

第一节　入学与注册

第八条　按国家招生规定录取的新生，持录取通知书，按学校有关要求和规定的期限到校办理入学手续。因故不能按期入学的，应当向学校请假。未请假或者请假逾期的，除因不可抗力等正当事由以外，视为放弃入学资格。

第九条　学校应当在报到时对新生入学资格进行初步审查，审查合格的办理入学手续，予以注册学籍；审查发现新生的录取通知、考生信息等证明材料，与本人实际情况不符，或者有其他违反国家招生考试规定情形的，取消入学资格。

第十条　新生可以申请保留入学资格。保留入学资格期间不具有学籍。保留

入学资格的条件、期限等由学校规定。

新生保留入学资格期满前应向学校申请入学,经学校审查合格后,办理入学手续。审查不合格的,取消入学资格;逾期不办理入学手续且未有因不可抗力延迟等正当理由的,视为放弃入学资格。

第十一条　学生入学后,学校应当在3个月内按照国家招生规定进行复查。复查内容主要包括以下方面:

(一)录取手续及程序等是否合乎国家招生规定;

(二)所获得的录取资格是否真实、合乎相关规定;

(三)本人及身份证明与录取通知、考生档案等是否一致;

(四)身心健康状况是否符合报考专业或者专业类别体检要求,能否保证在校正常学习、生活;

(五)艺术、体育等特殊类型录取学生的专业水平是否符合录取要求。

复查中发现学生存在弄虚作假、徇私舞弊等情形的,确定为复查不合格,应当取消学籍;情节严重的,学校应当移交有关部门调查处理。

复查中发现学生身心状况不适宜在校学习,经学校指定的二级甲等以上医院诊断,需要在家休养的,可以按照第十条的规定保留入学资格。

复查的程序和办法,由学校规定。

第十二条　每学期开学时,学生应当按学校规定办理注册手续。不能如期注册的,应当履行暂缓注册手续。未按学校规定缴纳学费或者有其他不符合注册条件的,不予注册。

家庭经济困难学生可以申请助学贷款或者其他形式资助,办理有关手续后注册。

学校应当按照国家有关规定为家庭经济困难学生提供教育救助,完善学生资助体系,保证学生不因家庭经济困难而放弃学业。

第二节　考核与成绩记载

第十三条　学生应当参加学校教育教学计划规定的课程和各种教育教学环节(以下统称课程)的考核,考核成绩记入成绩册,并归入学籍档案。

考核分为考试和考查两种。考核和成绩评定方式,以及考核不合格的课程是否重修或者补考,由学校规定。

第十四条　学生思想品德的考核、鉴定,以本规定第四条为主要依据,采取个人小结、师生民主评议等形式进行。

学生体育成绩评定要突出过程管理,可以根据考勤、课内教学、课外锻炼活动和体质健康等情况综合评定。

第十五条　学生每学期或者每学年所修课程或者应修学分数以及升级、跳级、

留级、降级等要求,由学校规定。

第十六条　学生根据学校有关规定,可以申请辅修校内其他专业或者选修其他专业课程;可以申请跨校辅修专业或者修读课程,参加学校认可的开放式网络课程学习。学生修读的课程成绩(学分),学校审核同意后,予以承认。

第十七条　学生参加创新创业、社会实践等活动以及发表论文、获得专利授权等与专业学习、学业要求相关的经历、成果,可以折算为学分,计入学业成绩。具体办法由学校规定。

学校应当鼓励、支持和指导学生参加社会实践、创新创业活动,可以建立创新创业档案、设置创新创业学分。

第十八条　学校应当健全学生学业成绩和学籍档案管理制度,真实、完整地记载、出具学生学业成绩,对通过补考、重修获得的成绩,应当予以标注。

学生严重违反考核纪律或者作弊的,该课程考核成绩记为无效,并应视其违纪或者作弊情节,给予相应的纪律处分。给予警告、严重警告、记过及留校察看处分的,经教育表现较好,可以对该课程给予补考或者重修机会。

学生因退学等情况中止学业,其在校学习期间所修课程及已获得学分,应当予以记录。学生重新参加入学考试、符合录取条件,再次入学的,其已获得学分,经录取学校认定,可以予以承认。具体办法由学校规定。

第十九条　学生应当按时参加教育教学计划规定的活动。不能按时参加的,应当事先请假并获得批准。无故缺席的,根据学校有关规定给予批评教育,情节严重的,给予相应的纪律处分。

第二十条　学校应当开展学生诚信教育,以适当方式记录学生学业、学术、品行等方面的诚信信息,建立对失信行为的约束和惩戒机制;对有严重失信行为的,可以规定给予相应的纪律处分,对违背学术诚信的,可以对其获得学位及学术称号、荣誉等作出限制。

第三节　转专业与转学

第二十一条　学生在学习期间对其他专业有兴趣和专长的,可以申请转专业;以特殊招生形式录取的学生,国家有相关规定或者录取前与学校有明确约定的,不得转专业。

学校应当制定学生转专业的具体办法,建立公平、公正的标准和程序,健全公示制度。学校根据社会对人才需求情况的发展变化,需要适当调整专业的,应当允许在读学生转到其他相关专业就读。

休学创业或退役后复学的学生,因自身情况需要转专业的,学校应当优先考虑。

第二十二条　学生一般应当在被录取学校完成学业。因患病或者有特殊困难、

特别需要,无法继续在本校学习或者不适应本校学习要求的,可以申请转学。有下列情形之一,不得转学:

(一)入学未满一学期或者毕业前一年的;

(二)高考成绩低于拟转入学校相关专业同一生源地相应年份录取成绩的;

(三)由低学历层次转为高学历层次的;

(四)以定向就业招生录取的;

(五)研究生拟转入学校、专业的录取控制标准高于其所在学校、专业的;

(六)无正当转学理由的。

学生因学校培养条件改变等非本人原因需要转学的,学校应当出具证明,由所在地省级教育行政部门协调转学到同层次学校。

第二十三条 学生转学由学生本人提出申请,说明理由,经所在学校和拟转入学校同意,由转入学校负责审核转学条件及相关证明,认为符合本校培养要求且学校有培养能力的,经学校校长办公会或者专题会议研究决定,可以转入。研究生转学还应当经拟转入专业导师同意。

跨省转学的,由转出地省级教育行政部门商转入地省级教育行政部门,按转学条件确认后办理转学手续。须转户口的由转入地省级教育行政部门将有关文件抄送转入学校所在地的公安机关。

第二十四条 学校应当按照国家有关规定,建立健全学生转学的具体办法;对转学情况应当及时进行公示,并在转学完成后3个月内,由转入学校报所在地省级教育行政部门备案。

省级教育行政部门应当加强对区域内学校转学行为的监督和管理,及时纠正违规转学行为。

第四节 休学与复学

第二十五条 学生可以分阶段完成学业,除另有规定外,应当在学校规定的最长学习年限(含休学和保留学籍)内完成学业。

学生申请休学或者学校认为应当休学的,经学校批准,可以休学。休学次数和期限由学校规定。

第二十六条 学校可以根据情况建立并实行灵活的学习制度。对休学创业的学生,可以单独规定最长学习年限,并简化休学批准程序。

第二十七条 新生和在校学生应征参加中国人民解放军(含中国人民武装警察部队),学校应当保留其入学资格或者学籍至退役后2年。

学生参加学校组织的跨校联合培养项目,在联合培养学校学习期间,学校同时为其保留学籍。

学生保留学籍期间,与其实际所在的部队、学校等组织建立管理关系。

第二十八条　休学学生应当办理手续离校。学生休学期间,学校应为其保留学籍,但不享受在校学习学生待遇。因病休学学生的医疗费按国家及当地的有关规定处理。

第二十九条　学生休学期满前应当在学校规定的期限内提出复学申请,经学校复查合格,方可复学。

第五节　退学

第三十条　学生有下列情形之一,学校可予退学处理:

(一)学业成绩未达到学校要求或者在学校规定的学习年限内未完成学业的;

(二)休学、保留学籍期满,在学校规定期限内未提出复学申请或者申请复学经复查不合格的;

(三)根据学校指定医院诊断,患有疾病或者意外伤残不能继续在校学习的;

(四)未经批准连续两周未参加学校规定的教学活动的;

(五)超过学校规定期限未注册而又未履行暂缓注册手续的;

(六)学校规定的不能完成学业、应予退学的其他情形。

学生本人申请退学的,经学校审核同意后,办理退学手续。

第三十一条　退学学生,应当按学校规定期限办理退学手续离校。退学的研究生,按已有毕业学历和就业政策可以就业的,由学校报所在地省级毕业生就业部门办理相关手续;在学校规定期限内没有聘用单位的,应当办理退学手续离校。

退学学生的档案由学校退回其家庭所在地,户口应当按照国家相关规定迁回原户籍地或者家庭户籍所在地。

第六节　毕业与结业

第三十二条　学生在学校规定学习年限内,修完教育教学计划规定内容,成绩合格,达到学校毕业要求的,学校应当准予毕业,并在学生离校前发给毕业证书。

符合学位授予条件的,学位授予单位应当颁发学位证书。

学生提前完成教育教学计划规定内容,获得毕业所要求的学分,可以申请提前毕业。学生提前毕业的条件,由学校规定。

第三十三条　学生在学校规定学习年限内,修完教育教学计划规定内容,但未达到学校毕业要求的,学校可以准予结业,发给结业证书。

结业后是否可以补考、重修或者补作毕业设计、论文、答辩,以及是否颁发毕业证书、学位证书,由学校规定。合格后颁发的毕业证书、学位证书,毕业时间、获得学位时间按发证日期填写。

对退学学生,学校应当发给肄业证书或者写实性学习证明。

第七节　学业证书管理

第三十四条　学校应当严格按照招生时确定的办学类型和学习形式,以及学生招生录取时填报的个人信息,填写、颁发学历证书、学位证书及其他学业证书。

学生在校期间变更姓名、出生日期等证书需填写的个人信息的,应当有合理、充分的理由,并提供有法定效力的相应证明文件。学校进行审查,需要学生生源地省级教育行政部门及有关部门协助核查的,有关部门应当予以配合。

第三十五条　学校应当执行高等教育学籍学历电子注册管理制度,完善学籍学历信息管理办法,按相关规定及时完成学生学籍学历电子注册。

第三十六条　对完成本专业学业同时辅修其他专业并达到该专业辅修要求的学生,由学校发给辅修专业证书。

第三十七条　对违反国家招生规定取得入学资格或者学籍的,学校应当取消其学籍,不得发给学历证书、学位证书;已发的学历证书、学位证书,学校应当依法予以撤销。对以作弊、剽窃、抄袭等学术不端行为或者其他不正当手段获得学历证书、学位证书的,学校应当依法予以撤销。

被撤销的学历证书、学位证书已注册的,学校应当予以注销并报教育行政部门宣布无效。

第三十八条　学历证书和学位证书遗失或者损坏,经本人申请,学校核实后应当出具相应的证明书。证明书与原证书具有同等效力。

第四章　校园秩序与课外活动

第三十九条　学校、学生应当共同维护校园正常秩序,保障学校环境安全、稳定,保障学生的正常学习和生活。

第四十条　学校应当建立和完善学生参与管理的组织形式,支持和保障学生依法、依章程参与学校管理。

第四十一条　学生应当自觉遵守公民道德规范,自觉遵守学校管理制度,创造和维护文明、整洁、优美、安全的学习和生活环境,树立安全风险防范和自我保护意识,保障自身合法权益。

第四十二条　学生不得有酗酒、打架斗殴、赌博、吸毒,传播、复制、贩卖非法书刊和音像制品等违法行为;不得参与非法传销和进行邪教、封建迷信活动;不得从事或者参与有损大学生形象、有悖社会公序良俗的活动。

学校发现学生在校内有违法行为或者严重精神疾病可能对他人造成伤害的,可

以依法采取或者协助有关部门采取必要措施。

第四十三条 学校应当坚持教育与宗教相分离原则。任何组织和个人不得在学校进行宗教活动。

第四十四条 学校应当建立健全学生代表大会制度,为学生会、研究生会等开展活动提供必要条件,支持其在学生管理中发挥作用。

学生可以在校内成立、参加学生团体。学生成立团体,应当按学校有关规定提出书面申请,报学校批准并施行登记和年检制度。

学生团体应当在宪法、法律、法规和学校管理制度范围内活动,接受学校的领导和管理。学生团体邀请校外组织、人员到校举办讲座等活动,需经学校批准。

第四十五条 学校提倡并支持学生及学生团体开展有益于身心健康、成长成才的学术、科技、艺术、文娱、体育等活动。

学生进行课外活动不得影响学校正常的教育教学秩序和生活秩序。

学生参加勤工助学活动应当遵守法律、法规以及学校、用工单位的管理制度,履行勤工助学活动的有关协议。

第四十六条 学生举行大型集会、游行、示威等活动,应当按法律程序和有关规定获得批准。对未获批准的,学校应当依法劝阻或者制止。

第四十七条 学生应当遵守国家和学校关于网络使用的有关规定,不得登录非法网站和传播非法文字、音频、视频资料等,不得编造或者传播虚假、有害信息;不得攻击、侵入他人计算机和移动通信网络系统。

第四十八条 学校应当建立健全学生住宿管理制度。学生应当遵守学校关于学生住宿管理的规定。鼓励和支持学生通过制定公约,实施自我管理。

第五章 奖励与处分

第四十九条 学校、省(区、市)和国家有关部门应当对在德、智、体、美等方面全面发展或者在思想品德、学业成绩、科技创造、体育竞赛、文艺活动、志愿服务及社会实践等方面表现突出的学生,给予表彰和奖励。

第五十条 对学生的表彰和奖励可以采取授予"三好学生"称号或者其他荣誉称号、颁发奖学金等多种形式,给予相应的精神鼓励或者物质奖励。

学校对学生予以表彰和奖励,以及确定推荐免试研究生、国家奖学金、公派出国留学人选等赋予学生利益的行为,应当建立公开、公平、公正的程序和规定,建立和完善相应的选拔、公示等制度。

第五十一条 对有违反法律法规、本规定以及学校纪律行为的学生,学校应当给予批评教育,并可视情节轻重,给予如下纪律处分:

(一)警告;
(二)严重警告;
(三)记过;
(四)留校察看;
(五)开除学籍。

第五十二条 学生有下列情形之一,学校可以给予开除学籍处分:

(一)违反宪法,反对四项基本原则、破坏安定团结、扰乱社会秩序的;

(二)触犯国家法律,构成刑事犯罪的;

(三)受到治安管理处罚,情节严重、性质恶劣的;

(四)代替他人或者让他人代替自己参加考试、组织作弊、使用通信设备或其他器材作弊、向他人出售考试试题或答案牟取利益,以及其他严重作弊或扰乱考试秩序行为的;

(五)学位论文、公开发表的研究成果存在抄袭、篡改、伪造等学术不端行为,情节严重的,或者代写论文、买卖论文的;

(六)违反本规定和学校规定,严重影响学校教育教学秩序、生活秩序以及公共场所管理秩序的;

(七)侵害其他个人、组织合法权益,造成严重后果的;

(八)屡次违反学校规定受到纪律处分,经教育不改的。

第五十三条 学校对学生作出处分,应当出具处分决定书。处分决定书应当包括下列内容:

(一)学生的基本信息;
(二)作出处分的事实和证据;
(三)处分的种类、依据、期限;
(四)申诉的途径和期限;
(五)其他必要内容。

第五十四条 学校给予学生处分,应当坚持教育与惩戒相结合,与学生违法、违纪行为的性质和过错的严重程度相适应。学校对学生的处分,应当做到证据充分、依据明确、定性准确、程序正当、处分适当。

第五十五条 在对学生作出处分或者其他不利决定之前,学校应当告知学生作出决定的事实、理由及依据,并告知学生享有陈述和申辩的权利,听取学生的陈述和申辩。

处理、处分决定以及处分告知书等,应当直接送达学生本人,学生拒绝签收的,可以以留置方式送达;已离校的,可以采取邮寄方式送达;难于联系的,可以利用学校网站、新闻媒体等以公告方式送达。

第五十六条　对学生作出取消入学资格、取消学籍、退学、开除学籍或者其他涉及学生重大利益的处理或者处分决定的,应当提交校长办公会或者校长授权的专门会议研究决定,并应当事先进行合法性审查。

第五十七条　除开除学籍处分以外,给予学生处分一般应当设置6到12个月期限,到期按学校规定程序予以解除。解除处分后,学生获得表彰、奖励及其他权益,不再受原处分的影响。

第五十八条　对学生的奖励、处理、处分及解除处分材料,学校应当真实完整地归入学校文书档案和本人档案。

被开除学籍的学生,由学校发给学习证明。学生按学校规定期限离校,档案由学校退回其家庭所在地,户口应当按照国家相关规定迁回原户籍地或者家庭户籍所在地。

第六章　学生申诉

第五十九条　学校应当成立学生申诉处理委员会,负责受理学生对处理或者处分决定不服提起的申诉。

学生申诉处理委员会应当由学校相关负责人、职能部门负责人、教师代表、学生代表、负责法律事务的相关机构负责人等组成,可以聘请校外法律等方面专家参加。

学校应当制定学生申诉的具体办法,健全学生申诉处理委员会的组成与工作规则,提供必要条件,保证其能够客观、公正地履行职责。

第六十条　学生对学校的处理或者处分决定有异议的,可以在接到学校处理或者处分决定书之日起10日内,向学校学生申诉处理委员会提出书面申诉。

第六十一条　学生申诉处理委员会对学生提出的申诉进行复查,并在接到书面申诉之日起15日内作出复查结论并告知申诉人。情况复杂不能在规定限期内作出结论的,经学校负责人批准,可延长15日。学生申诉处理委员会认为必要的,可以建议学校暂缓执行有关决定。

学生申诉处理委员会经复查,认为做出处理或者处分的事实、依据、程序等存在不当,可以作出建议撤销或变更的复查意见,要求相关职能部门予以研究,重新提交校长办公会或者专门会议作出决定。

第六十二条　学生对复查决定有异议的,在接到学校复查决定书之日起15日内,可以向学校所在地省级教育行政部门提出书面申诉。

省级教育行政部门应当在接到学生书面申诉之日起30个工作日内,对申诉人的问题给予处理并作出决定。

第六十三条　省级教育行政部门在处理因对学校处理或者处分决定不服提起

的学生申诉时,应当听取学生和学校的意见,并可根据需要进行必要的调查。根据审查结论,区别不同情况,分别作出下列处理:

(一) 事实清楚、依据明确、定性准确、程序正当、处分适当的,予以维持;

(二) 认定事实不存在,或者学校超越职权、违反上位法规定作出决定的,责令学校予以撤销;

(三) 认定事实清楚,但认定情节有误、定性不准确,或者适用依据有错误的,责令学校变更或者重新作出决定;

(四) 认定事实不清、证据不足,或者违反本规定以及学校规定的程序和权限的,责令学校重新作出决定。

第六十四条　自处理、处分或者复查决定书送达之日起,学生在申诉期内未提出申诉的视为放弃申诉,学校或者省级教育行政部门不再受理其提出的申诉。

处理、处分或者复查决定书未告知学生申诉期限的,申诉期限自学生知道或者应当知道处理或者处分决定之日起计算,但最长不得超过 6 个月。

第六十五条　学生认为学校及其工作人员违反本规定,侵害其合法权益的;或者学校制定的规章制度与法律法规和本规定抵触的,可以向学校所在地省级教育行政部门投诉。

教育主管部门在实施监督或者处理申诉、投诉过程中,发现学校及其工作人员有违反法律、法规及本规定的行为或者未按照本规定履行相应义务的,或者学校自行制定的相关管理制度、规定,侵害学生合法权益的,应当责令改正;发现存在违法违纪的,应当及时进行调查处理或者移送有关部门,依据有关法律和相关规定,追究有关责任人的责任。

第七章　附　则

第六十六条　学校对接受高等学历继续教育的学生、港澳台侨学生、留学生的管理,参照本规定执行。

第六十七条　学校应当根据本规定制定或修改学校的学生管理规定或者纪律处分规定,报主管教育行政部门备案(中央部委属校同时抄报所在地省级教育行政部门),并及时向学生公布。

省级教育行政部门根据本规定,指导、检查和监督本地区高等学校的学生管理工作。

第六十八条　本规定自 2017 年 9 月 1 日起施行。原《普通高等学校学生管理规定》(教育部令第 21 号)同时废止。其他有关文件规定与本规定不一致的,以本规定为准。

附录 2：本科专业培养方案示例

自动化专业培养方案（080801）
（Undergraduate Program for Automation）

一、培养目标

培养具有良好的人文素养、掌握必备的数学与自然科学和工程基础知识、通晓控制系统设计的基本理论、相关技术和基本方法、能够在机械装备自动化及其他自动化工程领域从事自动控制系统的研究、设计开发、运行管理与维护、技术管理等方面工作的应用型自动化工程技术人才。

预期学生毕业五年左右具有以下能力：

（一）具有良好的人文素养，具有社会责任感，遵守工程职业道德和规范，积极服务社会；

（二）能够成为自动化领域从事工程设计、技术开发、系统运行管理与维护、工程应用等方面的工程师，能够通过更高层次人才培养过程后在高校、科研院所从事科学研究工作；

（三）具有组织和实施自动化工程项目的团队合作能力和管理能力，能够在企业或其他相关部门从事技术管理工作；

（四）具有国际视野和跨文化交流与合作能力，能够在自动化领域与国内外同行或公众进行交流沟通；

（五）能够跟踪自动化技术前沿，能够通过不断学习在自动化工程领域具有较强的竞争力。

二、毕业要求

1. 工程知识：能够将数学、物理、工程基础知识和专业知识应用于解决自动化领域的复杂工程问题。（G1）

指标点1.1：掌握解决自动化复杂工程问题需要的数学、物理和工程科学的语言工具，并能用于工程问题的表述；

指标点1.2：具有电路、电子技术、信号与系统分析、计算机技术等自动化工程基础知识及其应用能力；

指标点1.3：具有信号获取与处理、电力电子技术、控制工程基础、计算机控制系统等方面的专业基础知识及其应用能力；

指标点1.4：掌握控制系统常用控制方案及相关理论，并能用于控制系统的设计和开发。

2. 问题分析：能够应用数学、自然科学和工程科学的基本原理识别、表达自动化领域的复杂工程问题，并通过文献研究、分析，以获得有效结论。（G2）

指标点2.1：能运用相关科学原理识别和判断自动化复杂工程问题中的检测、控制、执行、对象等关键环节，包括关键变量或参数、功能要求、性能指标以及工程约束条件；

指标点2.2：针对具体被控对象或过程，能够基于科学原理选择合适的方法建立数学模型，并能够选用合适方法对数学模型求解；

指标点2.3：能够运用基本原理分析被控对象、自动控制单元或系统的原理、特性、功能等，以获得有效结论；

指标点2.4：能认识到解决问题有多种方案可选择，会通过文献研究寻求可替代的解决方案。

3. 设计／开发解决方案：能够设计针对自动化领域复杂工程问题的解决方案，设计满足特定需求的自动控制系统或单元，在设计环节中体现创新意识，考虑各种因素的制约。（G3）

指标点3.1：能够针对自动化复杂工程问题提出解决方案；

指标点3.2：能够针对特定需求，完成自动控制单元或模块的设计；

指标点3.3：能够进行控制系统设计，在设计中体现创新意识；

指标点3.4：在控制系统或单元的设计过程中，能够综合考虑社会、健康、安全、法律、文化以及环境等因素。

4. 研究：能够基于科学原理并采用科学方法对自动化领域的复杂工程问题进行研究，包括设计实验、分析与解释数据，并通过信息综合得到合理有效的结论。（G4）

指标点4.1：能够基于科学原理并采用科学方法对自动控制系统涉及的元器件性能和物理现象的基本规律进行研究，包括设计实验、分析和解释数据、对实验数据归纳总结后得出合理结论；

指标点4.2：能够基于科学原理并采用科学方法对自动控制系统中的检测、控

制、执行、对象等单元的特性进行研究,包括设计实验、分析和解释数据、分析功能模块性能,对实验结果归纳总结后得出合理结论;

指标点 4.3:能够综合运用专业知识对自动控制系统进行研究,包括设计实验内容、实验方案、构建实验系统,并对实验结果进行整理、归纳和分析。

5. 使用现代工具:能够针对自动化领域的复杂工程问题开发、选择与使用恰当的技术、资源、现代工程工具和信息技术工具,包括对复杂工程问题的预测与模拟,并能够理解其局限性。(G5)

指标点 5.1:在自动化复杂工程问题的研究中,能够选择和使用恰当的现代仪器仪表,并理解其局限性;

指标点 5.2:在自动控制系统或单元的设计、集成或开发过程中,能够选择和使用恰当的信息资源、信息技术工具和工程工具;

指标点 5.3:能够开发或选用恰当的计算机仿真工具,对自动化复杂工程问题及其解决方案进行预测与模拟,并理解计算机仿真与实际工程的联系与区别。

6. 工程与社会:能够基于工程相关背景知识合理分析、评价自动化工程实践和复杂工程问题解决方案对社会、健康、安全、法律以及文化的影响,并理解应承担的责任。(G6)

指标点 6.1:了解自动化及相关领域的技术标准体系、知识产权、产业政策和法律法规,理解不同社会文化对工程活动的影响;

指标点 6.2:能分析和评价自动化工程实践对社会、健康、安全、法律、文化的影响以及这些因素对项目实施的影响,并理解应承担的责任。

7. 环境和可持续发展:能够理解和评价自动化复杂工程问题的工程实践对环境、社会可持续发展的影响。(G7)

指标点 7.1:知晓和理解环境保护和可持续发展的理念和内涵;

指标点 7.2:能够站在环境保护和可持续发展的角度思考自动化工程实践的可持续性,评价产品周期中可能对人类和环境造成的损害和隐患。

8. 职业规范:具有人文社会科学素养、社会责任感,能够在自动化工程实践中理解并遵守工程职业道德和规范,履行责任。(G8)

指标点 8.1:具备良好的人文社会科学素养,具有正确的世界观、人生观和价值观,具有健康的体质和良好的心理素质;

指标点 8.2:理解社会主义核心价值观,了解中国国情,具有社会责任感;

指标点 8.3:理解诚实公正、诚信守则的工程职业道德和规范,并能在工程实践中自觉遵守。

9. 个人和团队:能够在多学科背景下的团队中承担个体、团队成员以及负责人的角色。(G9)

指标点 9.1:能够正确认识团队力量和智慧,理解个人和团队的关系;

指标点 9.2:能够在多学科背景下,胜任团队成员或团队负责人的角色与责任。

10. 沟通:能够就自动化工程领域的复杂控制工程问题与业界同行及社会公众进行有效沟通和交流,包括撰写报告和设计说明书、陈述发言、清晰表达或回应指令。并具备一定的国际视野,能够在跨文化背景下进行沟通和交流。(G10)

指标点 10.1:具有总结、归纳、整理并阐述自动化工程技术文件的能力,能与业界同行及社会公众进行有效沟通和交流;

指标点 10.2:具备一定的英语口头和书面表达能力,能够顺利阅读本专业的外文资料,了解自动化领域国际发展趋势和研究热点,具有一定的国际视野,能够在跨文化背景下进行沟通和交流。

11. 项目管理:理解并掌握工程管理原理与经济决策方法,并能在多学科环境中应用。(G11)

指标点 11.1:掌握工程项目中涉及的管理与经济决策方法,了解工程及产品全周期、全流程的成本构成,理解其中涉及的管理与经济决策问题;

指标点 11.2:能够在多学科环境下,在设计开发解决方案的过程中,运用工程管理与经济决策的方法。

12. 终身学习:具有自主学习和终身学习的意识,有不断学习和适应发展的能力。(G12)

指标点 12.1:能在社会发展的大背景下,认识到自主学习和终身学习的必要性;

指标点 12.2:具有自主学习的能力,包括对技术问题的理解能力,归纳总结能力和提出问题的能力。

三、修业年限

四年。

四、授予学位

工学学士学位。

五、主干学科

控制科学与工程。

六、核心课程

电路、模拟电子技术、数字电子技术、自动控制理论、现代控制理论、微机原理与微控制器技术、传感器原理与检测技术、电机与拖动基础、电力电子技术、计算机控

制系统、运动控制系统、电气控制与 PLC 技术、过程控制及自动化仪表、自动化系统集成技术等。

七、专业特色

以"厚基础、宽口径、重实践、求创新"为理念,培养具有运动控制和过程控制两个方向专业知识、服务于机械装备自动化及相关领域的自动化工程技术人才。

八、主要实践性教学环节

独立设课实验和集中性实践教学环节有:物理实验、模拟电子技术实验、数字电子技术实验、微机原理与微控制器技术实验、自动控制综合实验、计算机控制综合实验、电子技术课程设计、单片机应用系统课程设计、PLC 控制系统课程设计、自动化工具软件、金工实习、电子工艺实习、生产实习、毕业实习、毕业设计等。

九、主要专业课程实验

电路、信号分析与处理、自动控制理论、电力电子技术、电机与拖动、传感器原理与检测技术、运动控制系统、计算机控制系统、电气控制与 PLC 技术、过程控制及自动化仪表、工业控制网络等课程实验。

十、毕业总学分及总学时基本要求与分配

毕业总学分要求为 170 学分,其中必修学分为 154 学分,通识选修学分为 8 学分,专业选修学分为 8 学分,具体学分分配见表 1。

表 1 毕业总学分及总学时基本要求与分配

课程类别		课程性质	学分	占总学分比例	学时	占总学时比例
通识教育课程		必修	25.5	15%	472	23.05%
		选修	8	4.70%	128	6.25%
学科基础课程	数理基础	必修	24.5	14.41%	392	19.14%
	大类基础	必修	22	12.94%	352	17.19%
	专业基础	必修	18.5	10.88%	296	14.45%
专业课程		必修	17.5	10.29%	280	13.67%
		选修	2	1.17%	32	1.56%
个性培养		选修	6	3.53%	96	4.69%
教学环节	通识实践	必修	14.5	8.53%	8 周 /328 学时	——
	专业实验与专业实践	必修	31.5	18.53%	25 周 /224 学时	——
毕业总学分(总学时)			170	100%	2048	100%

十一、必修课程先后修关系图

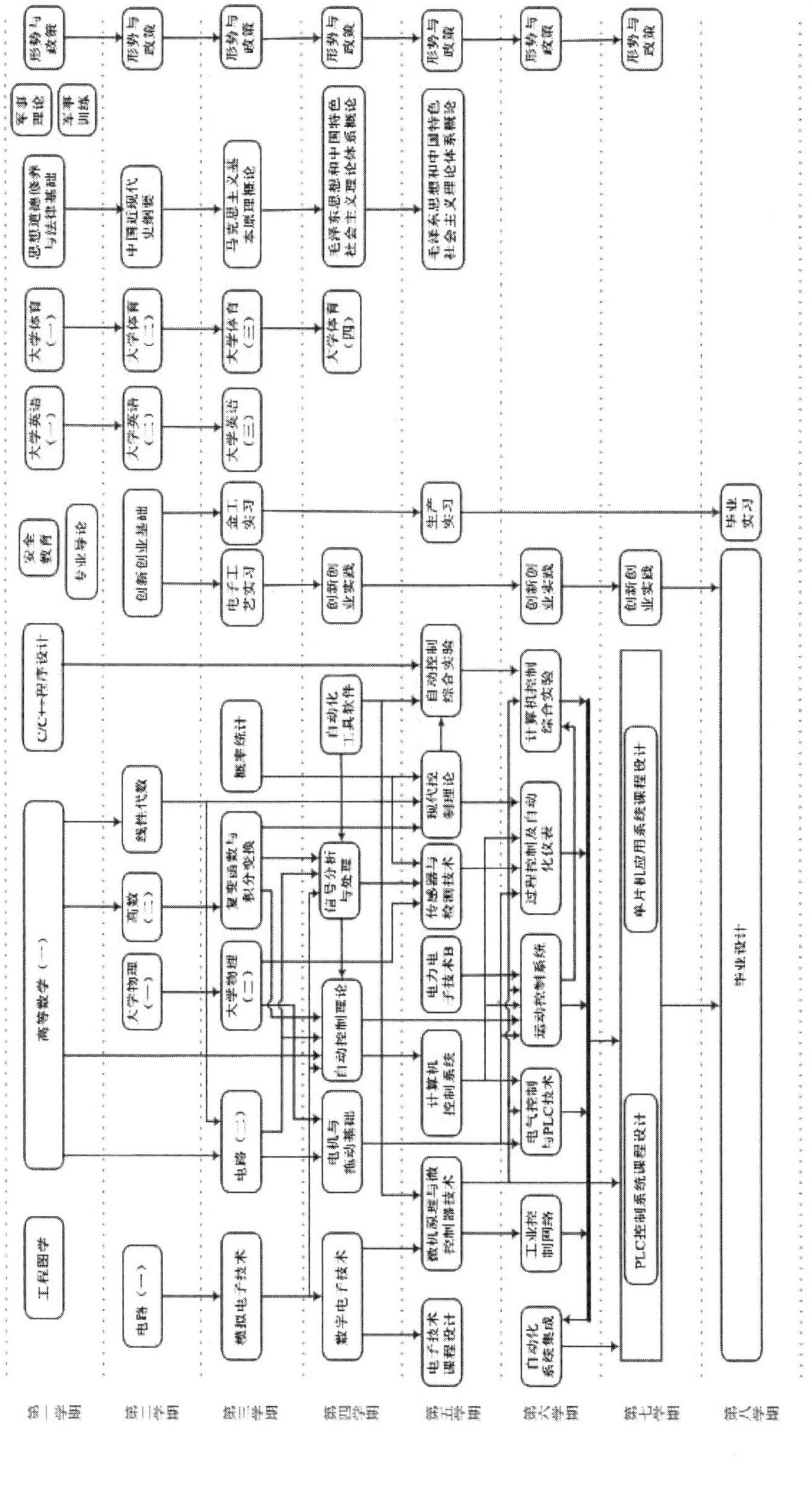

十二、课程体系与毕业要求的支撑和对应关系

课程设置对毕业要求的支撑和对应关系,见表2和表3。表2为课程体系与毕业要求的关联度矩阵。表3为课程体系支撑毕业要求指标点的任务矩阵。其中,H(强)、M(中)、L(弱)表示课程对该项毕业要求贡献度的大小。

表2 课程体系与毕业要求的关联度矩阵

课程平台	序号	课程或环节名称	G1	G2	G3	G4	G5	G6	G7	G8	G9	G10	G11	G12
通识必修理论与实践	1	思想道德修养与法律基础						M		H	M			
	2	中国近现代史纲要								H				
	3	马克思主义基本原理概论							M	H				
	4	毛泽东思想和中国特色社会主义理论体系概论								H	M			
	5	形势与政策							M	M				
	6	职业发展与就业指导								M				M
	7	大学体育								M	L			
	8	安全教育								M				
	9	大学英语											H	M
	10	大学英语听说											L	L
	11	军事训练								L	M			
	12	军事理论								M				
	13	创新创业基础							M	L	L			
	14	创新创业实践												L
数理基础	15	高等数学	H	L										
	16	线性代数	M	L										M
	17	复变函数和积分变换	M	M										L
	18	概率统计	L	L		M								
	19	大学物理 B	H	L										
大类基础	20	工程图学 D	L					H	L					L
	21	C/C++ 程序设计	L						H					L
	22	电路 A	M	H			L	M						
	23	模拟电子技术	M	H		L								
	24	数字电子技术	L	H		L								

续表

课程平台	序号	课程或环节名称	G1	G2	G3	G4	G5	G6	G7	G8	G9	G10	G11	G12
专业基础	25	信号分析与处理	M	L			M							
	26	*自动控制理论A	M	H	M		L							
	27	*电机与拖动基础	M	H		M								
	28	*电力电子技术	M	H		M								
	29	*微机原理与微控制器技术	M	H	M									
	30	*传感器原理与检测技术	M	H		M	M							
专业必修	31	专业导论										M		H
	32	*现代控制理论	M	H	L		L							
	33	*计算机控制系统	M		H								L	
	34	*过程控制及自动化仪表	M	M	H	M	L							
	35	*运动控制系统	M		H	M					M			
	36	*电气控制与PLC技术	M	L	H	M		M			L			
	37	工业控制网络	L	L				H					L	
	38	自动化系统集成技术				L		M				H		
专业限选	39	优化设计方法	L	L										
	40	专业英语										M		
独立设课实验	41	物理实验A				H	M							
	42	模拟电子技术实验				M	H							
	43	数字电子技术实验			L	H	M							
	44	微机原理与微控制器实验			L	H						L		
	45	自动控制综合实验			L	M	L							H
	46	计算机控制综合实验			M	H					H			
	47	自动化工具软件				H								M
专业实践	48	金工实习					L	M	M	M				
	49	电子工艺实习					L	M	M	L				
	50	电子技术课程设计			L	H	M					M	M	
	51	生产实习						M	H	M		M		H
	52	单片机应用系统课程设计			H	L	L					M	M	
	53	PLC控制系统课程设计			H	L		L				M		
	54	毕业实习				L		H	M	M		L	M	M
	55	毕业设计			H		M					H	M	M

附录2：本科专业培养方案示例

表 3　课程体系支撑毕业要求指标点的任务矩阵

序号	课程名称	G1				G2				G3				G4			G5			G6		G7		G8			G9		G10		G11		G12	
		1.1	1.2	1.3	1.4	2.1	2.2	2.3	2.4	3.1	3.2	3.3	3.4	4.1	4.2	4.3	5.1	5.2	5.3	6.1	6.2	7.1	7.2	8.1	8.2	8.3	9.1	9.2	10.1	10.2	11.1	11.2	12.1	12.2
1	思想道德修养与法律基础																			√				√										
2	中国近现代史纲要																								√									
3	马克思主义基本原理概论																							√										
4	毛泽东思想和中国特色社会主义理论体系概论																							√			√							
5	形势与政策																					√			√									
6	职业发展与就业指导																											√					√	
7	大学英语																							√					√					
8	大学英语听说																							√						√				
9	大学体育																											√						√
10	安全教育																								√									√
11	军事训练																											√						
12	军事理论																				√													
13	创新创业基础																																√	
14	创新创业实践																																	√
15	高等数学	√						√																										

续表

序号	课程名称	G1				G2			G3				G4			G5			G6		G7		G8			G9		G10		G11		G12	
		1.1	1.2	1.3	1.4	2.1	2.2	2.3	3.1	3.2	3.3	3.4	4.1	4.2	4.3	5.1	5.2	5.3	6.1	6.2	7.1	7.2	8.1	8.2	8.3	9.1	9.2	10.1	10.2	11.1	11.2	12.1	12.2
16	线性代数	✓																															
17	大学物理 B		✓				✓																										
18	复变函数和积分变换			✓				✓																									
19	概率统计	✓								✓			✓																				
20	工程图学 D	✓																															
21	C/C++程序设计		✓							✓																							
22	电路 A		✓				✓							✓			✓																
23	模拟电子技术		✓			✓		✓	✓																								
24	数字电子技术		✓			✓		✓								✓																	✓
25	信号分析与处理		✓					✓		✓							✓																
26	自动控制理论 A					✓		✓						✓																		✓	
27	电机与拖动基础			✓										✓																			
28	电力电子技术			✓		✓		✓							✓																		
29	微机原理与微控制器技术	✓				✓		✓		✓																							✓
30	传感器原理与检测技术					✓		✓						✓														✓					
31	专业导论																															✓	

续表

序号	课程名称	G1				G2			G3				G4			G5			G6		G7		G8			G9		G10		G11		G12	
		1.1	1.2	1.3	1.4	2.1	2.2	2.3	3.1	3.2	3.3	3.4	4.1	4.2	4.3	5.1	5.2	5.3	6.1	6.2	7.1	7.2	8.1	8.2	8.3	9.1	9.2	10.1	10.2	11.1	11.2	12.1	12.2
32	现代控制理论		✓	✓																													
33	计算机控制系统			✓			✓		✓																								
34	过程控制及自动化仪表				✓				✓										✓														
35	运动控制系统与电气控制				✓					✓				✓					✓								✓						
36	PLC技术				✓						✓			✓																			
37	工业控制网络						✓				✓								✓														
38	自动化系统集成技术									✓							✓													✓			
39	优化设计方法（限选）							✓																									
40	专业英语（限选）																																
41	物理实验A												✓			✓																	
42	模拟电子技术实验									✓			✓			✓																	
43	数字电子技术实验									✓				✓				✓															
44	微机原理与微控制器实验													✓												✓		✓					
45	自动控制综合实验										✓			✓																	✓	✓	
46	计算机控制综合实验																✓																✓
47	自动化工具软件																																✓

214

续表

序号	课程名称	G1				G2				G3				G4			G5			G6		G7		G8			G9		G10		G11		G12	
		1.1	1.2	1.3	1.4	2.1	2.2	2.3	2.4	3.1	3.2	3.3	3.4	4.1	4.2	4.3	5.1	5.2	5.3	6.1	6.2	7.1	7.2	8.1	8.2	8.3	9.1	9.2	10.1	10.2	11.1	11.2	12.1	12.2
48	金工实习								√																									
49	电子工艺实习										√				√								√											
50	电子技术课程设计																	√								√								
51	生产实习											√									√		√							√			√	
52	单片机应用系统课程设计												√			√		√																
53	PLC控制系统课程设计											√									√													
54	毕业实习												√						√									√		√	√		√	
55	毕业设计									√													√							√		√	√	√

十三、指导性教学计划

自动化专业指导性教学计划

(一)必修课程设置及进程表

课程平台	课程编号	课程名称	学分	学时	学时分配			各学期周学时分配								计分方式
					讲课	实验	上机	一	二	三	四	五	六	七	八	
通识必修课合计:472学时25.5学分	X0391001	思想道德修养与法律基础 Ideology and Morality Training and the Basis of Law	2	32	32			2								百分制
	X0391002	中国近现代史纲要 Outline of Modern Chinese History	1.5	24	24				2							五级制
	X0391003	马克思主义基本原理概论 The Principles of Marxist	2	32	32						2					百分制
	X0391004-5	毛泽东思想和中国特色社会主义理论体系概论 Introduction to MaoZeDong Thought and the Socialism Theory of Chinese Characteristics System	4	64	64								2	2		百分制 五级制
	X0101009-11	大学英语(一-三) College English	9	144	144			3	3	3						百分制
	X0131001-4	大学体育(一-四) College Physical Education	4	128												五级制
	X0411001	创新创业基础 Introduction to Innovation and Enterpreneurship	2	32	32				2							五级制
	X0561001	安全教育 Safety Education	1	16	16			2/								二级制
通识必修课合计:472学时25.5学分																
学科基础课程平台 数理基础	X0181032-33	高等数学 Advanced Mathematics	11	176	176			6	6							百分制
	X0181008	线性代数 Linear Algebra	2.5	40	40				4							百分制
	X0181030-31	大学物理B College Physics B	6	96	96				3	3						百分制
	X0181036	复变函数与积分变换B Complex Variables Functions and Integral Transformation B	2	32	32						4/					百分制
	X0181009	概率统计 Probability and Statistics	3	48	48						3					百分制
大类基础	X0121037	工程图学D Engineering Graphics D	2	32	32			4/								五级制
	X0201002	C/C++程序设计 C/C++ program design	4	64	40		24	4								五级制
	Y0151031-32	电路A Circuits A	6	96	80	16			3	3						百分制

续表

课程平台		课程编号	课程名称	学分	学时	学时分配			各学期周学时分配								计分方式
						讲课	实验	上机	一	二	三	四	五	六	七	八	
学科基础课程平台	专业基础	Y0151026	模拟电子技术 Analog Electronic Technology	4	64	64					4						百分制
		Y0151027	数字电子技术 Digital Electronic Technology	4	64	64						4					百分制
		Y0151015	信号分析与处理 Signal Analysis and Processing	2	32	24	8					2					百分制
		Y0151036	自动控制理论 AAutomatic Control Theory	4	64	56	8					4					百分制
		Y0151035	电机与拖动基础 BFundamentals of Motor and Drag	3	48	40	8				3						百分制
		Y0151014	电力电子技术 BPower Electronics	3	48	40	8							3				百分制
		Z0151160	微机原理与微控制器技术 Microcomputer Principle and Micro-Controller Technology	4	64	64							4				百分制
		Y0151016	传感器原理与检测技术 Principles of Sensors and Measuring Technology	2.5	40	32	8						4				五级制
学科基础课合计：1008 学时，63 学分																	
专业必修课程平台		Z0151199	专业导论 Professional Introduction	1	16				2/								五级制
		Z0151161	现代控制理论 Modern Control Theory	2	32	32							4/				百分制
		Z0151162	计算机控制系统 Computer Control System	2	32	24	8							/4				百分制
		Z0151153	过程控制及自动化仪表 Process Control and Automatic Instruments	4	64	48	16							4				百分制
		Z0151163	运动控制系统 Motion Control System	3.5	56	48	8							4				百分制
		Z0151156	电气控制与 PLC 技术 Electrical Control and PLC Technology	3	48	36	12							3				五级制
		Z0151164	工业控制网络 Industrial Control Network	2	32	24	8							4/				五级制
		Z0151165	自动化系统集成技术 Automatic System Integrated Technology	2	32	32								/4			五级制
专业必修课合计：312 学时 19.5 学分																	
必修课合计 1792 学时，108 学分						必修课各学期周学时			19	23	20	17	19	17	0	0	

（二） 选修课程设置及进程表

课程平台	课程编号	课程名称	学分	学时	学时分配			各学期周学时分配								计分方式
					讲课	实验	上机	一	二	三	四	五	六	七	八	
专业选修课程平台	Y0150001	EDA Electronic Design Automation	2	32	16	16						2				五级制
	X0201012	数据库技术 Database Technique	2	32	22		10					2				五级制
	专业选修课合计：32学时2学分（第5学期：2学分）	专业选修课各学期周学时										2				
个性培养课程平台	个性培养课程放在第7学期，分为4类：专业拓展类、技能提升类、创新创业类及学术发展类。各专业根据专业情况设定至少2类、6门课程。个性培养课学分要求：至少选修6学分。															
	1、专业拓展类															
	Z0150160	机器人技术基础 Fundamentals of Robot Technology	2	32	32									4/		五级制
	Z0150161	数字图像处理基础 Fundamentals of Digital Image Processing	2	32	24	8								4/		五级制
	Z0150163	冶金设备及自动化 Automation in Metallurgical Equipment	2	32	32									4/		五级制
	Z0150164	机电一体化系统设计 Mechanotronics Design	2	32	32									4/		五级制
	Z0150167	人工智能技术导论 Introduction to Artificial Intelligent Technology	2	32	32									4/		五级制
	Z0150168	机器视觉技术及应用 Machine Vision Technology and Application	2	32	32									4/		五级制
	Z0150154	模糊控制 Fuzzy Control	2	32	32									4/		五级制
	Z0150150	人工神经网络原理 Principle of Artificial Neural Network	2	32	32									4/		五级制
	Z0150155	系统辨识基础 Fundamentals of SystemIdentification	2	32	32									4/		五级制
	Z0150156	最优控制基础 Fundamentals of Optimal Control	2	32	32									4/		五级制
	Z0150157	线性系统理论 Linear System Theory	2	32	32									4/		五级制
	2、创新创业类															
	Z0150151	专业外语 English in Automation	2	32	32									4/		五级制
	Z0150165	嵌入式系统开发与应用 Development and Application of Embedded System	2	32	24	8								4/		五分制

课程平台	课程编号	课程名称	学分	学时	学时分配			各学期周学时分配								计分方式
					讲课	实验	上机	一	二	三	四	五	六	七	八	
个性培养课程平台	Z0150166	优化设计方法 Optimal Design Method	2	32	32									4/		五级制
	Z0150152	DSP技术与应用 Technique and Application of DSP	2	32	24		8							4/		五级制
	Y0150006	集散控制系统 Distributed Control System	2	32	32									4/		五级制
	3、技能提升类															
	4、学术发展类															
	个性培养课合计:96学时 6学分				个性培养课各学期周学时									12		
通识必修课、专业课和个性培养课课内学时合计: 1920学时,116学分					各学期周学时			19	23	20	17	21	15	12		通识选修课程平台
通识选修课程平台	通识选修课分5类:创新创业类、艺术鉴赏类、人文社科类、科学技术类、经济管理类。每个学生至少选修1门经济管理类课程和1门人文社科类课程;每个学生必须选择艺术鉴赏类和创新创业类课程。(注:第三学期开设3学分的高阶英语,选修该课程获得的学分用于置换大学英语三的学分。) 通识选修课学分要求:至少选修8个学分。															

（三）　实践性教学环节及进程表

课程类别	课程编号	实践性教学环节名称	学分	周数/学时	上机	各学期周数/学时分配								计分方式
						一	二	三	四	五	六	七	八	
通识实践	S0391001	思想道德修养与法律基础 Ideology and Morality Training and the Basis of Law	1	/16		/16								—
	S0391002	中国近现代史纲要 Outline of Modern Chinese History	0.5	/8			/8							—
	S0391003	马克思主义基本原理概论 The Principles of Marxist	1	/16					/16					—

续表

课程类别	课程编号	实践性教学环节名称	学分	周数/学时	上机	各学期周数/学时分配							计分方式
						一	二	三	四	五	六	七	
通识实践	S0391004-5	毛泽东思想和中国社会主义理论体系概论 Introduction to MaoZeDong Thought and the Socialism Theory of Chinese Characteristics System	2	/32					/16	/16			—
	S0391018-24	形势与政策 Situation and Policy	2	/70		/10	/10	/10	/10	/10	/10	/10	五级制
	S0561005-12	安全教育 Safety Education	0	/16		/2	/2	/2	/2	/2	/2	/2	—
	S0101019-22	大学英语听说 College English Listening and Speaking	2	/64		/16	/16	/16	/16				五级制
	S0451001	军事训练 Military Training	2	2/		2/							二级制
	S0451002	军事理论 Military Theory	1	/32		/32							二级制
	S0391014-17	职业发展与就业指导 University Career Development and Employment Guidance	1	/32		/8			/8		/8	/8	五级制
	S0641001	暑期社会实践 Summer Social Practice	0	2/				2/					——
	S0151008	创新创业实践 Innovation and Entrepreneurship Practice	2	8/							8/		五级制
	S0001002	入学教育 Enrollment Education	0	1/		1/							——
	S0001003	毕业教育 Graduation Education	0	1/								1/	——
专业实验	S0181006-7	物理实验A APhysics Experiment A	1.5	/48			/24	/24					五级制
	S0151009	模拟电子技术实验 Analog Electronic Technology Experiment	0.5	/24					/24				五级制
	S0151010	数字电子技术实验 Digital Electronic Technology Experiment	0.5	/24					/24				五级制

续表

课程类别	课程编号	实践性教学环节名称	学分	周数/学时	上机	一	二	三	四	五	六	七	八	计分方式
专业实践	S0151165	微机原理与微控制器技术实验 Microcomputer Principle and Micro- Controller Technology Experiment	1	/32						/32				五级制
	S0151157	自动控制综合实验 Comprehensive Experiment of Automatic Control	1	/32						/32				五级制
	S0151162	计算机控制综合实验 Computer Control Comprehensive Experiment	1	/32							/32			五级制
	S0151156	自动化工具软件 Software Tools for Automation Engineering	1	/32				/32						五级制
专业实践	S0001004	毕业设计(论文)开题周 Graduation Design (Thesis) Preparation	0	1/								1/		—
	S0751002	金工实习 Metalworking Practice	2	2/				2/						五级制
	S0151011	电子工艺实习 Electronic Processing Practice	1	1/				1/						五级制
	S0151012	电子技术课程设计 Electronic Course Design	1	1/						1/				五级制
	S0151150	生产实习 Cognition Practice	1	1/						1/				五级制
	S0151163	单片机应用系统课程设计 Course Design on Single Chip Microcomputer Application System	2	2/								2/		五级制
	S0151164	PLC控制系统课程设计 Course Design on PLC Control System	2	2/								2/		五级制
	S0151161	毕业实习 Graduation Practice	2	2/									2/	五级制
	S0151155	毕业设计 Graduation Design	14	14/									14/	五级制

合计:33 周/552 学时 46 学分

十四、自动化专业各学期教学安排一览表（不含通识选修课）

学期	课程编号	课程名称	学分	学时	学时分配				周学时	记分方式
					讲课	实验	上机	实践		
第一学期	X0391001	思想道德修养与法律基础	3	48	32			16	3	百分制
	X0101009	大学英语（一）	3	48	48				3	百分制
	X0131001	大学体育（一）	1	32	32					五级制
	X0561001	安全教育	1	16	16					二级制
	Z0151199	专业导论	1	16	16				2/	五级制
	X0181032	高等数学（一）	5	80	80				5	百分制
	Z0151166	C/C++ 程序设计	4	64	40		24		4	五级制
	X0121037	工程图学 D	2	32	32				4/	五级制
	S0101019	大学英语听说（一）	0.5	16	16				1	五级制
	S0391014	职业发展与就业指导（一）	0.25	8	8					五级制
	S0391025	形势与政策（一）	0.25	10	10				2/	五级制
	S0451001	军事训练	2					2周		二级制
	S0451002	军事理论	1	32	32					二级制

第一学期合计：24 学分

学期	课程编号	课程名称	学分	学时	学时分配				课内周学时	记分方式
					讲课	实验	上机	实践		
第二学期	X0391002	中国近现代史纲要	2	32	24			8	2	五级制
	X0101010	大学英语（二）	3	48	48				3	百分制
	X0131002	大学体育（二）	1	32	32					五级制
	X0181031	大学物理 B（一）	3	48	48				3	百分制
	X0181033	高等数学（二）	6	96	96				6	百分制
	X0181008	线性代数	2.5	40	40				4	百分制
	X0411001	创新创业基础	2	32	32					五级制
	Y0151031	电路 A（一）	3	48	40	8			3	百分制
	S0101020	大学英语听说（二）	0.5	16	16				1	五级制
	S0181006	物理实验 A（一）	0.5	16		16				五级制
	S0391026	形势与政策（二）	0.25	10	10				2/	五级制

第二学期合计：23.75 学分

学期	课程编号	课程名称	学分	学时	学时分配				课内周学时	记分方式
					讲课	实验	上机	实践		
第三学期	X0391003	马克思主义基本原理概论	3	48	32			16	3	百分制
	X0101003	大学英语(三)	3	48	48				3	百分制
	X0181009	概率统计	3	48	48				3	百分制
	X0181036	复变函数与积分变换 B	2	32	32				4	百分制
	X0181031	大学物理 B(二)	3	48	48				3	百分制
	Y0151032	电路 A(二)	3	48	40	8			3	百分制
	Y0151026	模拟电子技术	4	64	64				4	百分制
	X0131003	大学体育(三)	1	32	32					五级制
	S0101021	大学英语听说(三)	0.5	16	16				1	五级制
	S0151009	模拟电子技术实验	0.5	24		24				五级制
	S0181007	物理实验 A(二)	1	32		32				五级制
	S0751002	金工实习(二)	2					2周		五级制
	S0151011	电子工艺实习	1					1周		五级制
	S0391027	形势与政策(三)	0.25	10	10				2/	五级制

第三学期合计:27.25 学分

学期	课程编号	课程名称	学分	学时	学时分配				课内周学时	记分方式
					讲课	实验	上机	实践		
第四学期	X0391004	毛泽东思想和中国特色社会主义理论体系概论(一)	3	48	32			16	3	五级制
	X0131004	大学体育(四)	1	32	32					五级制
	Y0151027	数字电子技术	4	64	64				4	百分制
	Y0151036	自动控制理论 A	4	64	56	8			4	百分制
	Y0151015	信号分析与处理	2	32	24	8			2	百分制
	Y0151035	电机与拖动基础 B	3	48	40	8			3	百分制
	S0151156	自动化工具软件	1	32			/32			五级制
	S0101022	大学英语听说(四)	0.5	16	16				1	五级制
	S0151010	数字电子技术实验	0.5	24		/24				五级制
	S0391015	职业发展与就业指导(二)	0.25	8	8					五级制
	S0391028	形势与政策(四)	0.25	10	10				2/	五级制

第四学期合计:19.5 学分

学期	课程编号	课程名称	学分	学时	学时分配				课内周学时	记分方式
					讲课	实验	上机	实践		
第五学期		从专业选修课程中选修2学分								
	X0391005	毛泽东思想和中国特色社会主义理论体系概论(二)	3	48	32			16	3	百分制
	Z0151160	微机原理与微控制器技术	4	64	64				4	百分制
	Z0151161	现代控制理论	2	32	32				4/	百分制
	Y0151016	传感器原理与检测技术	2.5	40	32	8			4	五级制
	Z0151162	计算机控制系统	2	32	24	8			/4	百分制
	Y0151014	电力电子技术B	3	48	40	8			3	百分制
	S0151012	电子技术课程设计	1					1周		五级制
	S0151165	微机原理与微控制器技术实验	1	32		32				五级制
	S0151157	自动控制综合实验	1	32		32				五级制
	S0151150	生产实习	1					1周		五级制
	S0391029	形势与政策(五)	0.25	10	10				2/	五级制
第五学期合计:22.75学分										

学期	课程编号	课程名称	学分	学时	学时分配				课内周学时	记分方式
					讲课	实验	上机	实践		
第六学期	Z0151163	运动控制系统	3.5	56	48	8			4	百分制
	Z0151156	电气控制与PLC技术	3	48	36	12			3	五级制
	Z0151164	工业控制网络	2	32	24	8			4/	百分制
	Z0151165	自动化系统集成技术	2	32	32				/4	五级制
	Z0151153	过程控制及自动化仪表	4	64	48	16			4	百分制
	S0151162	计算机控制综合实验	1	32		32				百分制
	S0391016	职业发展与就业指导(三)	0.25	8	8					五级制
	S0391030	形势与政策(六)	0.25	10	10				2/	五级制
第六学期合计:16学分										

学期	课程编号	课程名称	学分	学时	学时分配				课内周学时	记分方式
					讲课	实验	上机	实践		
第七学期		从专业选修课程中选修6学分								
	S0151163	单片机应用系统课程设计	2					2周		五级制
	S0151164	PLC控制系统课程设计	2					2周		五级制
	S0151008	创新创业实践	2					7周		五级制
	S0391017	职业发展与就业指导（四）	0.25	8	8					五级制
	S0391031	形势与政策（七）	0.5	10	10				2/	五级制
第七学期合计：12.75学分										

学期	课程编号	课程名称	学分	学时	学时分配				课内周学时	记分方式
					讲课	实验	上机	实践		
第八学期	S0151161	毕业实习	2					2周		五级制
	S0151155	毕业设计	14					14周		五级制
第八学期合计：16学分										
本专业八个学期修读学分合计：162学分+8学分（通识选修课）										

十五、课程分类及学分比例

课程类别	序号	课程名称	学分	占总学分比例
数学及自然科学类	1	大学物理B	6	合计：26学分 占比：15.29%（≥15%）
	2	物理实验A	1.5	
	3	高等数学	11	
	4	线性代数	2.5	
	5	概率统计	3	
	6	复变函数与积分变换B	2	
工程基础、专业基础与专业类	7	工程图学D	2	合计：58学分 占比：34.12%（≥30%）
	8	C/C++程序设计	4	
	9	电路	6	

续表

课程类别	序号	课程名称	学分	占总学分比例
工程基础、专业基础与专业类	10	模拟电子技术	4	合计:58 学分占比:34.12%(≥30%)
	11	数字电子技术 A	4	
	12	信号分析与处理	2	
	13	自动控制理论 A	4	
	14	现代控制理论	2	
	15	电力电子技术	3	
	16	传感器原理与检测技术	2.5	
	17	电机与拖动基础 B	3	
	18	微机原理与微控制器技术	4	
	19	运动控制系统	3.5	
	20	过程控制及自动化仪表	4	
	21	计算机控制系统	2	
	22	电气控制与 PLC 技术	3	
	23	自动化工具软件	1	
	24	自动化系统集成技术	2	
	25	工业控制网络	2	
工程实践类	26	物理实验 A	1.5	合计:40.25 学分占比:23.68%(≥20%)
	27	模拟电子技术实验	0.5	
	28	数字电子技术实验	0.5	
	29	微机原理与微控制器技术实验	1	
	23	自动化工具软件	1	
	30	计算机控制综合实验	1	
	31	自动控制综合实验	1	
	32	电子技术课程设计	1	
	33	PLC 控制系统课程设计	2	
	34	单片机应用系统课程设计	2	
	35	毕业设计	14	
	36	电子工艺实习	1	
	37	金工实习	2	
	38	生产实习	1	
	39	毕业实习	2	
	40	创新创业实践	2	
		课内实验(108 学时,16 学时 1 个学分)	6.75	

续表

课程类别	序号	课程名称	学分	占总学分比例
人文社科类	41	思想道德修养与法律基础	3	合计:32学分 占比:18.82%(≥15%)
	42	中国近现代史纲要	2	
	43	马克思主义基本原理概论	3	
	44	毛泽东思想和中国特色社会主义理论体系概论	6	
	45	形势与政策	2	
	46	大学英语	9	
	47	大学英语听说	2	
	48	军事理论	1	
	49	大学体育	4	
其他	50	创新创业基础	2	合计:23学分
	51	军事训练	2	
	52	安全教育	1	
	53	职业发展与就业指导	1	
	54	专业导论	1	
		通识选修	8	
		专业选修	8	

附录3：理论课、实验课及实践环节教学大纲示例

计算机控制系统
Computer Control System
【学分】2【学时】32【性质】专业必修

一、授课对象

四年制本科自动化专业。

二、先修课程

电路、模拟电子技术、数字电子技术、微机原理及接口技术、自动控制理论等。

三、课程的性质和地位

计算机控制系统是自动化专业主干课程之一。本课程从控制系统的角度将数字电子技术、模拟电子技术、自动控制理论等专业基础知识与工业生产过程相结合，讲授计算机控制系统的分析和设计的基本理论和方法，为后续运动控制系统、过程控制及自动化仪表、电气控制与PLC技术等系统应用类课程奠定理论基础。

四、课程目标

通过本课程的理论教学和实验训练，使学生具备以下知识和能力：

（一）掌握计算机控制系统的数学描述、系统分析、数字控制器的设计等基本理论；了解计算机控制系统组成、功能及实现方式；

（二）了解计算机控制系统的设计原则和步骤，各类计算机控制系统的结构、硬件和软件设计主要内容，针对具体工业控制应用场合提出计算机控制系统方案；

（三）能够应用高等数学、复变函数与积分变换等数学知识，将连续模型离散化，建立计算机控制系统差分方程或脉冲传递函数表示的数学模型，针对具体对象设计

数字控制器并能体现创新意识;

(四)在计算机控制系统的设计中,能够应用工程管理原理与经济决策方法,对系统全周期、全流程的成本构成进行综合考虑。

五、课程目标与毕业要求的对应关系

毕业要求	指标点	课程目标
G1 工程知识	1.3 具有计算机控制系统数学描述、系统分析、数字控制器的设计等方面的专业基础知识及其应用能力。	目标1
G3 设计/开发解决方案	3.1 能够针对自动化复杂工程问题提出解决方案。	目标2
	3.2 能够针对特定需求完成自动控制单元或模块的设计。	目标3
G11 项目管理	11.1 掌握工程项目中涉及的管理与经济决策方法,了解工程及产品全周期、全流程的成本构成,理解其中涉及的管理与经济决策问题。	目标4

六、教学内容

(一)计算机控制系统概述(支撑课程目标1)

计算机控制系统的基本概念、组成及典型结构;计算机控制系统实例;计算机控制系统性能要求;计算机控制系统发展概况及趋势。

重点:计算机控制系统的组成与典型应用。

(二)计算机控制系统的输入/输出接口与过程通道技术(支撑课程目标1、2)

模拟量输入/输出通道和数字量输入/输出通道功能、结构及工作原理;过程通道的抗干扰与可靠性设计;测量数据的预处理。

重点:控制系统信号的输入/输出接口与通道。

(三)工业控制计算机(支撑课程目标1)

工业控制计算机的特点和系统结构;工业控制计算机的总线结构及总线型工控机;IPC 工业控制机和 DCS 现场控制站的组成和特点。

重点:工业控制计算机的特点,总线的分类。

(四)计算机控制系统的理论基础(支撑课程目标1、3)

信号的采样与保持、采样定理;计算机控制系统的数学描述及分析、连续系统的离散化等基本理论;MATLAB 在连续域—离散域变换中应用。

重点:信号的采样与保持,Z 变换理论。

(五)数字 PID 控制算法(支撑课程目标1、3)

基本数字 PID 算法及各种改进算法,PID 参数整定,数字 PID 控制器的工程实

现；MATLAB 在数字 PID 控制器设计中的应用。

重点：常规数字控制器的设计。

（六）复杂控制算法（支撑课程目标1、3）

最小拍控制及其改进算法、施密斯预估控制、大林预估控制、串级控制、前馈-反馈控制等复杂控制算法。

重点：数字控制器设计原理，最小拍控制系统的设计。

（七）计算机控制系统的软件设计（支撑课程目标1、2、3）

计算机控制系统软件的组成和功能；实时数据库技术；计算机控制系统的软件设计；用工控组态软件构建应用控制软件的基本步骤。

重点：系统软件的组成和功能。

（八）分布式计算机控制系统（支撑课程目标2、4）

分布式计算机控制系统 DCS 的体系结构及典型 DCS 实例；基于 IPC 的分布式控制系统和基于 PLC 构成的分布式控制系统；典型的现场总线及通信协议；基于工业以太网和现场总线的分布式控制系统体系。

重点：分布式控制系统的体系结构和基本类型。

（九）计算机控制系统设计与实现（支撑课程目标2、4）

系统设计的原则与步骤；计算机控制系统的可靠性技术；基于工业 PC 的计算机测控系统设计实例；基于网络结构的计算机测控系统设计实例；带材纠偏计算机控制系统设计实例。

重点：系统设计的原则与步骤。

七、实践教学环节安排

本课程安排实验教学 8 学时，主要内容如下：

（一）数据采集及数字滤波（2 学时，支撑课程目标1）

通过实验软件对采样周期 T 进行设置，并观察 A/D 转换数据；给定数字量输入，观察 D/A 转换器输出保持功能。

（二）数字 PID 控制算法（2 学时，支撑课程目标3）

掌握数字 PID 控制运算规律，理解 PID 算法对控制系统性能的影响，掌握 PID 算法参数的整定过程。调节比例、积分、微分参数，观察输出响应曲线，记录实验波形和实验参数，分析 PID 参数对系统性能的作用。

（三）直流电机闭环调速（2 学时，支撑课程目标2）

掌握直流电机闭环调速的原理，通过控制参数调试，得到良好的闭环调速效果。

（四）复杂控制算法设计实验（2学时，支撑课程目标2）

掌握复杂控制算法的基本原理，通过编程环境对算法进行设计及测试。

八、教学方式与习题要求

在教学中落实启发式教学，利用多种媒体教学形式，在课堂上以基本理论应用实例充实教学内容，缩短理论与实际的距离。为巩固基本概念和基本理论，在教学中适当安排课内实验，加深学生对计算机控制系统实际应用的认识与理解。

九、考核方式和内容

课程采用考试方式，百分制计分。成绩评定由平时成绩、实验成绩和期末考试成绩共同构成。考核方式、考核内容和课程目标的关系见表1，课程综合计分方式、平时作业成绩和实验成绩评分标准分别见表2、表3和表4。

表1 课程考核方式、考核内容和课程目标的对应关系

课程目标	考核内容	考核方式
目标1	计算机控制系统的基本概念、组成及典型结构；计算机控制系统实例；计算机控制系统性能要求；计算机控制系统发展概况及趋势；模拟量输入/输出通道和数字量输入/输出通道功能、结构及工作原理；工业控制计算机的特点和系统结构；工业控制计算机的总线结构及总线型工控机；IPC工业控制机和DCS现场控制站的组成和特点；计算机控制系统软件的组成和功能。	平时作业
		实验
		期末考试
目标2	信号的采样与保持、采样定理；计算机控制系统的数学描述及分析、连续系统的离散化等基本理论；过程通道的抗干扰与可靠性设计；测量数据的预处理；计算机控制系统的软件设计；实时数据库技术；用工控组态软件构建应用控制软件的基本步骤；典型的现场总线及通信协议；基于工业以太网和现场总线的分布式控制系统体系。	实验
		期末考试
目标3	MATLAB在连续域—离散域变换中的应用；基本数字PID算法及各种改进算法，PID参数整定，数字PID控制器的工程实现；MATLAB在数字PID控制器设计中的应用；最小拍控制及其改进算法、施密斯预估控制、大林预估控制、串级控制、前馈-反馈控制等复杂控制算法。	平时作业
		实验
		期末考试
目标4	分布式计算机控制系统DCS的体系结构及典型DCS实例；基于IPC的分布式控制系统和基于PLC构成的分布式控制系统；系统设计的原则与步骤；计算机控制系统的可靠性技术；基于工业PC的计算机测控系统设计实例；基于网络结构的计算机测控系统设计实例；带材纠偏计算机控制系统设计实例。	期末考试

表 2 综合计分方法

课程目标			目标1	目标2	目标3	目标4	考核环节成绩比例合计(%)
毕业要求指标点			1.3	3.1	3.2	11.1	
考核环节及成绩比例(%)	平时成绩	课后作业	5	--	5	--	10
	实验	实验一	5	--	--	--	20
		实验二	--	--	5	--	
		实验三	--	5	--	--	
		实验四	--	5	--	--	
	期末考试	试题	10	20	20	20	70
毕业要求指标点所占比例合计(%)			20	30	30	20	100

注:各考核项均按百分制评分,总评时按比例折算成相应分数。

表 3 平时成绩评价标准

对应毕业要求	平时成绩	评价标准	得分
课程目标1、3	课后作业	作业严格按要求并及时完成,逻辑性强,正确率95%以上,没有抄袭情况(依据作业书写工整清晰程度、正确率酌情给分)。	90~100
		作业严格按要求并及时完成,正确率80%至95%,没有抄袭情况(依据作业书写工整清晰程度、正确率酌情给分)。	80~89
		作业按要求并及时完成,正确率70%至80%,没有抄袭情况(依据作业书写工整清晰程度、正确率酌情给分)。	70~79
		作业迟交,或正确率60%至70%,或完成率60%至70%,老师指出后改正态度端正并补充完成。没有抄袭情况(依据作业完成态度、正确率酌情给分)。	60~69
		作业有抄袭或部分抄袭,或正确率60%以下,或完成率60%以下。	0~59

表 4 实验成绩评价与评分标准

对应毕业要求	实验	评价标准	
		知识掌握情况	得分
课程目标 1、2、3	实验一 实验二 实验三 实验四	相关概念、理论理解准确,所编程序正确,能较好完成实验目的与任务,实验报告内容完整,能理解计算机仿真与实际工程的联系与区别。	86～100
		相关概念、理论理解准确,所编程序较正确,能完成实验目的与任务,实验报告内容完整,能理解计算机仿真与实际工程的联系与区别。	70～85
		相关概念、理论理解基本准确,所编程序基本正确,能基本完成实验目的与任务,实验报告内容不太完整,基本能理解计算机仿真与实际工程的联系与区别。	60～69
		相关概念、理论理解不准确,所编程序错误较多,能基本完成实验目的与任务,实验报告内容不完整,不太能理解计算机仿真与实际工程的联系与区别。	0～59

十、推荐教材或讲义及主要参考书

[1] 刘士荣. 计算机控制系统(第 2 版). 机械工业出版社,2012.

[2] 王锦标. 计算机控制技术(第 2 版). 清华大学出版社,2008.

[3] 王建华. 计算机控制技术. 高等教育出版社,2009.

十一、学时分配

序号	章节名称	学时分配	其中			
			讲授	实验	上机	其他实践
1	绪论	1	1			
2	输入/输出接口与过程通道技术	4	2	2		
3	工业控制计算机	1	1			
4	计算机控制系统的理论基础	5	3	2		
5	数字 PID 控制算法	8	6	2		
6	复杂控制算法	6	6			
7	计算机控制系统的软件设计	2	2			
8	分布式计算机控制系统	1	1			
9	计算机控制系统设计与实现	4	2	2		
	合计	32	24	8		

【编写】　　　　【审核】

计算机控制综合实验
Comprehensive Experiment of Computer Control

【学分】1【学时】32【性质】实践环节

一、授课对象

四年制本科自动化专业。

二、先修课程

微机原理与微控制器技术,运动控制系统,电力电子技术,计算机控制系统。

三、课程的性质和地位

计算机控制综合实验是自动化专业的一门必修专业实践课程。本课程是综合微机原理与微控制器技术、电力电子技术、计算机控制系统、运动控制系统等相关课程,以"微机控制直流脉宽调速系统"为主线开设的一门阶段性综合实验课,以巩固和提升相关课程基本理论,培养实际应用能力。

四、课程目标

通过"微机控制直流脉宽调速系统"为主线的系列开放性、综合性、设计性实验,使学生具有以下知识和能力:

(一)了解微机控制直流脉宽调速系统设计的主要环节,掌握硬件方案和设计方法,能够编写单片机程序,包括转速检测、PWM 产生、定时采样实现、闭环 PID 算法实现等,在转速检测与实现、PI 算法等方面体现创新意识,能够编写上位机 VB 界面和程序;

(二)了解微机控制直流调速系统设计和实现过程中对用电安全、器件和人身安全的考虑;

(三)能够针对微机控制直流脉宽调速系统设计实验测试方案、进行实验测试、分析实验结果,并能推广应用到其他电机控制系统或微机控制系统;

(四)通过以小组为单位的形式完成实验项目,认识到团队的力量和团队合作的重要性;

(五)通过小组成员的合作,理解作为组长或成员应承担的责任,能够胜任团队成员或团队负责人的角色。

五、课程目标与毕业要求的对应关系

毕业要求	指标点	课程目标
G3 设计／开发解决方案	3.3 能够进行控制系统设计,在设计中体现创新意识。	目标1
G3 设计／开发解决方案	3.4 在控制系统或单元的设计过程中,能够综合考虑社会、健康、安全、法律、文化以及环境等因素。	目标2
G4 研究	4.3 能够综合运用专业知识对自动控制系统进行研究,包括设计实验内容、实验方案、构建实验系统,并对实验结果进行整理、归纳和分析。	目标3
G9 个人和团队	9.1 能够正确认识团队力量和智慧,理解个人和团队的关系。	目标4
G9 个人和团队	9.2 能够在多学科背景下,胜任团队成员或团队负责人的角色与责任。	目标5

六、教学内容

（一）课程介绍

主要内容：本课程的性质和地位、课程目标、教学内容、考核方式、实验基本要求等。

（二）直流脉宽调速系统的硬件方案（支撑课程目标1、2）

主要内容：直流脉宽调速系统的主电路、驱动电路、速度检测、微机控制电路等硬件方案；主要元器件选型及使用。

（三）MSP430 开发板及其编程环境使用（支撑课程目标1）

主要内容：MSP430 单片机的特点,编程环境使用和程序调试方法、开发板的使用。

（四）直流脉宽调速系统的基本理论及软件方案（支撑课程目标1）

主要内容：编码器测速原理、闭环控制原理、PID 算法、PWM 信号产生方法、定时采样方法等；开环系统软件组成和程序框架；VB 与单片机通信及 VB 编程简介。

（五）实验一：直流脉宽调速开环运行实现（支撑课程目标1、2、3、4、5）

主要内容：编程实现 PWM 脉冲输出；拟定实验测试内容,设计实验测试方案,分析测试结果。

（六）实验二：编码器数字测速实现（支撑课程目标1、3、4、5）

主要内容：编写 M 法、T 法或 M/T 法数字测速子程序（体现创新）；拟定数字测速实验内容,设计实验测试方案,分析测试结果。

（七）实验三：直流电机开环特性测试（支撑课程目标 1、3、4、5）

主要内容：组态上位机 VB 监控界面；编程实现上位机 VB 和微机单片机通信；拟定开环运行特性实验测试内容，设计实验测试方案，分析测试结果。

（八）实验四：闭环直流脉宽调速系统实现（支撑课程目标 1、3、4、5）

主要内容：编程实现微机的定时中断；编写闭环 PI 控制子程序（体现创新）；组态上位机 VB 界面；拟定闭环运行实验测试内容，构建实验测试方案，分析测试结果。

（九）实验五：双闭环直流脉宽调速系统实现（支撑课程目标 1、3、4、5）

主要内容：编程实现电流检测；编程实现双闭环调速系统（体现创新）；组态上位机 VB 监控界面；理论设计双闭环调节器；实验测试系统性能。

（十）讨论总结（支撑课程目标 1、2）

总结讨论微机控制直流脉宽调速系统的总体方案、硬件方案和软件方案；讨论实验中遇到的问题及解决方法，讨论直流调速系统设计和实现过程中对用电安全、器件或人身安全的考虑。

七、教学方式与习题要求

采用"微机控制直流脉宽调速系统实现"为主线的项目驱动教学方式，课堂讲授、自主设计、实验调试相结合。以 3~4 人为一组，小组成员按 PWM 生成、编码器测速、PI 算法实现、理论分析和报告撰写等进行分工。每小组提交一份总结报告，要求内容完整、层次清楚、图表规范，报告中每位成员写一段总结。

八、考核办法

分小组考核和个人考核两种情况，小组考核占 70%，个人考核占 30%。

小组考核内容包括项目完成情况和总结报告两部分。小组考核成绩按百分制计分，项目完成情况占 70%，总结报告占 30%。项目完成情况评分依据为：小组项目完成程度和完成质量；总结报告评分依据为：报告内容完整性、规范性、条理性。个人考核内容包括个人承担任务完成情况和个人总结。个人考核成绩按百分制计分，个人承担任务完成情况占 80%，个人总结占 20%。

总成绩采用五级制计分，考核结果分为优秀（90 分以上）、良好（80 分~89 分）、中等（70 分~79 分）、及格（60 分~69 分）和不及格（59 分以下）五个等级。

考核内容与课程目标的对应关系见表 1。

表 1 考核内容与课程目标的对应关系

考核内容	课程目标	指标点 3.3 目标 1	指标点 3.4 目标 2	指标点 4.3 目标 3	指标点 9.1 目标 4	指标点 9.2 目标 5
小组考核	设计完成情况	√				
	实验调试情况			√		
	报告中硬件和软件方案、设计内容	√				
	报告中实验内容及结果分析			√		
	报告中关于安全问题描述		√			
个人考核	个人承担任务完成情况	√				√
	个人总结				√	

九、推荐教材或讲义及主要参考书

[1] 柏艳红,等. 计算机控制综合实验指导书. 自编讲义.

[2] 陈伯时. 电力拖动自动控制系统(第 3 版). 机械工业出版社,2007.

[3] 刘川来,等. 计算机控制技术. 机械工业出版社,2015.

[4] 余发山. 微机原理与单片机接口技术. 煤炭工业出版社,2011.

十、学时分配

序号	教学内容	学时	实验类型	备注
1	课程介绍	1		讲授
2	直流脉宽调速系统的硬件方案	3		讲授
3	MSP430 开发板及其编程环境使用	4		讲授
4	直流脉宽调速系统的基本理论及软件方案	2		讲授
5	实验一 直流脉宽调速开环运行实现	4	设计性	必选
6	实验二 编码器数字测速实现	4	设计性	必选
7	实验三 直流电机开环特性测试	2	综合性	必选
8	实验四 闭环直流脉宽调速系统实现	6	综合性	必选
9	实验五 双闭环直流脉宽调速系统实现	4	综合性	必选
10	总结讨论	2		讨论
	合计	32		

【编写】　　　【审核】

PLC 控制系统课程设计
Course Design on PLC Control System

【学分】2【学时】2 周【性质】实践环节

一、授课对象

四年制本科自动化专业。

二、课程的性质和地位

本课程设计是为本科自动化专业开设的一个综合性实践教学环节。本环节综合应用电气控制与 PLC 技术、计算机控制系统、过程控制与自动化仪表等专业课知识，设计 PLC 控制系统，以巩固提升所学相关课程知识，培养学生分析和解决自动化工程领域复杂工程问题的能力，以及查阅与利用文献、编写技术文件的能力，并为本专业毕业设计和学生就业奠定基础。

三、课程目标

通过本实践环节，使学生具备以下知识和能力：

（一）能够利用现代信息技术查阅图书、学术论文等文献资料并根据生产过程或被控对象特点及控制要求，设计 PLC 控制系统方案；

（二）能够运用所学知识将控制系统方案细化，实现 PLC 控制系统的软硬件设计；

（三）能够在 PLC 控制系统设计过程中考虑并采取相应措施保障设备和人身安全；

（四）能够利用仿真软件或现有实验设备对所设计的 PLC 控制系统进行软件仿真或者模拟实验，并对系统进行调试；

（五）能够按照国家标准及相关规范绘制电气原理图，能够对设计过程和设计结果进行总结归纳并撰写技术文件或报告。

四、课程目标与毕业要求的对应关系

毕业要求	指标点	课程目标
G3 设计/开发解决方案	3.1 能够针对自动化复杂工程问题提出解决方案	目标 1
	3.3 能够进行控制系统设计，在设计中体现创新意识	目标 2
	3.4 设计过程中能够综合考虑社会、健康、安全、法律、文化以及环境等因素	目标 3

续表

毕业要求	指标点	课程目标
G4 研究	4.3 能够综合运用专业知识对自动控制系统进行研究,包括设计实验内容、实验方案、构建实验系统,并对实验结果进行整理、归纳和分析	目标 4
G10 沟通	10.1 具有总结、归纳、整理并阐述自动化工程技术文件的能力,能与业界同行及社会公众进行有效沟通和交流	目标 5

五、课程设计的选题

选题要符合本课程培养目标,设计任务的难度和工作量适当,应能体现解决复杂工程问题能力的培养。课题主要由指导教师指定,同一课题组每个学生的设计任务不可相同。也可由学生自行选择,但需提供设计任务说明,并经指导教师批准,以保证选题合理、难度和任务量恰当。

六、课程设计要求

该课程设计要求学生完成以下工作:

(一)认真阅读课程设计任务书,分析生产过程或被控对象的工艺流程及控制要求,并进行归纳总结;(支撑课程目标1)

(二)查阅相关资料,确定控制方案,根据拖动要求设计主电路,对于不采用电机而是采用液压、气压驱动的系统,需要画出液压控制回路或气动控制回路;(支撑课程目标1、2)

(三)根据照明、指示、报警等要求设计辅助电路和安全保护电路;(支撑课程目标2、3)

(四)设计 PLC 控制电路,包括确定 PLC 输入/输出元器件、选择 PLC 型号及配置、分配 I/O 端子、绘制 PLC 的 I/O 接线图等;(支撑课程目标2)

(五)编写 PLC 程序,并经仿真或模拟实验调试进行修改、补充、完善;(支撑课程目标2、4)

(六)编写设计说明书。(支撑课程目标5)

七、设计说明书要求

学生应独立撰写课程设计说明书,要求包含以下几方面的内容:

(一)设计任务说明;

(二)方案设计;

(三)硬件设计;

(四)程序设计、调试过程及结果;

（五）总结；

（六）参考文献；

（七）附录(源程序、电气原理图等)。

说明书用 A4 纸打印，封皮统一。要求层次分明，文字流畅，描述准确，排版整齐，图表、公式、参考文献书写等符合规范；至少附一张 A4 纸电气原理图，由 AutoCAD 等专用绘图软件绘制，且采用国标规定的图形符号和文字符号；参考文献不少于 10 篇。

八、学时分配

序号	教学内容	学时分配	其中			
			讲授	实验	上机	其他实践
1	了解课程设计要求，查阅资料，初步确定方案，制订课程设计计划	1 天				
2	系统方案、硬件和软件设计	5 天				
3	实验调试、修改完善	1.5 天				
4	撰写设计说明书，答辩	2.5 天				
	合计	10 天				

九、考核办法

成绩评定主要以设计过程、程序调试过程、设计说明书为依据，可以辅以提问方式对学生所掌握的知识以及所具备的能力等具体情况进行考察。表 1 为评价的依据、要素以及与课程目标的对应关系。

总成绩采用五级制计分，考核结果分为优秀（90 分以上）、良好（80 分~89 分）、中等（70 分~79 分）、及格（60 分~69 分）和不及格（59 分以下）五个等级。

表 1 课程评价依据和评价要素及其与课程目标的对应关系

课程目标	评价依据	评价要素	分值
目标 1	设计说明书	文献资料查找利用能力 工艺流程及控制要求、了解情况、控制方案设计	10
目标 2	设计过程	程序设计 硬件设计 创新性体现	40
目标 3	程序调试	实验调试方案 实验动手能力 实验调试中分析和解决问题的能力	20

续表

课程目标	评价依据	评价要素	分值
目标4	设计过程	保障设备和人身安全的相应措施	10
目标5	设计说明书	说明书内容完整性、条理性、语言表达准确性、图表规范性等 电气原理图的规范性	20

【编写】　　【审核】

毕业设计
Graduation Design

【学分】14【学时】14 周【性质】实践环节

一、授课对象

四年制本科自动化专业。

二、毕业设计的性质和地位

毕业设计是本专业实践教学环节的重要组成部分,是大学阶段最后一个教学环节,也是整个教学过程的总结。通过毕业设计培养学生综合运用所学基础理论、专业知识和专业技能分析、解决问题的能力,以及文献查阅与利用、工作规划、与人沟通、总结报告(论文撰写、答辩)的能力。本教学环节是对学生所学全部理论和实践课程总体效果的一次集中检验,也是学生走向工作岗位,实现由学生向工程技术人员身份转变前的一次集中演练。

三、毕业设计的目标

通过毕业设计的综合训练,使学生具有以下能力:

(一)能够综合运用所学自动化基础理论和专业知识,针对自动控制系统或单元,提出具体方案;

(二)能够根据要求设计、开发自动控制单元、装置或系统,且在设计过程体现创新性;

(三)能够考虑社会、健康、安全、法律、文化以及环境等制约因素,对解决方案进行相关分析和评价;

(四)在自动控制系统或单元的设计开发过程中,能够选择和使用恰当的信息资源、信息技术工具和工程工具,能够利用现代信息技术;

（五）能够对分析、设计、研究结果进行总结归纳，编写说明书或论文，并能够以口头形式进行汇报交流；

（六）具备一定的英语口头和书面表达能力，能够顺利阅读本专业的外文资料，了解自动化领域国际发展趋势和研究热点，具有一定的国际视野，能够在跨文化背景下进行沟通和交流；

（七）在设计开发解决方案中，能够运用工程管理与经济决策的方法，综合考虑成本和性能；

（八）能够意识到自主学习和终身学习的重要性，具有自主学习的能力，能够自主学习自动化领域新技术和其他相关领域知识。

四、毕业设计环节的目标与毕业要求的对应关系

毕业要求	指标点	课程目标
G3 设计／开发解决方案	3.1 能够针对自动化复杂工程问题提出解决方案。	目标 1
	3.3 能够进行控制系统设计，在设计中体现创新意识。	目标 2
	3.4 在控制系统或单元的设计过程中，能够综合考虑社会、健康、安全、法律、文化以及环境等因素。	目标 3
G5 使用现代工具	5.2 在自动控制系统或单元的设计、集成或开发过程中，能够选择和使用恰当的信息资源、信息技术工具和工程工具。	目标 4
G10 沟通	10.1 具有总结、归纳、整理并阐述自动化工程技术文件的能力，能与业界同行及社会公众进行有效沟通和交流。	目标 5
	10.2 具备一定的英语口头和书面表达能力，能够顺利阅读本专业的外文资料，了解自动化领域国际发展趋势和研究热点，具有一定的国际视野，能够在跨文化背景下进行沟通和交流。	目标 6
G11 项目管理	11.2 能够在多学科环境下，在设计开发解决方案的过程中，运用工程管理与经济决策的方法。	目标 7
G12 终身学习	12.1 能在社会发展的大背景下认识到自主和终身学习的必要性。	目标 8
	12.2 具有自主学习的能力，包括对技术问题的理解能力，归纳总结能力和提出问题的能力。	目标 9

五、毕业设计的选题

毕业设计课题包括工程设计和理论研究两大类，从生产实际、科研项目、理论探讨或其他具有创新意义和实际意义的课题中选取，选题要符合毕业设计培养目标。课题的深度、广度、难度和分量适当，应能体现解决复杂工程问题能力的培养，应使学生在规定时间内经过努力能够完成。

六、毕业设计的指导

指导教师一般应由中级职称以上有经验的教师担任。助教可以协助指导,有显著成绩的助教(或研究生毕业的助教)可以独立担任指导教师。指导教师具体任务为:

(一)选择课题,填写设计任务书,推荐参考文献,引导学生进入课题并拟订进度计划;

(二)全过程指导,审批设计(实验)方案,检查工作进度和设计质量,指导学生正确使用实验仪器和设备,及时解决学生在设计中反映和发生的问题,杜绝学生在设计过程中设计思路、设计方法、实验方案等方面出现的原则性错误和弄虚作假的现象;

(三)指导学生设计说明书(论文)写作,审阅批改设计说明书,写出评语,给出指导教师评分;

(四)指导学生准备毕业设计答辩;

(五)对学生进行思想及职业道德教育、技安教育。

七、毕业设计说明书的要求

学生应独立撰写毕业设计说明书(论文),应按工程设计或科技论文的写作格式撰写,一般要求有以下几方面的内容:

(一)200~300字的中文摘要,3~5个关键词,并将设计题目、摘要和关键词翻译成英文;

(二)引言(说明研究背景、意义、创新点等);

(三)设计方案;

(四)设计、实验或仿真过程、结果及分析;

(五)总结或结论;

(六)参考文献;

(七)附录(源程序、电路图、公式推导等)。

说明书(论文)中插图、表格、公式、参考文献书写等均应规范,插图和表格还应标注名称,封面及用纸要统一。

参考文献要求15篇以上,包含3篇以上外文文献。要求将其中一篇外文文献翻译成中文,用A4纸打印,格式和封皮统一。

设计说明书和外文翻译的具体要求见学校相关规定。

八、毕业答辩与成绩评定

毕业答辩设立若干个答辩小组,每个答辩小组由4~5人组成,设组长1人,秘书

1人。各答辩小组具体负责学生的毕业设计(论文)答辩工作。

毕业设计总成绩由指导教师、评阅人和答辩小组三方评价成绩构成,满分分别为30分、20分和50分。总成绩采用五级制:优秀(90~100分)、良好(80~89分)、中等(70~79分)、及格(60~69分)、不及格(60分以下)。

指导教师、评阅人、答辩小组侧重评价内容、对应课程目标和指标点、占分值等见表1至表3,各方将评价成绩填入成绩评定表。

表1 指导教师评价用表

毕业要求指标点	课程目标	评价要素	分值	成绩
指标点3.1	目标1	任务完成情况 目标达成情况	5	
指标点5.2	目标4	文献查找利用能力 现代工具应用能力	5	
指标点10.1	目标5	说明书(论文)内容完整性、条理性、语言表达准确性、图表规范性等	5	
指标点11.2	目标7	任务分解和进度安排的合理性	5	
指标点12.1	目标8	学习新知识新技术的主动性	5	
指标点12.2	目标9	学习新知识新技术的能力	5	
指导教师评分(满分30分)				

表2 评阅教师评价用表

毕业要求指标点	课程目标	评价要素	分值	成绩
指标点3.4	目标3	对社会、健康、安全、法律、文化、环境等因素的考虑	5	
指标点10.1	目标5	论文内容完整性、条理性、语言表达准确性、图表规范性等	5	
指标点10.2	目标6	外文翻译准确性 外文摘要准确性	5	
指标点11.2	目标7	设计方案成本分析	5	
评阅教师评分(满分20分)				

表 3　答辩委员会评价用表

毕业要求指标点	课程目标	评价要素	分值	成绩
指标点 3.1	目标 1	选题符合专业培养目标方案的合理性	10	
指标点 3.3	目标 2	任务完成情况,目标达成情况,创新性体现	25	
指标点 3.4	目标 3	对社会、健康、安全、法律、文化、环境等因素的考虑	5	
指标点 5.2	目标 4	现代技术工具和工程工具使用情况	5	
指标点 10.2	目标 6	PPT 内容口头表达能力	5	
答辩小组评分(满分 50 分)				

【编写】　　　【编写】

生产实习
Cognition Practice

【学分】1【学时】1 周【性质】实践环节

一、适用对象

四年制本科自动化专业。

二、生产实习的性质和地位

生产实习是自动化专业的实践性教学环节之一。通过对实习企业进行有针对性的参观学习,以及相关专题讲座的学习,使学生对工业企业生产过程和主要设备有初步的认识,了解工程伦理的基本知识,提高学习专业知识的积极性和主动性,为进一步开展专业课程的学习打下良好的基础。同时,使学生了解社会、接触生产实际,培养学生理论联系实际、从实际出发分析问题、研究问题和解决问题的能力。

三、生产实习目标

(一)能基于实习企业生产情况合理评价自动化工程实践和复杂工程问题解决方案对社会、健康、安全、法律以及文化的影响,并理解应承担的责任;

(二)能够对环境保护和可持续发展的理念和内涵有一定的认识;

(三)能够对实习企业自动化装备的能源利用效率有初步的认识,了解自动化工业生产对环境因素的影响及应对措施;

（四）能对工程职业道德和规范有一定的了解，并能在实践中自觉遵守；

（五）了解自动化行业在国民经济中的地位和作用，以及自动化技术的发展趋势；

（六）能通过自主学习了解自动化先进技术和设备在工业生产中的应用。

四、生产实习目标与毕业要求的对应关系

毕业要求	指标点	实习目标
G6 工程与社会	6.2 能分析和评价自动化工程实践对社会、健康、安全、法律、文化的影响，以及这些制约因素对项目实施的影响，并理解应承担的责任。	目标 1
G7 环境和可持续发展	7.1 知晓和理解环境保护和可持续发展的理念和内涵。	目标 2
G7 环境和可持续发展	7.2 能够站在环境保护和可持续发展的角度思考自动化工程实践的可持续性，评价产品周期中可能对人类和环境造成的损害和隐患。	目标 3
G8 职业规范	8.3 理解诚实公正、诚信守则的工程职业道德和规范，并能在工程实践中自觉遵守。	目标 4
G10 沟通	10.2 具备一定的英语口头和书面表达能力，能够顺利阅读本专业的外文资料，了解自动化领域国际发展趋势和研究热点，具有一定的国际视野，能够在跨文化背景下进行沟通和交流。	目标 5
G12 终身学习	12.1 能在社会发展的大背景下，认识到自主和终身学习的必要性。	目标 6

五、实习内容

（一）工厂参观

选择四个与自动化技术密切相关的生产企业，参观企业的生产工艺流程、电气控制系统、自动化仪表系统、自动化综合控制系统，工厂技术人员现场讲解，同时现场回答学生的问题。

（二）专题讲座

组织一次基于工程教育专业认证语境下的工程伦理讲座，帮助学生建立正确的工程伦理观，主要内容如下：

（1）工程伦理的基本概念与关系，包括工程、伦理、责任、风险四大概念和工程与社会、与自然、与科研三组关系；

（2）工程伦理的核心价值，包括工程造福人类、工程实践中的问题、可持续发展等；

（3）工程伦理的基本规范，包括职业自治、道德目标与手段、"实事求是、开拓创

新""严谨认真、精益求精""工程师的团队精神"。

六、组织领导

实习由学校带队教师和工厂培训部门或实习车间共同商量安排进行。聘请车间或科室技术人员具体指导学生的实习活动。

七、考核方式与内容

通过实习表现、实习报告和专题报告等方式对学生进行考核,各考核方式所占分值,与实习目标和毕业要求指标点的对应关系见表1。各考核方式采用百分制计分,其评价内容与标准见表2。

毕业实习总评成绩采用五级制计分,考核结果分为优秀(90分以上)、良好(80分~89分)、中等(70分~79分)、及格(60分~69分)和不及格(59分以下)五个等级。

表1　考核方式与实习目标和毕业要求指标点之间的对应关系

考核方式	实习目标和毕业要求指标点对应关系					
	目标1 G6.2	目标2 G7.1	目标3 G7.2	目标4 G8.2	目标5 G10.1	目标6 G12.1
实习表现(20%)				√		
实习报告(60%)		√	√		√	√
专题报告(20%)	√					

表2　考核评价内容、标准及分值比例

考核方式	评价内容	评价标准	分值比例
实习表现	职业规范的理解与遵守	实习过程的考勤情况和遵守企业规章制度情况。	100%
实习报告	工程与社会的理解	实习报告对社会、健康、安全、法律、文化的影响分析所涉及的方面及深入程度。	20%
	环境和可持续发展的理解	实习报告对人类和环境影响评价内容的充实性及深入程度。	30%
	自动化技术的发展趋势	实习报告对自动化技术领域的了解情况。	30%
	终身学习的意识	实习报告对参观企业涉及的新知识与新技术进一步学习的意识。	20%
专题报告	工程伦理的理解	专题报告中对报告内容整理的完整性和心得体会的具体性及深入程度。	100%

八、时间分配

实习时间为 1 周,由带队教师具体落实实习内容和进程。

【编写】　　　【审核】

毕业实习
Graduation Practice

【学分】2【学时】2 周【性质】实践环节

一、适用对象

四年制本科自动化专业。

二、毕业实习的性质和地位

毕业实习是在修完全部基础课和专业课之后进行的一个重要的实践性教学环节,旨在理论联系实际,培养学生的实践能力以及综合运用所学基础知识和基本技能的能力,同时也是为了增强学生适应社会的能力和就业竞争力。毕业实习是实现课堂教学和社会实践相结合的重要途径,也是学生从学校走向社会的一个不可或缺的过渡阶段。

三、毕业实习的目标

(一)了解自动化产品的开发流程,能够对自动化工业生产过程中的安全防范措施及社会、健康、法律、文化等因素对自动化技术实施的制约与影响有初步的认识;

(二)能够通过产品开发全过程理解和评价自动化工程实践对环境、社会可持续发展的影响;

(三)能够对工程职业道德和规范有一定的了解,并能在实习实践中自觉遵守;

(四)能阅读相关资料,了解自动化技术和设备的发展趋势;

(五)了解项目管理在自动化生产中的应用情况,能理解对自动化生产及产品全周期、全流程的成本构成进行综合考虑的重要性;

(六)通过自主学习了解自动化产品技术的相关知识,能够意识到自主学习和终身学习的重要性。

四、毕业实习目标与毕业要求的对应关系

毕业要求	指标点	实习目标
G6 工程与社会	6.2 能分析和评价自动化工程实践对社会、健康、安全、法律、文化的影响,以及这些制约因素对项目实施的影响,并理解应承担的责任。	目标1
G7 环境和可持续发展	7.2 能够站在环境保护和可持续发展的角度思考自动化工程实践的可持续性,评价产品周期中可能对人类和环境造成的损害和隐患。	目标2
G8 职业规范	8.3 理解诚实公正、诚信守则的工程职业道德和规范,并能在工程实践中自觉遵守。	目标3
G10 沟通	10.2 具备一定的英语口头和书面表达能力,能够顺利阅读本专业的外文资料,了解自动化领域国际发展趋势和研究热点,具有一定的国际视野,能够在跨文化背景下进行沟通和交流。	目标4
G11 项目管理	11.1 掌握工程项目中涉及的管理与经济决策方法,了解工程及产品全周期、全流程的成本构成,理解其中涉及的管理与经济决策问题。	目标5
G12 终身学习	12.1 能在社会发展的大背景下,认识到自主和终身学习的必要性。	目标6

五、实习内容

(一)企业实习

选择自动化专业相关的实习基地或企业,了解企业文化、安全生产制度和职业规范,熟悉自动化产品的设计、生产流程,选择 3~4 个实习项目,学生参与产品开发全过程。

(二)专题讲座

组织一次有关工程项目管理的讲座,主要内容如下:

(1)项目管理的基本概念;

(2)项目管理的主要内容;

(3)项目管理的方法;

(4)项目管理的应用。

六、组织领导

实习由学校带队教师和实习培训部门共同商量安排进行。聘请车间或科室技术人员具体指导学生的实习活动,完成规定的实习任务。

七、考核方式与内容

通过实习表现、实习报告和专题报告等方式对学生进行考核,各考核方式所占

分值,与实习目标和毕业要求指标点的对应关系见表1。各考核方式采用百分制计分,其评价内容与标准见表2。

毕业实习总评成绩采用五级制计分,考核结果分为优秀(90分以上)、良好(80分~89分)、中等(70分~79分)、及格(60分~69分)和不及格(59分以下)五个等级。

表1 考核方式与实习目标和毕业要求指标点之间的对应关系

考核方式	实习目标和毕业要求指标点对应关系					
	目标1 G6.2	目标2 G7.1	目标3 G8.2	目标4 G10.1	目标5 G11.1	目标6 G12.1
实习表现(50%)	√		√			
实习报告(40%)		√		√		√
专题报告(10%)					√	

表2 考核评价内容、标准及分值比例

考核方式	评价内容	评价标准	分值比例
实习表现	理论与实践技能考核	理论知识考核,产品功能的实现情况与完成的先后顺序,开发过程中对社会等因素的考虑情况。	70%
	安全文明生产	实习过程的考勤,仪器设备操作的规范性等。	30%
实习报告	工程与社会的理解	实习报告对社会、健康、安全、法律、文化的影响分析所涉及的方面及深入程度。	20%
	环境和可持续发展的理解	实习报告对人类和环境影响评价内容的充实性及深入程度。	30%
	自动化产品发展趋势的了解	实习报告中对产品相关领域的了解情况。	30%
	终身学习的意识	实习报告对实习产品所涉及的新知识与新技术进一步学习的意识。	20%
专题报告	项目管理的理解	专题报告中对报告内容整理的完整性和心得体会的具体性及深入程度。	100%

八、时间分配

实习时间为3周。集中实习的学生应按本大纲和实习计划进行,由带队教师具体落实实习内容和进程,分散实习的学生应由所在实习单位安排,按毕业实习要求和内容并参照本大纲进行。

【编写】　　　【审核】

附录4：实验指导书示例

一、实验名称：三相电路电压、电流的测量

二、实验目的

1. 练习三相负载的星形连接和三角形连接；

2. 了解三相电路线电压与相电压，线电流与相电流之间的关系；

3. 了解三相四线制供电系统中中线的作用；

4. 观察线路故障时的情况。

三、实验原理

电源用三相四线制向负载供电，三相负载可接成星形（又称"Y"形）或三角形（又称"△"形）。

当三相对称负载作"Y"形连接时，线电压 U_L 是相电压 U_P 的 $\sqrt{3}$ 倍，线电流 I_L 等于相电流 I_P，即：$U_L=\sqrt{3}\ U_P$，$I_L=I_P$ 流过中线的电流 $I_N=0$；作"△"形连接时，线电压 U_L 等于相电压 U_P，线电流 I_L 是相电流 I_P 的 $\sqrt{3}$ 倍，即：$I_L=\sqrt{3}\ I_P$，$U_L=U_P$。

不对称三相负载作"Y"连接时，必须采用"YO"接法，中线必须牢固连接，以保证三相不对称负载的每相电压等于电源的相电压（三相对称电压）。若中线断开，会导致三相负载电压的不对称，致使负载轻的那一相的相电压过高，使负载遭受损坏，负载重的一相的相电压又过低，使负载不能正常工作；对于不对称负载作"△"连接时，$I_L \neq I_P$，但只要电源的线电压 U_L 对称，加在三相负载上的电压仍是对称的，对各相负载工作没有影响。

本实验中，用实验台上的 U、V、W、N 输出作为三相交流电源，用三组白炽灯作为三相负载。

四、预习题

1. 什么是三相负载的星形或三角形连接？三相负载根据什么原则作星形或三角形连接？

2. 三相对称负载按星形连接：

线电压 U_L 与相电压 U_P 的关系表达式为：————————

线电流 I_L 与相电流 I_P 的关系表达式为：————

3. 三相对称负载按三角形连接：

线电压 U_L 与相电压 U_P 的关系表达式为：————

线电流 I_L 与相电流 I_P 的关系表达式为：————

五、实验设备

1. 三相可调交流电源

2. 交流电压表、电流表

3. EEL—77 组件（交流电路箱三）（含 40W 白炽灯 9 个、电流插座）

4. EEL—75 组件（交流电路箱一）（含电容器 $4.3\mu F$、$2.2\mu F/400V$）

六、实验注意事项

1. 每次接线完毕，同组同学应自查一遍，确保无误时方可接通电源，必须严格遵守先接线，后通电；先断电，后拆线的实验操作原则。

2. 交流电源输出调节旋钮在接通电源前应逆时针旋到头，调节时使输出电压从零开始逐渐升高。每次改接实验负载或实验完毕都必须先将其旋钮逆时针旋到头再断电源。必须严格遵守这一安全操作规程。

七、实验内容及步骤

1. 三相负载星形连接（三相四线制供电）

实验电路如图 1 所示，虚线框内为 EEL—77 组件（交流电路箱三）的内部连线，U_i、V_i、W_i、N 分别引自于实验台上的交流输出 U、V、W、N。负载（白炽灯）成星形连接，即负载末端 X、Y、Z 连在一起为 N'。连线前先将'交流电源输出调节'旋钮逆时针旋到底。连好线后旋转'交流电源输出调节'旋钮使输出的三相线电压为 150V。

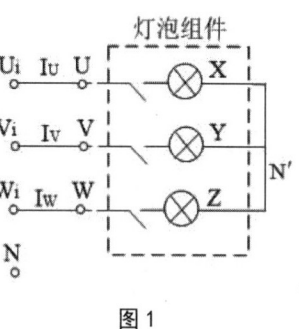

图1

（1）在有中线的情况下，即 N' 与实验台上的 N 相连，测量三相负载对称和不对称时的各相电流、中线电流和各相负载电压，将数据记入表 1 中，并比较各相灯的亮度是否一致。

（2）在无中线的情况下，即 N' 与实验台上的 N 断开，测量三相负载对称和不对称时的各相电流、各相负载电压和电源中点 N 到负载中点 N' 的电压 $U_{NN'}$，将数据记入表 1 中，并做与有中线时各相灯的亮度比较。

表1 负载星形连接实验数据（所加线电压＝   ）

中线连接	开灯盏数			负载相电压			$U_{NN'}$	线电流(A)				亮度比较U、V、W
	U相	V相	W相	U_{UX}	U_{VY}	U_{WZ}		I_U	I_V	I_W	I_{NN}	
有	1	1	1									
	1	2	1									
	1	2	3									
	1	2	0									
	与有中线时各相灯的亮度比较											
无	1	1	1									
	1	2	1									
	1	2	3									
	1	2	0									

根据预习题2的关系表达式检查测量数据的正确性。

2、三相负载三角形连接

实验电路如图2所示，虚线框内为EEL-77组件（交流电路箱三）的内部连线，Ui、Vi、Wi、N分别引自于实验台上的交流输出U、V、W、N。将白炽灯按图所示，连接成三角形接法，即前一相负载的末端与后一相负载的首端相连。旋转"交流电源输出调节"旋钮使输出的三相线电压为100V。测量三相负载对称和不对称时的各相电流、线电流和各相电压，将数据记入表2中，并比较各相灯的亮度。

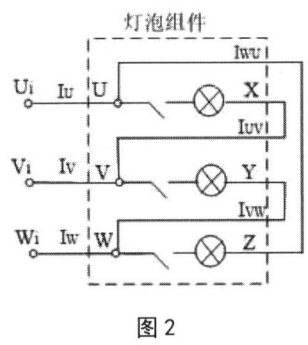

图2

表2 负载三角形连接实验数据（所加线电压＝   ）

每相灯数			相电压(V)			线电流(A)			相电流(A)			亮度比较
U-V	V-W	W-U	U_{UV}	U_{VW}	U_{WU}	I_U	I_V	I_W	I_{UV}	I_{VW}	I_{WU}	
1	1	1										
1	2	3										

根据预习题3的关系表达式检查测量数据的正确性。

八、实验报告要求

1.根据实验数据，在负载为星形连接时，$U_L=\sqrt{3}\,U_P$在什么条件下成立？在三

角形连接时,$I_L=\sqrt{3}\ I_P$ 在什么条件下成立?

2. 用表 1 实验数据和观察到的现象,总结三相四线制供电系统中中线的作用;说明中线是否可以随意断开,为什么?从实验数据分析造成灯亮、暗程度的原因。

3. 不对称三角形连接的负载,能否正常工作?为什么?从实验 2 证明这一点?

4. 在图 2 中标出线电流与相电流的参考方向,并列出它们的关系表达式,并根据不对称负载时的实验数据,画出各相电压、线电流和相电流的相量图,分析实验数据是否正确,为什么?

参考文献

[1] 孔礼明. 现代大学的起源[EB/OL]. 2017-1-6/2019-06-12.

[2] 百度. 中国大学的发展史[EB/OL]. 2018-11-19/2019-06-12.

[3] 教育部. 全国高等学校名单[EB/OL]. 2019-06-15.

[4] 国家计委, 国家教委, 财政部.《"211 工程"总体建设规划》(计社会〔1995〕2081 号)[EB/OL].

[5] 中国教育在线. 985 工程大学名单[EB/OL].

[6] 教育部、财政部、国家发改委.《关于公布世界一流大学和一流学科建设高校及建设学科名单的通知》(教研函〔2017〕2 号)[EB/OL].

[7] 中国教育在线. 国家示范性高职院校名单[EB/OL].

[8] 中国教育在线. 国家骨干高职院校名单[EB/OL].

[9] 教育部, 财政部.《关于公布中国特色高水平高职学校和专业建设计划建设单位名单的通知》(教职成函〔2019〕14 号)[EB/OL].

[10] 联合国教科文组织. 国际教育标准分类法[EB/OL]. 1997-10/2019-06-17.

[11] 顾明远. 教育大辞典[M]. 上海:上海教育出版社, 1998.

[12] 教育部.《普通本科学校设置暂行规定》(教发〔2006〕18 号)[EB/OL].

[13] 教育部.《关于规范省、自治区、直辖市人民政府自行审批设立的高等职业学校校名的通知》(教发〔2000〕154 号)[EB/OL].

[14]《中华人民共和国民办教育促进法》(第十二届全国人民代表大会常务委员会第二十四次会议第二次修正)[EB/OL]. 2016-11-7.

[15]《中华人民共和国民办教育促进法实施条例》(国务院第 41 次常务会议通过)[EB/OL]. 2004-2-25.

[16] 教育部.《关于规范并加强普通高校以新的机制和模式试办独立学院管理的若干意见》(教发〔2003〕8 号)[EB/OL].

[17] 北京大学图书馆. 本馆介绍[EB/OL]. 2019-06-17.

[18] 清华大学图书馆. 概况[EB/OL]. 2019-06-17.

[19] 原国家教委.《普通高等学校定向招生、定向就业的暂行规定》((88)教学字

013号)[EB/OL].

[20] 教育部办公厅.《关于做好2005年普通高等学校定向就业招生工作的通知》(教学厅〔2005〕3号)[EB/OL].

[21] 国务院办公厅.《转发教育部等部门关于教育部直属师范大学师范生免费教育实施办法(试行)的通知》(国办发〔2007〕34号)[EB/OL].

[22]《中华人民共和国高等教育法》(2015年12月27日第十二届全国人民代表大会常务委员会第十八次会议修正)[EB/OL].

[23] 教育部.《普通高等学校学生管理规定》(中华人民共和国教育部令第41号,2017年2月)[EB/OL].

[24]《中华人民共和国学位条例》(第十届全国人民代表大会常务委员会第十一次会议于2004年8月28日通过)[EB/OL].

[25] 国务院学位委员会.《学士学位授权与授予管理办法》(国务院学位委员会第三十五次会议审议通过)[EB/OL]. 2019-7-9.

[26] 教育部高教司.普通高等学校本科专业目录和专业介绍[M].北京:高等教育出版社,2012;

[27] 教育部职教与成教司.《普通高等学校高等职业教育(专科)专业目录及专业简介(截至2018年)》[EB/OL].

[28]《中华人民共和国国防教育法》(第九届全国人民代表大会常务委员会第二十一次会议于2001年4月28日通过)[EB/OL].

[29] 王言根.学会学习[M].北京:教育科学出版社,2003.7.

[30] 百度.批判性思维,其实就那么五句话[EB/OL]. 2019.1.17

[31] 人民网.中国慕课行动宣言[EB/OL]. 2019-04-12.

[32] 毕巧春.学者眼中的国内五大MOOC平台[J].中国教育网络,2015(10).

[33] 张一春.微课建设研究与思考[J],中国教育网络,2013(10).

[34] 信息化教育网.混合式教学改革[EB/OL]. 2018-01-03.

[35] 知乎.翻转课堂在中国的可行性[EB/OL]. 2014-01-04.

[36] 习近平.在北京大学师生座谈会上的讲话[EB/OL]. 2014-05-04.

[37] 湖面上的夕阳.职业规划对大学生学习都有哪些意义以及影响[EB/OL]. 2018-11-19.

[38] 百度.大学生职业生涯规划[EB/OL]. 2019-05-29.

[39] 程瑞峰,吴苏芳,古典.大学生职业规划与就业指导[M].成都:电子科技大学出版社,2017.

[40] 麦可思.中国本科生就业报告[M].北京:社会科学文献出版社,2018.

[41]《国务院关于进一步做好新形势下就业创业工作的意见》(国发〔2015〕23

号)[EB/OL].

[42]《国务院办公厅关于深化高等学校创新创业教育改革的实施意见》(国办发〔2015〕36号)[EB/OL].

[43] 国务院国有资产监督管理委员会. 央企名录[EB/OL]. 2019-11-08.

[44]《中华人民共和国公司法》(2018年10月26日第十三届全国人民代表大会常务委员会第六次会议修正)[EB/OL].

[45] 中共中央,国务院.《关于分类推进事业单位改革指导意见》[EB/OL]. 2011-03-23.

[46] 国务院.《事业单位人事管理条例》[EB/OL]. 2014-0-25.

[47]《中华人民共和国公务员法》(2018年12月29日第十三届全国人民代表大会常务委员会第七次会议修订)[EB/OL].

[48] 清华大学. 全国选调生工作发展及历史[EB/OL]. 2013-03-28

[49] 教育部.《高等学校章程制定暂行办法》(2011年7月12日教育部第21次部长办公会议审议通过)[EB/OL].

[50] 哈佛委员会. 哈佛通识教育红皮书[M]. 北京:北京大学出版社,2010.12.

[51] 张志鹏. 什么是智慧[EB/OL]. 2018-04-09.

[52] 百度. 知识[EB/OL]. 2019-06-20.

[53] 百度. 技术[EB/OL]. 2019-06-20.